»Anika Landsteiner erzählt mit starkem, eigenen Sound, mit Kenntnis, Feingefühl und Engagement von Lebenswelten, in denen moderne Frauen sich wiederfinden.«

Charlotte Roth, SPIEGEL-Bestsellerautorin

Karlas Leben ist stehengeblieben. Sie trägt eine Urne nach Hause, darin die Asche ihrer Schwester Marie. Und plötzlich ist nichts mehr so, wie es einmal war. Marie war Karlas Seelenverwandte, ihr Kompass in diesem Chaos, das sich Leben nennt.
Und während sich dieses Chaos um sie herum einfach weiterdreht, reist Karla nach New York, um dort die Wohnung ihrer Schwester aufzulösen. Als sie Fotos findet, die so verstörend wie alltäglich sind, fragt sie sich, wie gut sie Marie wirklich kannte. Die Schwester, die so ganz anders lebte als sie. Die erfolgreich und selbstbewusst war. Was Karla auf den Bildern sieht, verändert ihren Blick auf Marie, ihren Blick auf sich selbst und auf das ganze Leben vor ihr.

Anika Landsteiner (*1987) schaut genau hin: Ihr ist es wichtig, die Empfindungen und Erlebnisse fremder Menschen selbst zu fühlen. Als Autorin, Journalistin und Podcasterin kann sie nur so authentisch sein. Seit mehreren Jahren beschäftigt sich die Münchnerin privat wie auch beruflich mit gesellschaftlichen Ungerechtigkeiten, vor allem gegenüber Frauen. Im Mittelpunkt ihrer Arbeit stehen die komplexen Geschichten dieser Menschen – das, was sie beschäftigt, was ihnen widerfährt, was sie ausmacht.

Mehr über die Autorin finden Sie hier:
www.anikalandsteiner.de
Instagram: @anikalandsteiner
Podcasts: »ÜberFrauen« und – exklusiv bei Podimo –
»Bleibt unter uns – der Podcast über Tabus«

Anika Landsteiner

SO WIE DU MICH KENNST

ROMAN

FISCHER Taschenbuch

Aus Verantwortung für die Umwelt hat sich der S. Fischer Verlag zu einer nachhaltigen Buchproduktion verpflichtet. Der bewusste Umgang mit unseren Ressourcen, der Schutz unseres Klimas und der Natur gehören zu unseren obersten Unternehmenszielen.

Gemeinsam mit unseren Partnern und Lieferanten setzen wir uns für eine klimaneutrale Buchproduktion ein, die den Erwerb von Klimazertifikaten zur Kompensation des CO_2-Ausstoßes einschließt.

Weitere Informationen finden Sie unter: www.klimaneutralerverlag.de

FSC www.fsc.org
MIX
Papier aus verantwortungsvollen Quellen
FSC® C014496

Erschienen bei FISCHER Taschenbuch
Frankfurt am Main, Juli 2022

Dieses Werk wurde vermittelt durch die AVA international GmbH
Autoren- und Verlagsagentur, München.

Die Zitate auf Seite 201 und 202 stammen aus dem Artikel »Last Will and Testament of a Broke New Yorker« von Eva Victor, veröffentlicht am 10. Juli 2019 bei der Online-Ausgabe des »The New Yorker«, New York, USA. Der direkte Link:
https://www.newyorker.com/humor/daily-shouts/last-will-and-testament-of-a-broke-new-yorker? (Stand: Juli 2020)
Übersetzt wurden die Zeilen von Anika Landsteiner.

»So wie du mich kennst« enthält Szenen sexualisierter Gewalt.
Diese Passagen können triggernd wirken.

Satz: CPI books GmbH, Leck
Druck und Bindung: GGP Media GmbH, Pößneck
Printed in Germany
ISBN 978-3-596-70587-0

Für meine Freundinnen

TIME HEALS NOTHING BY ITSELF

KARLA

SCHEISS SCHÖNE AUSSICHT.

Ich lehnte mich gegen die Beifahrertür und kniff die Augen zusammen. Mein Wagen war stehen geblieben, direkt an der *Schönen Aussicht*, so wurde das hier genannt. Erst war mein Leben stehen geblieben und nun auch der Polo, hier oben auf dem Hügel.

Die Gegend kannte ich wie meine Westentasche. Rechts von der schmalen Straße der kleine Parkplatz, zum Stehenbleiben und Fotografieren, direkt dahinter fielen weiche Sommerfelder sanft ab, auf denen Apfelbäume standen. Links von der Straße erstreckte sich ein kleines Waldstück. Vor mir öffnete sich ein Tal, darin eingebettet ein in die Länge gezogener Ort, den man über einige Serpentinen erreichte. Ich wusste genau, wann man in welchen Gang schalten musste, um die Kurven so gleichmäßig wie möglich zu fahren.

Das Dorf setzte sich zusammen aus einer kleinen Neubausiedlung, einem Dorfkern mit ein paar restaurierten Fachwerkhäusern und einer frisch asphaltierten Hauptstraße. Es gab einen Bäcker – »beim Bäck« –, wo die angebrannten Backwaren zum selben Preis verkauft wurden wie die intakten, und Frau Riedel, die in siebter Generation den Laden führte, dazu starken schwarzen Filterkaffee ausschenkte, es gab eine Gaststätte – »Zum Hirschen« – mit drei Fremdenzimmern, es gab einen Spielplatz, einen Kindergarten, eine freiwillige Feuerwehr und einen Fußballverein, der entweder in die Kreisliga aufstieg oder in die Kreisklasse abstieg. Der kleine Kiosk, an dem ich mir zu Schulzeiten immer Fruchtgummischnüre gekauft hatte, war seit einigen Jahren geschlossen. In der Dorfmitte stand ein Nussbaum mit ausladender Krone und einer Holzbank darunter, auf der immer jemand saß. Beschäftigt mit dem vorbeiziehenden Leben. Nur eines der Häuser verfiel schon über die Jahre hinweg, und da sahen alle dran vorbei, was leicht war, weil es zur Hälfte hinter Bäumen verborgen stand. Vielleicht war das Dorf tatsächlich so außerordentlich hübsch hergerichtet, wie es letztes Jahr in der Rede des Bürgermeisters geheißen hatte, als es zum schönsten Dorf im ganzen Landkreis gewählt worden war. Die nächstgrößere Stadt hieß Seekirch, mit zwanzigtausend Einwohnern, wo ich zur Schule gegangen war und seit kurzem wohnte. Die große weite Welt lag weit weg von hier. Dort, wo vor Jahren meine Schwester ihren Platz gefunden hatte.

Ein warmer Wind strich über meine nackten Arme. Obwohl ich mein ganzes Leben genau hier auf dem Land verbracht hatte, fühlte sich alles um mich herum fremd an. Ich war nur kurz weg gewesen, zurück kam ich jedoch mit einer Urne. Alles, was ich kannte, hatte auch meine Schwester gekannt, und die Umrisse meines Lebens hatte ich immer aus einer gewissen Gewohnheit heraus betrachtet. Nichts war je neu gewesen, da hatte auch die frisch asphaltierte Straße nichts dran geändert. Doch jetzt war plötzlich alles anders.

Mein Auto sprang nicht mehr an. Mein Handy-Akku war leer. So sollte nun meine Heimreise enden, nachdem ich vor elf Stunden in New York ins Flugzeug gestiegen war. Mir blieb nichts anderes übrig, als die letzten Kilometer zu laufen. Ich presste einen Daumen in die flache, schmale Holzmaserung der Urne und fuhr daran entlang. Ein paar Nadelbäume neigten sich im Wind. Alles in Schräglage, und auch mir wurde schlecht. An einem ganz bestimmten Punkt wusste man immer, dass man sich übergeben würde. Galle drang durch meine Speiseröhre nach oben, und dann erbrach ich eine milchige Flüssigkeit. Meine Augen füllten sich mit Tränen, als ich die kleinen Speichelflecken auf der Urne sah. Ich wischte die Oberfläche sauber, dann schloss ich die Augen. Alles dahinter war gleißend hell. Vogelgezwitscher. Ein Traktor in der Ferne. Das Rascheln von Blättern. Auf Anhöhen wie dieser stand die Zeit still. Ich presste meine zuckenden Lider zusammen, und die unerträgliche Helligkeit zerfloss zu Beige. Die Farbe meines neuen Lebens. Die Farbe der Sonntagshose meiner Mutter und der Anglerweste meines Vaters.

Meine Eltern. Sie warteten zu Hause. Auf mich und auf die Asche meiner Schwester. Also lief ich los.

Unteroberheim. Siebenhundertdreizehn Einwohner laut der Eintragung im Gemeindeverzeichnis. Schweißtropfen rannen mir die Wirbelsäule entlang, als ich am Ortsschild ankam und neben den drei großen Containern der Altkleidersammlung stehen blieb. Das Laufen hatte mich angestrengt, und die Urne aus massiver Eiche war schwer. Es gab keinen Griff, sie war schließlich nicht zum Herumtragen gemacht. Urnen wurden in die Erde gelassen, in Steinmauern eingeschlossen, und manchmal standen sie auf einem Kaminsims, zumindest in Filmen.

Bis zur ersten Kurve der Hauptstraße begegnete ich niemandem. Nur ein Auto fuhr langsam an mir vorbei, doch das Kennzeichen gehörte zu einem anderen Landkreis.

Wer auf dem Land lebte und alle Sinne beisammen hatte, baute Schutzmechanismen auf. Sonst landete man schneller in der lokalen Presse oder wurde Mittelpunkt des Dorfgesprächs, als einem lieb war. Ich wusste das, denn ich war die lokale Presse. Ich wusste alles, was hier passierte, selbst das, was ich nicht wissen wollte oder wissen sollte, und der kleine Rest, der an mir vorbeiging, wurde mir von meiner Mutter mit Sauerbraten am Sonntag serviert. Schon immer hatte ich andere lieber beobachtet und über sie geschrieben, bevor sie es über mich tun würden: über eine bevorstehende Hochzeit, eine Mitgliedschaft im Schützenverein, eine Geschäftsaufgabe.

Es war Donnerstagmittag, und als die Hoffnung in mir aufkeimte, es tatsächlich zum Haus meiner Eltern zu schaffen, ohne jemandem zu begegnen, erkannte ich in einiger Entfernung zwei Menschen. Sie saßen unter dem großen Nussbaum auf der Bank. Ich hätte kurz vor ihnen abbiegen und über die Maistraße zur Neubausiedlung gehen können, das halbe Dorf umrunden bis zum Haus meiner Eltern. Doch dazu fehlte mir die Kraft.

Ich stemmte die Urne in meine linke Hüfte, ging weiter und hoffte, sie würden es bei einem Zurufen belassen. Als Rosalinde aufstand und ein paar Schritte auf mich zuging, senkte ich den Kopf.

»Karla!«

Ich nickte in ihre Richtung. Ihre dunkelrot gefärbten, kurzen Haare schimmerten im Sonnenlicht. Sie legte sich eine Hand auf das ausladende Dekolleté einer verwaschenen Bluse mit Leopardenmuster-Print.

»Wo kommst du denn her?«

»Von der Schönen Aussicht.«

Ich versuchte, die Urne hinter meinem Rücken zu verstecken, doch ich hatte Angst, sie würde mir herunterfallen. Ich setzte meinen Gang fort, Rosalinde ging nun neben mir.

»Wann bist du denn gelandet, Schätzelchen? Was ist mit deinem Auto?«

»Liegen geblieben.«

Als ich den Baum erreichte, grüßte ich Edgar. Er starrte auf die Urne. Ich wollte gerade langsam weiterlaufen, da sagte er, sich auf seinen Stock stützend: »Ist sie das?«

Ich fixierte seine alten, nackten Füße, die in schwarzen Plastiksandalen steckten. Rosalinde schlug mit der flachen Hand auf seinen Oberarm.

»Soll ich dir das abnehmen?«

Sie streckte die Arme nach der Urne aus, und ich warf ihr einen verwirrten Blick zu.

»Oder soll ich dich heimfahren?«

Ich rang mir ein Lächeln ab. »Danke, aber jetzt hab ich es ja gleich geschafft.« Dann wandte ich mich ab, spürte Tränen in mir aufsteigen.

»Ach, wär die Marie nur daheimgeblieben. Oder wenigstens in München, da wär das nicht passiert«, sagte Rosalinde.

Wahrscheinlich sollte ich die Bemerkung über meine Schwester hören, damit ich stehen blieb und ihnen ein Stück meiner Tragödie abgab.

Marie starb vor drei Wochen in Manhattan, an der Ecke East 12th Street und 2nd Avenue, nachdem sie eine rote Ampel übersehen hatte und von einem Pick-up erfasst wurde. Sie hatte ihren Tod selbst verschuldet. Und das hätte ihr in jeder anderen Stadt genauso passieren können.

Seit drei Wochen fragte ich mich, woran sie gedacht hatte, als sie über die rote Ampel joggte. Sie ging oft joggen, und wenn ich sie besuchte, dann holte ich in der Zeit Frühstück. Nur einmal war ich mitgelaufen, deshalb kannte ich ihre Strecke, doch bei ihrem Tempo kam ich nicht mit. Marie bog immer an denselben Ecken ab, sie kannte Joe, den sie grüßte, während er das Ladengitter seines Comicshops hochschob und ihr zuwinkte, sie kannte alle Ampeln auf der Strecke. Marie musste abgelenkt gewesen sein. Und nichts wollte ich lieber wissen als den Gedanken, der sie das Leben gekostet hatte.

Ich bog in den Mühlenweg ein, an dessen Ende das Haus meiner Eltern stand. Das Haus mit dem blauen Zaun. Vor vielen Jahren hatte Marie einmal den Schuppen unseres Vaters durchstöbert und, als sie einen Eimer blaue Farbe fand, beschlossen, sich nützlich zu machen, indem sie dem Gartenzaun einen frischen Anstrich verpasste. Der Zaun war weiß gewesen, wenn auch die Farbe an manchen Stellen bereits abgeblättert war. Meine Schwester stapfte mit dem Farbeimer nach draußen und fing an, die einzelnen Holzstäbe zu bepinseln, und zwar so enthusiastisch, dass der Zaun des Nachbarn von der Farbe ebenfalls etwas abbekam. Während ich mit Puppen spielte, las oder fernsah, stellte Marie Streiche an. Auch wenn sie in unserer Familie als weibliches Pendant des Michel aus Lönneberga galt, wurde sie weder gescholten noch irgendwo eingesperrt.

»Ich wollt halt dem Papa helfen«, hatte sie mir nach dem Streichen des Zauns gestanden.

Ich nahm sie dann wie immer in den Arm und erklärte unseren Eltern, was passiert war. Niemand konnte ihr böse sein. Mein Vater strich daraufhin den Nachbarzaun neu und vollendete Maries Werk, indem er die blaue Farbe übernahm. Und unser Haus, das lindgrün verputzt war, tauften wir auf den Namen »Villa Kunterbunt«. Meine Schwester und ich fanden damals, es war das schönste in der ganzen Straße.

Und das war es auch heute noch. Ich wischte mir ein paar Haarsträhnen aus dem Gesicht, als ich vor dem offenen Holztürchen stand. Ich trat hindurch und schloss es von innen. Seit Tagen verschloss ich alles, das offen war. Ich ging den schmalen Kiesweg zur Haustür und stemmte ein letztes Mal die Urne in die Hüfte, meine Finger waren kurz davor, zu verkrampfen, mein Unterarm brannte, und mein Nacken schmerzte.

Ich streifte meine Sandalen ab und lief barfuß über die kühlen Fliesen. Im Flur war es dunkel, der Geruch von Apfelkuchen lag in der Luft. Dann betrat ich die Küche. Sie saßen nebeneinander auf die Eckbank gezwängt. Meine Eltern und meine Tante, alle drei standen auf, als sie mich sahen, doch beim Anblick der Urne setzte sich meine Tante wieder. Mein Vater kam zu mir und legte den Arm um mich. Mein großer Vater mit dem vollen, weißen Haar, der seine Träume, Wünsche und oftmals auch seine Meinung hintenanstellte, um für seine Familie zu sorgen. Er blickte mich aus seinen müden, graublauen Augen an, die Stirn in tiefe Falten gelegt. Ich hatte ihn noch nie weinen sehen, und auch jetzt, in der allerschlimmsten Zeit seines Lebens, wirkte er lediglich matt und erschöpft. Sogar den Schmerz stellte er hinten an. Ich wusste, was in ihm tobte, ich sah es ihm an. Vielleicht weinte er auf seinen langen Waldspaziergängen, die er allein machte, seit ich denken konnte. Wenn er von ihnen zurückkehrte, fielen mir manchmal seine geröteten Augen auf, und wenn ich ihn fragte, was los war, dann schob er sie auf eine Allergie, auch im Winter.

»Da bist du ja.« Er strich mir über meine heiße Wange.

Meine Mutter, klein und üppig und auch heute mit Schürze, betrachtete die Urne wie einen Fremdkörper, von dem sie nicht wusste, ob er hierhergehörte. Auch sie hatte ich selten weinen gesehen. Seltsam, wie mir in diesem Moment auffiel, dass Marie meiner Mutter immer etwas nähergestanden hatte als meinem Vater, bei dem ich das Gefühl hatte, über alles sprechen zu können. Wenn ich je eine Erinnerung herauspicken müsste, die das Verhältnis von Marie und Mama sowie Papa und mir zeigte, dann saß in meiner Vorstellung Marie zusammen mit Mama in der Waschküche, wo auch Mamas Nähmaschine stand, und schneiderte Faschingskostüme für das Vierteltrinken – eine Tradition, die es nur in Unteroberheim gab. Und ich sah Papa und mich, wie wir im Wald Pilze sammelten, Spaziergänge entlang der Felder machten oder im Garten werkelten – Hauptsache draußen. Als hätten Marie und ich uns unbewusst aufgeteilt, und jetzt würde ich diese klaffende Lücke zwischen meinen Eltern allein ausfüllen müssen. Ich wusste nicht, ob ich reichte.

Weil ich die Urne nicht mehr halten konnte, drückte ich sie meinem Vater in den Arm und umarmte meine Mutter, deren steifer Körper sich erst zusammenzog und dann etwas entspannte.

»Ich hab sie heimgebracht«, sagte ich, und da fielen mir im Stehen die Augen zu.

MARIE HATTE ES geliebt, wenn Jeans an den Enden ausfransten, deswegen hatte sie immer die Säume aufgeschnitten. Sie konnte gut Dialekte nachahmen, doch weigerte sie sich, Fränkisch zu sprechen, und war vollkommen immun dagegen, obwohl unsere Eltern es taten. Sie liebte fettiges Essen und mochte keine Schokolade. Wenn eine fremde Person auf einer Party nach ihrer Telefonnummer fragte, Marie sie jedoch nicht rausgeben wollte, sagte sie »nein, danke«.

Marie war nie in Athen gewesen, obwohl ihr manchmal im Traum die Akropolis erschien. Sie hatte als Kind einige

Mittelohrentzündungen gehabt, und aufgrund ihres vernarbten Trommelfells hörte sie auf dem rechten Ohr etwas schlechter als auf dem linken. Marie liebte Astrologie und fragte alle, die sie kennenlernte, nach ihrem Sternzeichen, Aszendenten, Deszendenten und in welchem Zeichen ihr Mondknoten stand (Letzteres konnte kaum jemand beantworten). Wenn ihr etwas nicht gefiel, sagte sie das sofort, was manche Menschen vor den Kopf stieß. Marie hasste Brettspiele, doch sie liebte Charade. Sie war nur spontan, wenn sie abschätzen konnte, dass es sich lohnte. Wenn es nach dem Berufseignungstest gegangen wäre, wäre Marie Bibliothekarin geworden; nachdem sie das erfahren hatte, sperrte sie sich ein ganzes Wochenende lang in ihr Zimmer ein. Sie las alle Werke von Chimamanda Ngozi Adichie mehrfach und träumte davon, die Schriftstellerin eines Tages zu fotografieren. Mit vierzehn spannte sie einer Bekannten den Freund aus, was sie jedoch abstritt. Sie schwärmte für Billy Joel, was sie ebenfalls nicht zugab. Marie weinte schnell, doch genauso schnell fing sie sich wieder. An ihrem siebenundzwanzigsten Geburtstag flog sie über die Datumsgrenze und hatte genau genommen nur zwei Stunden Geburtstag. Sie gehörte zu den Menschen, die bei Koriander nur Seife schmeckten. Und sie bekam nach eigenen Angaben Kopfschmerzen, wenn sie die Farbe Orange sah.

Marie hatte eine Schwäche für deutsche Vorabendserien, die sie beim Arbeiten im Hintergrund laufen ließ, wenn sie mal wieder befürchtete, ihre Muttersprache zu verlernen. Sie hielt ihr Geld nicht zusammen; vor allem gab sie es jedoch für Freunde aus – sie lud andere gern ein und verschenkte Dinge ohne Anlass. Sie hatte nie eine Physalis probiert.

Marie verbrachte einmal gemeinsam mit ein paar Freunden eine Nacht im Gefängnis, weil sie in Manhattan an einer

Demo gegen Trump teilgenommen hatte, die nicht ganz so friedlich verlaufen war wie angekündigt. Wenn sie sich eingeschüchtert fühlte, gab sie sich distanziert, was manche Menschen als Arroganz wahrnahmen. Einmal war sie zu einer Filmpremiere eingeladen und wurde während der Afterparty von Leonardo DiCaprio um ein Date gebeten, was sie jedoch höflich ablehnte. Seitdem spendete sie jährlich für seine Umweltorganisation. Ihr sturer Kopf stand ihr oftmals im Weg, doch ihre flinke Intelligenz war ansteckend. Genauso wie ihr tiefes, ehrliches Lachen.

Ich vermisste meine Schwester. Es gab keinen Moment, in dem ich es nicht tat, und ich konnte mir nicht vorstellen, dass die Zeit das jemals entzerren würde. Ich hatte Bücher über Verlust gelesen, Filme gesehen, Geschichten gehört, und doch stand ich ganz am Anfang. Am Ausgangspunkt des Leugnens, der hochmütigen Überzeugung, dass mir so ein Unglück nie passieren würde. Obwohl es mir längst passiert war. Wir hatten so viel Zeit gehabt, und nun hatte ich sie ganz für mich allein und wusste nicht, wohin damit. Und wohin mit mir.

Am Tag der Beerdigung, einen Tag nach meiner Rückkehr, war der Rasen im Garten meines Elternhauses frisch gemäht. Das wunderte mich nicht, war ich doch in einer Familie aufgewachsen, in der das Haus – und im Sommer auch der Garten – auf Vordermann gebracht wurden, sobald sich Gäste ankündigten. Meine Mutter hatte sich seit der Nachricht von Maries Tod von einer Übersprunghandlung in die nächste geflüchtet. Und diese Phase hatte bereits vor meinem Abflug nach New York angefangen. Wie lange sie noch andauern würde, wussten wir nicht. Sie kochte, wusch und putzte. Nachts buk sie. Im Kühlschrank standen drei Bleche Käsekuchen, und obwohl ich es kaum aushielt, ihr dabei zuzusehen, konnte ich sie ebenso wenig davon abhalten. Jeder ging anders mit Trauer um. Meine Mutter wusste anscheinend nicht, dass man etwas, das im Inneren klebte, nicht am Äußeren wegwischen konnte. Der Zeitpunkt des Stillstands würde kommen, sagte ich mir, wenn sie um Papa und mich herum Staub saugte, wir die Füße hoben und uns ratlos dabei ansahen.

Während meine Eltern die Gäste bewirteten, setzte ich mich auf die warme Steinstufe, die in den Garten führte, die geschlossene Verandatür im Rücken. Über die letzten Stunden hinweg waren in der Küche und im Wohnzimmer viele Leute ein- und ausgegangen. Verwandte, ehemalige Schulkameraden, Leute aus dem Dorf, die *nur mal reinschauen* wollten. Alle hatten sich nacheinander auf der Holzeckbank oder der durchgesessenen Sofagarnitur zusammengedrängt, Leberknödelsuppe, kalte Bratenstücke und Kuchen verschlungen, während ich damit beschäftigt war, zu atmen.

Jetzt waren die meisten gegangen, nur ein paar Familienmitglieder saßen noch zusammen. Als meine Tante sich darüber empörte, dass Marie mit ihrem ungewöhnlichen Lebenslauf und ihrer Karriere als Fotografin nie zur Ehrenbürgerin von Unteroberheim ernannt worden war, ging ich nach draußen.

Und hier saß ich nun, in einem gelben Sommerkleid, das ich vor ein paar Tagen in Maries Kleiderschrank in New York gefunden hatte. Vor vielen Jahren war es einmal meins gewesen. Jetzt roch es nach ihr, und ich fragte mich, wie lange noch.

In der Küche ging ein Glas zu Boden. Ich stemmte mich gegen die Verandatür und legte meiner Mama die Hand auf die Schulter, wir beide zitterten. Sachte schob ich sie zur Seite, dann kehrte ich die Scherben zusammen.

»Elfi, komm zu mir«, sagte meine Tante zu ihrer Schwester, doch meine Mutter spülte einfach weiter. Dem nach vorn gebeugten, verkrampften Rücken konnte ich seine Anspannung ansehen. Ihr kurzes, dunkelgraues Haar lag weich und in kleinen Löckchen am Kopf.

»Was wohl aus Karli wird ohne Marie«, flüsterte mein Cousin seiner Mutter zu, doch ich konnte es hören, und da wäre ich am liebsten nach Hause in meine eigene Wohnung gefahren. Eine unnötige Anspielung darauf, dass ich innerhalb meiner Familie manchmal dafür belächelt wurde, zweimal im Jahr zu Marie zu fliegen und jeden Tag mit ihr zu telefonieren. Papa winkte bei solchen Kommentaren immer ab, er sagte dann, wie glücklich er über unsere schwesterliche Verbindung war. Im Kindesalter hatten Marie und ich uns sogar recht ähnlich gesehen, vielleicht, weil ich nur anderthalb Jahre älter war als sie. Geblieben war das gleiche honigblonde Haar, doch ich war heute einen Kopf größer als sie, ihre Augenfarbe Grün, meine Graublau.

Die Bemerkung meines Cousins loderte in mir. Ich war nun die, die übrig blieb. Von heute an unvollständig war. Mit meiner Verbindung zu Marie spürte ich einen Schmerz in mir, der mich zu zerreißen drohte. Eine Kraft, die uns auseinanderzerrte, denn ein Teil gehörte nun woandershin, war weg, und doch für immer hier. In mir, neben mir, an mir dran.

Für einen Moment schien es, als würden alle in der Wohnküche, die unter der Bemerkung meines Cousins fast zusammenzubrechen schien, plötzlich innehalten und einen kollektiven Schmerz spüren. Mein Blick wanderte und traf den meines Vaters. Sein Stück Kuchen hatte er nicht angerührt.

»Wär sie doch nur hiergeblieben«, sagte meine Tante dann, und ich erinnerte mich daran, dass das auch Rosalinde gesagt hatte. Ich fragte mich, ob das alles sein würde, was man in diesem Dorf zu Maries Tod zu sagen hatte.

»Karla?«

In der Küchentür stand Max, er hielt einen Strauß Wildblumen in der Hand. Meine Mutter, die neben ihm stand, sagte: »Du hast Besuch.« Als wäre ihr gar nicht aufgefallen, wie viel Besuch wir bereits hatten. Für einen kurzen Moment fühlte ich mich wieder wie sechzehn, als derselbe Mann, damals noch ein Junge, schon einmal mit einem Blumenstrauß in der Hand an genau diesem Platz gestanden und meine Eltern gefragt hatte, ob er mich in die Mehrzweckhalle zum Discoabend ausführen dürfe. Damals nannten wir ihn alle noch Maxi.

Ich nahm ihm den Strauß ab und nickte in Richtung der offenen Verandatür, um aus dem Sichtfeld der anderen zu rücken. Max ging nach draußen, und ich stellte die Blumen in eine Vase. Sie wirkten so echt und lebendig zwischen den Schnittblumen aus dem Supermarkt und den Gestecken, die allesamt in Vasen und Bierkrügen auf der Küchenanrichte standen. Dann ging ich ebenfalls nach draußen, zog die Tür hinter mir zu und setzte mich neben Max auf die Steinstufe.

»Ich möchte nur sagen, dass –«

»Bitte sag's nicht.«

Er sagte es nicht.

»Wie schlägst du dich durch?«

»Das ist der andere Satz, den du nicht sagen sollst.«

Max schien genauso überfordert wie wir alle. Auch, weil er in einem Anzug steckte. Das machte ihn immer zusätzlich nervös. Er trug seinen Anzug – schwarz, eine halbe Nummer zu groß – nur bei Hochzeiten und Beerdigungen, und da ich jedes Mal an seiner Seite gewesen war, hatte ich ihn insgesamt fünfzehn Mal darin gesehen. Seit Jahren brauchte er einen neuen, doch jetzt, wo sowieso alle unsere Freunde verheiratet waren, würde er ihn nur noch zu Beerdigungen tragen, und an solchen Tagen – an Tagen, wie der heutige einer war – musste der Anzug nicht ganz passen, da durfte Stoff verrutschen, denn das Leben war es nun auch.

»Ich funktioniere«, sagte ich. »Zumindest solange ich mich um alles kümmern muss. In ein paar Tagen fliege ich wieder nach New York.«

»Warum?«

»Weil sich irgendjemand um ihre Wohnung kümmern muss. Und den ganzen Papierkram.«

»Kann dir niemand helfen? Sie hatte doch Freunde da. Und was ist mit …«, er senkte die Stimme, »… Hans und Elfi, kommen die auch mit?«

»Mama springt von einer Sache zur nächsten. Für das hier«, sagte ich und deutete hinter mich in Richtung Küche, »hat sie zehn Kuchen gebacken. Wenn der Moment kommt, in dem sie aufhört, wird sie wahrscheinlich einen Nervenzusammenbruch haben.« Ich sah ihm seine Skepsis an. »Mama ist dreiundsiebzig, Papa fünfundsiebzig. Und sie waren nie bei Marie in New York. Ich werde mir unbezahlten Urlaub nehmen. Dem Sommerloch sei Dank.«

Eine Weile sahen wir uns in die Augen. Ich wartete darauf, dass er anbot, mitzukommen. Max bot immer irgendwem seine Hilfe an, sogar mir, obwohl wir uns vor einem halben Jahr getrennt hatten. Doch er schwieg.

»Deine Eltern und dein Bruder waren vorhin auch schon da.« Das wusste er natürlich.

Schweigen.

»Sie hat dich immer sehr gemocht.« Auch das wusste er natürlich.

Marie war so unzufrieden mit unserer Trennung gewesen, und ich hatte mir über Wochen hinweg anhören müssen, dass ich die schlechteste Entscheidung meines Lebens getroffen hätte. Aber Marie wohnte seit einigen Jahren nicht mehr hier, und man verlor den Blick für Einzelnes, wenn man nur ab und an nach Hause kam. Dann sah man nur das, was man in so kurzer Zeit sehen wollte. Ich war immer glücklich gewesen mit Max, doch in den letzten Jahren hatte mich mehr und mehr das Gefühl überkommen, nicht mit meinem Partner das Bett zu teilen, sondern mit meinem besten Freund. Manchmal hatte ich nachts wachgelegen, ihn stundenlang angestarrt und mich gefragt, ob ich ihn noch liebte, und dann, ob er mich noch liebte, weil ich mich nicht daran erinnern konnte, wann er es zuletzt gesagt hatte.

In den Monaten nach unserer Trennung liefen wir uns häufig über den Weg. Beim Faschingsumzug von Seekirch, über den ich wie jedes Jahr berichten musste, bei mehreren Geburtstagen gemeinsamer Freunde, am Ostersonntag in der Kirche, zu der ich immer meine Eltern begleitete, und im einzigen Frühstückscafé, wo es nicht nur bergeweise Wurst- und Käseaufschnitt gab, sondern auch Birchermüsli oder Pancakes, die ›amerikanische Pfannkuchen‹ hießen. Wenn man sein ganzes Erwachsenenleben zusammen war, würde man sich auch für den Rest des Lebens kennen. Zumindest war das hier bei uns so.

Die Gespräche mit Max fehlten mir in den letzten Monaten

am meisten, und gleichzeitig wusste ich, dass die Trennung das Richtige gewesen war. Wir liebten uns einfach nicht mehr so, wie wir es uns, vielleicht noch immer, wünschten. Nach sechzehn Jahren wohl eine schmerzliche, aber normale Nebenwirkung.

»Sprich da nicht für mich«, sagte Max bei einer unserer vielen Streitereien am Ende. Doch ich war mir sicher, dass es ihm genauso ging, er nur nicht ehrlich zu sich selbst war. Ich hatte sie gespürt, die Abwesenheit von Liebe. In den fehlenden Berührungen und in der Art, wie er mich nicht mehr angesehen hatte.

Doch jetzt lächelte er mich an. Erst zaghaft, und als ich es erwidern konnte, fühlte sich seine Anwesenheit wieder vollkommen normal an. Er legte einen Arm um mich, ich meinen Kopf auf seine Schulter.

»Ich will nach Hause«, rutschte es mir heraus. So wie Ehrlichkeit herausrutschte, wenn jemand neben einem saß, den man bereits sein halbes Leben lang kannte. »Aber mein Auto steht auf der Schönen Aussicht.«

»Ich fahr dich.«

MAX ÖFFNETE DIE Beifahrertür, und ich ließ mich auf den Sitz fallen. Der Geruch im Wageninneren, eine Mischung aus seinem Aftershave und frischen Holzspänen, war mir so vertraut. In diesem alten Renault verschmolz meine Vergangenheit mit meiner Gegenwart, und beide waren angefüllt mit allem, was sich niemand wünschte. Abschiedsschmerz. Und die vielen einzelnen Stufen der Entwöhnung von einem Menschen.

Wir fuhren im Schritttempo den Mühlenweg entlang und bogen dann in die Neubausiedlung. Ein riesiges Haus neben dem anderen, in jedem wohnte ein Paar in meinem Alter. Es gab einen Kamin und dimmbares Licht, es gab Induktionsherde und Fliesenböden, es gab mindestens zwei Zimmer, die offiziell als Arbeits- oder Sportzimmer dienten, tatsächlich aber in nur wenigen Wochen in Kinderzimmer umgewandelt werden könnten. Alle Häuser hatten einen schicken grauen Anstrich in verschiedenen Abstufungen und einen Garten, der aus kurz geschnittenen Rasenflächen bestand, daneben Terrakottakübel mit irgendwas drinnen. In einer Ecke stand immer ein Grill aus Edelstahl, in dem sich das schöne Leben spiegeln konnte. Ich wohnte allein in einer Zweizimmerwohnung, war Single und hatte den wichtigsten Menschen in meinem Leben verloren. Ich lebte ein Leben so weit entfernt von der Neubausiedlung, dass ich lediglich daran vorbeifahren konnte.

Max bog auf eine schmale Straße, deren Schlaglöcher ich im Schlaf kannte. Sie verlief zwischen zwei weiten Rapsfeldern und führte von Unteroberheim zur Bundesstraße. Am Fenster zog der Sommer vorbei. Eine kleine Marie fuhr auf ihrem Fahrrad einen Feldweg entlang, sie trug eine Jeanslatzhose, die ich bis zu diesem Moment vollkommen vergessen hatte. Sie winkte mir zu, ihr Haar flog im Wind. Ich drehte mich zu Max.

In sein Profil hatte ich mich als Erstes verliebt. Wir waren bereits ein paar Jahre befreundet gewesen, doch als er mit sechzehn meine Hand genommen hatte und wir zur Mehrzweckhalle liefen, wusste ich ganz genau, dass er der hübscheste Junge weit und breit war. Aber spüren konnte ich es erst, als ich ihn zwei Stunden später dabei beobachtete, wie er gegen Jens, der zwei Klassen über mir war, Pingpong spielte; recht geschickt, denn in der einen Hand hielt er den Schläger, in der anderen einen Becher, gefüllt mit einer gruseligen Alkoholmischung. Whisky Cola wahrscheinlich. Weil ich mit meinen Freundinnen auf den zur Seite geschobenen Tischen saß und den beiden beim Spiel zusah, konnte ich Max in Ruhe beobachten. Und kam zu dem Entschluss, dass alles an seinem Gesicht schön war. Die großen hellen Augen, die feine Nase, das perfekt geschwungene Kinn. Aber es war sein Profil, das mich vollkommen verrückt machte.

»Ich hab dir nie richtig ›Danke‹ gesagt, Max. Stattdessen bin ich einfach in Tränen ausgebrochen.«

»Danke wofür?«

»Die Urne.«

Ich sah, wie er nach den richtigen Worten suchte.

»Ich würde lügen, wenn ich sagen würde, ich hab's gern gemacht. Aber es war alles, was ich tun konnte.«

Max war Schreiner und hatte sich vor wenigen Jahren zusammen mit einer Innendekorateurin selbständig gemacht. Sie hatten ihr Büro in Würzburg, aber er verbrachte die meiste Zeit hier auf dem Land, wo er auf dem Hof seiner Eltern schon immer seine Werkstatt hatte. Die Urne für Marie hatte er selbst entworfen, trotz des Massivholzes wirkte sie aufgrund ihrer leicht zulaufenden Form filigran. Sie war so perfekt, wie eine Urne es sein konnte.

Zehn Minuten später parkte er den Wagen vor meiner Wohnung und schaltete den Motor aus. »Ich fahr mit dem Achim zur Schönen Aussicht, und wir schauen mal, ob wir den Polo wieder in Gang kriegen.«

»Nein.« Ich wollte nicht abweisend klingen, musste es aber. »Ich kümmere mich darum.«

»Karli.«

Es war Monate her, dass er mich so genannt hatte. Der Spitzname, den mir mein Vater in Kindheitstagen gegeben hatte und der dann von allen Familienmitgliedern und Freunden übernommen wurde. Eine Verniedlichung, die ich nie wirklich gemocht hatte, was jedoch niemand wusste.

Ich schnallte mich ab und öffnete die Tür. »Danke Max. Ich schaff das alleine.«

»Bist du dir sicher?«

Nie zuvor war ich so unsicher gewesen. Wie schnell sich doch die Dinge drehten, wenn das Leben von außen plötzlich angeschoben wurde. Wenn Zeit und Raum eine völlig neue Bedeutung bekamen. Wenn man von einer schmalen Straße zwischen zwei Feldwegen auf eine Bundesstraße bog.

Ich nickte.

Meine Wohnung war stockdunkel. Alle Jalousien heruntergelassen. Alles war sauber und aufgeräumt, und so hatte ich es nicht hinterlassen. Mein Kopf arbeitete langsam, und der Jetlag, den ich nun zweifach ignoriert hatte, kroch mir immer tiefer in die Knochen. Mama hatte auch hier geputzt.

Ich ging in die Küche. Die Anrichte war sauber, der Boden gewischt, da waren ein paar Flecken von Tomatensoße gewesen, daran konnte ich mich erinnern. Im Schlafzimmer war mein Bett frisch bezogen, darauf lagen Handtücher, meine Unterwäsche und Socken, zusammengerollt oder zu kleinen Päckchen geformt.

Ich ging ins Wohnzimmer und setzte mich aufs Sofa. Es hieß, die Wohnung spiegelte den Charakter wider. Besser: die aktuelle Gemütslage. Ob ich in den nächsten Tagen alles verwüsten würde? Oder ob auch ich mein Innerstes zusammenfalten und irgendwohin verstauen konnte, bis ich Zeit haben würde, mich damit auseinanderzusetzen?

Ich hatte keinen Hunger, obwohl ich den ganzen Tag nichts gegessen hatte. Mein Körper war so verwirrt, dass er lediglich auf Sparflamme lief. Ich wollte etwas essen, weil ich wusste, dass es notwendig war, aber es ging einfach nicht. Stattdessen zog ich mich einfach aus und legte mich ins Bett. Normalerweise schlief ich nicht nackt, doch meine Wohnung war stickig, und nichts machte gerade Sinn, auch nicht, noch mal aufzustehen und die Fenster zu öffnen. Ich griff zu meiner Handtasche, die neben mir auf dem Bett lag, und suchte nach Maries Handy. Das Glas des Displays war vom Unfall zersplittert, und das Gehäuse hatte einige Schrammen abbekommen, doch das Handy funktionierte noch. Und quoll über mit Nachrichten und verpassten Anrufen. Anscheinend hatte sich noch nicht überall herumgesprochen, was passiert war, und in der kleinen Notiz über den Unfall in zwei Zeitungen war ihr Name nicht erwähnt worden.

Ich gab den Sicherheitscode ein, und die Sperre öffnete sich. Schon immer hatten wir unsere Passwörter und Zahlencodes ausgetauscht. Unsere Beziehung war barrierefrei gewesen. Eine von vielen Selbstverständlichkeiten, die sich über die Jahre hinweg nie verändert hatte, auch nicht, als ein Ozean zwischen uns lag.

Ich öffnete Instagram und tippte auf Maries Profil. Hier gab es nichts Neues zu sehen. Ich hatte Stunden auf ihrem Social-Media-Profil verbracht, seitdem mir im Krankenhaus ihr Handy und Schlüsselbund in einer verschlossenen Plastiktüte überreicht worden waren. Die App konservierte einen Ausschnitt von Maries Leben, und auch wenn vieles davon nicht echt war, so war es doch meine Schwester, meine Schwester, meine Schwester, die diese Fotos online gestellt hatte. Etwas von ihr konnte ich noch festhalten. Es lag in meinen Händen, ihre Spuren verschwinden zu lassen oder nicht.

Das letzte Foto hatte sie am zweiten Juli hochgeladen, wenige Tage vor ihrem Tod. Es zeigte sie Arm in Arm mit Lynn, einer guten Freundin. Beide lachten in die Kamera. Die Aufnahme war ein verschwommener Schnappschuss, den sie ohne Begleittext hochgeladen hatte. Ich klickte zum wiederholten Male auf den Geotag The High. Die Karte von Manhattan öffnete sich. Die Bar lag nur zwei Blocks von ihrer Wohnung im East Village entfernt, doch ich kannte sie nicht. Sie musste neu sein, denn ich flog zweimal im Jahr nach New York, weshalb ich Maries Wohngehend mittlerweile eigentlich recht gut kannte. Seit Jahren hatte ich keinen anderen Urlaub mehr gemacht. Weder mit Max noch mit Freunden, geschweige denn irgendwo anders.

Das Foto mochte ich sehr und nahm mir vor, Lynn, die ich in ein paar Tagen wiedersehen würde, nach diesem Abend zu fragen. Ich schloss die App und öffnete dann den Fotoordner. 8675 Bilder aus den letzten zwölf Monaten.

Ich überflog die letzten Bilder. Beim Durchscrollen blieb ich an einem hängen, das stark vergrößert und demnach sehr verpixelt wirkte. Den Blick erkannte ich trotzdem sofort, er ging von Maries Feuerleiter aus in einen kleinen Hinterhof, der von drei weiteren Häusern umschlossen war und in dem lediglich Mülltonnen standen. Der Bildausschnitt zeigte ein Fenster schräg unterhalb der Feuerleiter und dahinter einen Mann und eine Frau. Das waren die Nachbarn gegenüber. Sie schrien sich offenbar an. Seltsam, dachte ich mir, dass Marie die beiden während eines Streits fotografiert hatte. In die Privatsphäre anderer war sie eigentlich nicht eingedrungen.

Ein Ehepaar Ende dreißig, das eingezogen war, als ich Marie zuletzt Mitte April besucht hatte. Ein kühler, aber sonniger Frühlingstag, wir saßen in Decken gehüllt und mit einer Flasche Rotwein auf der Feuerleiter, redeten, spähten ab und an hinüber und sahen den beiden beim Einzug zu. Sie küssten sich immer wieder leidenschaftlich, und als sie schließlich übereinander herfielen und bei offenen Fenstern und angeschaltetem Licht zwischen den Umzugskartons Sex hatten, sagte Marie: »Die wollen gesehen werden. Das ist die Sorte Paar, die das braucht.«

DIE EHE UNSERER Eltern war für meinen Vater die zweite. Er war mit Mitte dreißig von seiner Frau verlassen worden, Hals über Kopf war sie nach Nürnberg gezogen mitsamt den beiden Söhnen. Ein paar Jahre später lernte er meine Mutter bei einem Weinfest kennen. Die war bis dahin immer allein gewesen, zumindest wusste ich nichts von einem früheren Partner, mit dem es jemals ernst gewesen wäre. Sie hatte in einem Tante-Emma-Laden, den es längst nicht mehr gab, gearbeitet und war in ihrer Freizeit überall im Dorf eingespannt gewesen: im Pfarramt der Gemeinde, beim Faschingsverein, als Kellnerin bei den Weinfesten im Sommer und im Herbst.

Als sie dann mit vierzig mit mir schwanger wurde, hörte sie auf zu arbeiten, half jedoch weiterhin überall dort aus, wo sie gebraucht wurde. Mit Maries Geburt ging Mamas Vorstellung einer vollkommenen Familie dann in Erfüllung – wenn auch für ihre Generation recht spät. Obwohl Marie und ich im Wissen über unsere Halbgeschwister aufwuchsen, bekamen wir von ihrer Existenz nie wirklich etwas mit. Sie lebten in einer Welt außerhalb von unserer, ohne dass das jemand so beabsichtigt hatte. Es war einfach so. In Maries und meiner kindlichen Vorstellung begann das Leben unserer Eltern erst mit unserer Geburt.

Ich beschloss, regelmäßig nach meinen Eltern zu sehen, bevor ich zurück nach New York fliegen würde. Zwei Tage nach der Beerdigung fuhr ich gegen halb zwölf mittags zu ihnen. In der Küche war niemand. Ich schaltete die Herdplatte zurück und rührte die Suppe vom Vortag um. Der vertraute Geruch der Gemüsebrühe und der aufkochenden Knödel aus Leber, Semmeln, Eiern und Zwiebeln stieg mir in die Nase. Auf der Küchenanrichte lag zwischen den vielen Blumensträußen ein dicker Stapel Kondolenzschreiben. Ich schaute die Absender durch und legte die Umschläge wieder weg, als meine Mutter hereinkam.

»Du bist ja scho da«, sagte sie abwesend, ihr Blick entglitt mir.

Sie trug eine dunkelblaue Stoffhose mit Gummizug und ein weißes Langarmshirt, auf Höhe der Brust waren gesprenkelte Fettflecken. Sie zog ihre Schürze aus und hängte sie an einen Haken hinter der Tür.

Mir war immer bewusst gewesen, dass sie Marie und mich liebte, es jedoch selten sagte oder gar zeigte. Als wir klein waren, war das anders gewesen. Sie hatte uns überallhin mitgenommen. Ich konnte mich an Nachmittage bei der Friseurin zwischen Lockenwicklern und Bauklötzen erinnern oder an das stundenlange Einkochen von Marmelade im Keller, bei dem wir beim Abfüllen in die Einmachgläser helfen durften. An ihre vielen Küsse, die mein Gesicht bedeckten, und auch daran, wie sie uns oft kitzelte, und später, als wir älter waren, das sanfte Streichen über unsere Köpfe, während wir unsere Hausaufgaben am Küchentisch machten. Irgendwann hörte das alles auf. Die Nähe, die Aufmerksamkeit, das Einbeziehen in ihre Welt. Dann schlang sie lediglich ihre Arme um uns, wenn wir weinten oder an unseren Geburtstagen. Warum, verstand ich bis heute nicht. Ich wusste nur, dass diese schleichende Veränderung an einem ganz bestimmten Tag begonnen hatte.

Mein Vater kam zur Tür herein, blass mit abstehendem, grauweißem Haar. Er ließ sich mit einem leisen Seufzen auf die andere Seite der Eckbank fallen. Das Holz knarzte.

Meine Mutter stellte den großen Suppentopf in die Mitte des Tisches und setzte sich ebenfalls. Marie war seit Jahren Veganerin gewesen, und wenn ich sie besuchte, ernährte ich mich zumindest fleischlos. Es war mir unangenehm, dass gerade Leberknödelsuppe – auch wenn sie unser Lieblingsgericht aus Kindheitstagen war – beim Leichenschmaus serviert worden war. Wobei ich wusste, dass meine Mutter den Gästen nichts Veganes hätte vorsetzen können oder gar wollen.

Wir aßen, ohne uns dabei zu unterhalten, und mitten in das Schweigen setzte sich nun auch Marie. Oder vielmehr ihr Fehlen. Das tat sie schon lange, weil sie bereits seit Jahren nicht mehr in unserer Nähe gewohnt hatte, aber wenn man wie ich gerade in Erinnerungen feststeckte, fühlte es sich an, als wäre sie erst vor ein paar Tagen gegangen. Diesmal jedoch mit Pauken und Trompeten und für immer.

Als Marie und ich Kinder waren und wir mit unseren Eltern in Stille zu Mittag aßen und dabei nur die große, tickende Standuhr im Wohnzimmer zu hören war, machte Marie immer Schmatzgeräusche. Um mich zum Lachen zu bringen und meinen Vater zu ärgern, der jegliche Essensgeräusche nicht ausstehen konnte. Ich konnte hören, wie sie die Suppe durch die kleine Lücke zwischen ihren Schneidezähnen schlürfte, ich sah ihre wachen Augen zwischen uns dreien hin- und herflitzen, ich hörte mein eigenes Giggeln.

Meine Suppe verschwamm. Ich legte den Löffel weg und sagte: »Harry hat mir unbezahlten Urlaub bewilligt. Ich schau heute Abend nach einer guten Verbindung und flieg dann nächste Woche oder so.«

Mama faltete die Hände in ihrem Schoß. »Ich kann net mit.«

»Das musst du auch nicht, Mama. Ruh dich aus, und bis ich wieder da bin, geht's uns allen besser.«

Eine Lüge. Meine Mutter zupfte an ihrem Daumennagel.

»Karli, wir können des auch anders regeln«, sagte mein Vater. »Wir können die Wohnung räumen lassen, und dann soll die Lynn die persönlichen Sachen zusammenpacken und schicken, und wir zahlen des alles.«

Ich stellte mir vor, wie mein Papa auf der Bank hinter dem Haus in der Sonne gesessen hatte, die Füße trotz der Wärme in seine Pantoffeln gesteckt, und überlegt hatte, wie er mir irgendetwas abnehmen konnte.

»Ich mach das schon, Papa. Ich will das auch für mich machen.«

Als ich wieder zu meinem Löffel griff, legte meine Mutter ihre Hand auf meine, und ich erstarrte unter ihrer Berührung. Sie drückte sie ganz leicht und sah mir in die Augen. Meterhohe, durchsichtige Wellen standen darin. Würden sie ihren Kummer hinwegspülen, wenn sie sich nur trauen würde zu weinen?

»Bitte komm wieder heim. Versprichst du des mir?«

»Ich versprech's.«

Gegen halb neun am selben Tag färbte sich vor meinem offenen Wohnzimmerfenster der Himmel pink, und ich buchte eine teure Direktverbindung von Frankfurt nach New York. Dieser dritte Flug innerhalb von drei Wochen riss ein Loch in meinen Geldbeutel, auch weil mir nun zwei unbezahlte Monate bevorstanden.

Es war egal. Wer wusste schon, ob mein Leben irgendwann so weitergehen würde, wie ich mir das mal vorgestellt hatte, und ob ich das dann überhaupt wieder wollen würde. In diesem seltsamen Zwischenstadium, in dem ich mich gerade befand, war alles egal, was nicht mit Marie zu tun hatte. Vor allem das Hier, das Jetzt und der Rahmen drum herum.

Nun konnte ich fliehen. In den kommenden Wochen Marie noch einmal ganz nah sein. In ihrer Wohnung leben, mich in meinem eigenen Tempo von ihr verabschieden. Auch wenn mich der Gedanke an die Reise ermüdete und ich Angst hatte vor der Stadt – Maries Stadt, die ich nur gemocht hatte, weil ich sie mit außergewöhnlichen Besuchen bei meiner Schwester verband. Dieses New York gab es nicht mehr.

Die pinkfarbenen Schleier hinter dem gegenüberliegenden Haus gingen in ein sattes Rot über. Der Himmel über Seekirch wirkte angezündet, und die Vögel zwitscherten so laut, dass ich sie auch dann noch hörte, wenn ein Auto vorbeifuhr.

Es klingelte an der Wohnungstür. Ich ignorierte es. Es klingelte noch mal. Ich stand auf und öffnete die Tür.

»Unten war offen«, sagte Max.

Wir setzten uns an den Küchentisch, und er zog erst eine Flasche Tequila und dann eine Flasche Weißwein aus seinem Rucksack.

»Keine Angst, ich hab dir nicht nur das mitgebracht«, sagte er und hielt beide Flaschen in die Luft. »Du hast die Wahl zwischen Totalabsturz oder, na ja, weicher Landung?«

Ich verschränkte die Arme.

»Max, ich weiß das echt zu schätzen. Dass du hier auftauchst und irgendwas probierst, von dem du glaubst, dass es mir helfen könnte –«

Er stellte die Flaschen ab und hob die Hand. Dann griff er in seine Hosentasche und legte einen Ring, *meinen* Ring, zwischen uns auf die Tischplatte. Silbern, mit einem eingefassten, milchweißen Mondstein. Vorsichtig nahm ich ihn in die Hand.

»Du hast ihn gefunden.«

Max ließ mir einen Moment Zeit, bevor er sagte: »Er lag hinterm Bett. Weißt du, wann ich ihn gefunden hab?«

Ich blickte auf.

»Am neunten.«

Freude und Schmerz vermischten sich. Den Ring hatte ich von Marie zu meinem dreißigsten Geburtstag bekommen.

»Der Mondstein repräsentiert Weiblichkeit, und den Mond magst du sowieso am liebsten«, hatte sie gesagt.

Ich drehte ihn hin und her, der Edelstein schimmerte. Vor einem knappen Jahr hatte ich ihn verloren, und jetzt hatte ihn Max an Maries Todestag hinter seinem Bett gefunden. Das einmal unseres gewesen war.

»Danke, Max.«

Er nickte. Ich steckte den Ring an, es fühlte sich merkwürdig an, ihn nach so langer Zeit wieder zu tragen.

»Ich hätt jetzt wohl doch gerne einen Schluck. Von der weichen Landung.«

Es war dunkel geworden. Der Wein fast leer, meine Zunge pelzig. Das Fenster noch immer offen, ein Halbmond schien schwach herein. Draußen war es still. Ich dachte an die Sirenen New Yorks, die mich in drei Tagen wieder wachrütteln würden, und daran, dass man in Manhattan immer irgendetwas hörte, wenn die Fenster offen waren. Ich mochte die Stille hier auf dem Land. Ich mochte es, zu wissen, dass es ein Zeitfenster gab, in dem alle ins Bett gingen oder sich zumindest leise verhielten. Im Sommer richtete ich meinen Alltag nach dem Sonnenstand, was bedeutete, dass ich Max längst hätte rauswerfen und ins Bett gehen müssen. Doch ich blieb sitzen.

»Wir haben übrigens den Auftrag bekommen. Von dem Architekturbüro in Bamberg. Zehn Tische mit Stühlen, Lampen und eine Sitzgarnitur im Eingangsbereich. Alles nach unseren eigenen Entwürfen.«

Ich brauchte einen Moment, dann erinnerte ich mich.

»Glückwunsch«, sagte ich und verschwand wieder.

Wir schwiegen.

»Es geht also weiter. Einfach so.«

»Was, Karli?«

»Das Leben«, sagte ich.

»Es geht nicht einfach weiter, nur weiter.«

Ich pulte am Etikett der Flasche. »Wie soll man denn weitermachen?«

Max lehnte sich über den Tisch. Er griff nicht nach meiner Hand.

»Als wir sechzehn waren, sind die Moosbauer-Brüder gegen den Baum in der Kaltenhofer Kurve gefahren. Weißt du noch? Wie der Achim wochenlang nicht geredet hat, und dann eines Morgens ist er aufgestanden und zur Arbeit gegangen, und von da an war alles wieder in Ordnung?«

Ich zog ein Stück des Flaschenetiketts ab und fing an, es zwischen meinen Fingern zu rollen. Der Unfall der Moosbauer-Brüder, der eine erst siebzehn, der andere neunzehn, war eine der größten Tragödien des Landkreises gewesen. Achim, Max' Bruder und der beste Freund des Älteren, war in der freiwilligen Feuerwehr und hatte mitgeholfen, beide aus dem wie eine Ziehharmonika zusammengefalteten Wagen herauszuschneiden.

Ich war noch nicht bereit für einen Blick nach vorn. »Achim war schon immer stark. Nicht nur äußerlich, vor allem auch psychisch.«

»Du aber auch. Und das Leben von den Moosbauern ging irgendwann weiter.«

Ich zuckte die Achseln. »Erna nimmt Antidepressiva, und der Karl-Heinz ist immer der Letzte in der Wirtschaft.«

Schweigen.

»Ich weiß noch«, sagte ich, »wie wir am Wochenende drauf an der Unfallstelle vorbeigefahren sind. Und dann weiter ins *Heat*, und da standen wir nur um die Tanzfläche herum. Keiner hat was getrunken.«

»Wir wussten nicht, wo wir sonst hingehen sollten.«

»Ich hab der Moni nie mein Beileid ausgesprochen. Nach ein paar Wochen haben in der Schule alle einen Bogen um sie gemacht.«

»Wir waren noch Kinder. Wir wussten nicht, wie wir mit ihr umgehen sollten, nachdem sie ihre Brüder verloren hatte.«

»Vielleicht hätten wir's besser wissen müssen.«

»Niemand hat uns was erklärt, Karli. Und wir haben auch nie so richtig drüber gesprochen.«

Wir schwiegen einen Augenblick.

»Das ist das erste Mal seit der Beerdigung damals, dass ich wieder über die beiden geredet hab«, sagte ich. Und dann: »Ich hoffe, wenigstens die Moni ist glücklich heute.«

Max ging nicht, und ich fragte ihn nicht, warum. Es war mir egal, ob er glaubte, hier sein zu müssen, ob er am nächsten Morgen ausschlafen konnte, ob er mich noch liebte. Ich hatte nirgendwo Platz für diese Fragen, also ließ ich ihn in meiner Küche sitzen und zündete irgendwann eine Kerze an.

Wir hatten schon lange nicht mehr ein so intensives Gespräch geführt. Eins, das über die Stunden hinwegglitt und sich nicht nur nährte vom Sprechen, sondern vor allem auch vom Schweigen. Jetzt redeten wir über die Partys während der Schulzeit, die wir in einem umgebauten Bauwagen veranstaltet hatten, wo Strichlisten über die Menge der Getränke geführt wurden, die man irgendwann oder nie beglich.

Wir redeten über diesen einen Sommer, der heißer und besser gewesen war als alle anderen. Zwei Monate lang hatten wir in den Tag hineingelebt. Vollkommen losgelöst vom Leben um uns herum, hatten wir die Zeit am Waldsee zwischen Unteroberheim und Seekirch verbracht. Nicht nur tagsüber, sondern auch abends und nachts, mit Freunden am Lagerfeuer und dem Geschmack von Bier im Mund. Wir überlegten, wann wir das letzte Mal weiße Weihnachten erlebt hatten, und kamen irgendwann drauf: Vor fünf Jahren, als ich auf einer Eisplatte im Hof von Max' Eltern ausgerutscht war und er versucht hatte, mich und mein verdrehtes Knie die Treppe nach oben in unsere Dachgeschosswohnung zu tragen, wobei ich zweimal mit dem Kopf gegen die Wand gestoßen war und wir am Ende hatten lachen müssen, obwohl mir gleichzeitig total schlecht geworden war. Wir redeten darüber, wie Marie mit Anfang zwanzig bei ihrer ersten Fotoausstellung in München alle Bilder verkauft hatte und wir live dabei gewesen waren, wie sie sich in einen Amerikaner verliebte, der zufällig in die Galerie gestolpert war. Wir redeten darüber, wie wir uns am Anfang unserer Beziehung immer die Bettdecke über unsere Köpfe gezogen und dann vorgestellt hatten, in einem Zelt zu liegen, ganz weit weg von allem.

Irgendwann stand Max auf und ging ins Bad. Ich schloss das Fenster, die Luft draußen war mittlerweile frisch und kühl. Dann lehnte ich mich an die Fensterbank und blieb dort stehen, bis er zurückkam. Die Hände steckte er in die Hosentaschen und lehnte sich an den Türrahmen.

»Sie hat mich im Januar angerufen, kurz nachdem du ausgezogen bist. Sie meinte, dass du dich nicht getrennt hättest, wenn wir uns mehr um uns gekümmert hätten. Was auch immer das zu bedeuten hatte.«

»Sie hat zu viele Beziehungspodcasts gehört, das hat es zu bedeuten.«

Er suchte meinen Blick durch die Dunkelheit der Küche.

»Hättest du ... hätten wir eine Paartherapie machen sollen? Heiraten sollen?«

Ich verschränkte die Arme. »Max, bitte. Wir haben das alles hundertmal durchgekaut.«

In Wahrheit hatte ich jedoch vieles mit mir selbst ausgemacht, was mir leidtat, ich jedoch nicht mehr ändern konnte. In den letzten Jahren unserer Beziehung war ich immer öfter ohne Max bei Geburtstagen oder Straßenfesten gewesen, weil er gern früh ins Bett ging und große Menschenansammlungen nicht besonders mochte. Und ich konnte nicht leugnen, dass ich dort Männer kennenlernte, die ich interessant fand und deren Bekanntschaft mich an Maries Dates in New York erinnerten. Geschichten aus der Ferne, die ich zu Hause nie erlebte. Weil ich immer mit Max zusammen gewesen war.

In der Nacht, in der ich beschloss, mich zu trennen, war mir bewusst, dass es vielleicht ein Fehler sein würde. Dass ich ihn als Mensch verlieren könnte, was ich gleichzeitig nicht wagte, mir vorzustellen. Doch sosehr ich meinen Alltag mit all seinen Vorhersehbarkeiten gemocht hatte, so sehr hatte ich mich mit der Frage beschäftigt, was es bedeutete, nie mit einem anderen Mann zusammen gewesen zu sein. Nun sah die Wahrheit so aus, dass ich mich seit unserem Beziehungsende vor sechs Monaten weder auf einer Dating-App angemeldet hatte noch mit irgendwem verkuppelt werden wollte. Vielleicht war die Sehnsucht nach etwas Neuem kein Grund gewesen, sich zu trennen. Doch meiner Meinung nach war sie auch kein Grund gewesen, zu bleiben.

Und jetzt stand Max hier in meiner Wohnung, die nie seine gewesen war. Und es wurde erst langsam normal, ihn nicht mehr zu berühren. Als ich im Frühjahr auf dem Geburtstag einer gemeinsamen Freundin zu viel getrunken hatte, hatte ich ihn irgendwann einfach geküsst, einzig aus der Gewohnheit heraus, dass Max der Mann war, den ich küsste, und zwar schon immer. Er hatte mich zurückgeküsst, und danach war ich ihm den ganzen Abend peinlich berührt aus dem Weg gegangen.

Ich nahm unsere leeren Gläser, stellte sie auf die Küchenanrichte und fing an zu spülen. Und dann konnte ich seine Anwesenheit in meinem Rücken spüren. Er legte seine Hände um meine Taille und vergrub sein Gesicht an meinem Hals. Mein Herz schlug so laut, dass ich jeden Schlag spüren konnte. Ich wurde nervös. Und dann wurde ich wütend.

»Bist du deshalb hergekommen? Um zu vögeln?«

Er erstarrte. Dann löste er sich, nahm seinen Rucksack und ging zur Tür.

»Unter anderen Umständen würde ich dir jetzt weiß Gott was an den Kopf knallen.«

Dann fiel die Tür ins Schloss.

Unter anderen Umständen wäre ich anders, dachte ich.

Das Spülwasser tropfte von meinen Fingern auf den Boden.

EINE WOHNUNG WEISS nicht, dass ihre Besitzerin nicht mehr wiederkommen wird. Und wenn niemand anderes aufräumt, ausräumt, wenn niemand wieder einzieht, dann wird nichts passieren, gar nichts. Ein Ort der Verlassenheit bleibt bestehen, doch darauf legt sich Staub, eine hauchdünne Schicht, die immer dicker und fester wird. Irgendwann kleben die Schichten zusammen. Die Momentaufnahme mit dem Staub, der sie konserviert.

Aber ich war wieder hier. An einem Dienstagmorgen nach einem langen Flug und einer noch länger scheinenden Fahrt mit der Metro nach Manhattan schloss ich die Tür zu Maries Apartment auf.

Wenn ich nachts durch diese Wohnung ging, ohne das Licht einzuschalten, wusste ich ganz genau, welche Diele knarrte und dass die Badezimmertür nur dann nicht wieder aufsprang, wenn man nach dem Schließen noch mal fest dagegendrückte.

Mit der Stadt, vor allem mit Manhattan, ging es mir bis heute anders. Lange hatte ich mich hier im Dunkeln nicht zurechtgefunden. Aber vielleicht lag es auch daran, dass ich selten allein unterwegs war, und wenn man jemanden an seiner Seite hatte, ein lebendiges Navigationssystem, das den Weg kannte, dann lehnte man sich ganz automatisch an und ging erst links, dann zweimal rechts, ohne zu wissen, warum.

Maries Wohnung lag im vierten Stock eines Gebäudes aus dunkelroten Backsteinen. Sie war unterteilt in ein fensterloses Bad, eine kleine Küche und einen schmalen Flur, der in den mittelgroßen Wohnraum mit den zwei Fenstern führte. Unter dem, das zur Straße ging, stand ihr Schreibtisch. Unter dem anderen stand ein samtbezogenes, bordeauxfarbenes Sofa. Wenn man darüberstieg und durch das große

Fenster kletterte, gelang man auf die Feuerleiter, die in den Innenhof führte. Vom Sofa aus blickte man auf einen cremefarbenen Paravent, der das dahinter platzierte Bett verdeckte. Maries und mein Geschmack gingen oft auseinander, doch auch wenn ich die Wohnung selbst nicht so eingerichtet hätte wie sie, fühlte ich mich hier immer wohl. Es war ein Apartment, in dem gelebt und nicht nur gewohnt wurde, mit all den gerahmten Fotoaufnahmen von ihr oder anderen Künstlern, die auf Kommoden oder dem Boden standen, den bunten Kissen, dem niedrigen Couchtisch vom Flohmarkt und den Wandregalen, vollgepackt mit schweren Bildbänden. Am meisten mochte ich den massiven Bauernschrank aus dem neunzehnten Jahrhundert, den Marie als Kleiderschrank genutzt hatte. Ein Überbleibsel des Vormieters, der ihn nicht hatte mitnehmen wollen, war das zu fassen? Ich ging zu ihrem Schreibtisch, auf dem ihr Bildschirm stand, das zugeklappte MacBook lag daneben. Ein halbvolles Glas Wasser. Nicht meins.

Ich lehnte mich über den Tisch, um das Fenster zu öffnen. Noch war alles recht ruhig. Ich hörte einen Hund bellen und zwei Leute, die sich unterhielten, doch nach ein paar Sekunden drang der Verkehrslärm der 1st Avenue, eine monotone an- und abschwellende Welle, in meinen Körper. Ich spürte, wie sie sich auf- und abbaute, nur ein paar Häuserecken von der Einbahnstraße unter mir entfernt. Mit der Hand fuhr ich die Kanten ihres Laptops entlang, tippte mit den Fingerspitzen auf einen Stapel Notizblätter. Maries Handschrift war keine geschwungene oder gar verschnörkelte, sondern kantig, mit steiler Schräglage nach rechts, immer in Bewegung.

Noch nicht einmal meine Schuhe hatte ich ausgezogen. Ich trug noch immer den Pullover, den ich für die eisige

Klimaanlage im Flugzeug gebraucht hatte. Die Handtasche rutschte von meiner Schulter, und ich ließ sie zu Boden gleiten. Als ich auch das Doppelfenster über dem Sofa öffnete, warf ich über die Feuerleiter hinweg einen Blick in den Innenhof. Er war karg, umschlossen von Betonwänden, an deren Seiten schwarze Mülltonnen standen. Mein Blick fuhr über die graue Steinwand des gegenüberliegenden Gebäudes von unten nach oben. In der Wohnung des Ehepaares im dritten Stock war niemand zu sehen. Die Sonne schien auf mein Gesicht. Ich schloss die Augen, und dann roch ich die Stadt. Eine drückende, angeschwollene Sommersüße.

»Wie hältst du es hier aus?«, hatte ich Marie bei meinem ersten Besuch in New York gefragt, als ich meinen viel zu großen Koffer die schmale Treppe des U-Bahn-Aufgangs der 1st Avenue Station Stufe um Stufe hinaufwuchtete. »Jede Ecke stinkt nach Urin, der ganze Plastikmüll, überall dieser Dreck wie in … Delhi oder … Jakarta.«

»Du warst noch nie in Delhi oder Jakarta«, antwortete sie und versuchte, eine Ecke des Koffers zu greifen, um mir zu helfen. »Es riecht außerdem nicht ausschließlich nach Urin. Im East Village riecht es vor allem nach Weed.«

Ich rollte die Augen, und Marie sollte recht behalten: Irgendjemand zog in den Straßen ihres Viertels immer an einem Joint.

Was hatte ich mir dabei gedacht, das alles allein zu schaffen? In Seekirch hatte ich mir eingeredet, dass es das Richtige war, denn es war nicht nur meine Aufgabe, mich um dieses Apartment zu kümmern, sondern auch eine Möglichkeit, mich zu verabschieden. In meinem Tempo, auf meine Weise, auch wenn ich noch gar keine hatte.

Doch jetzt war ich wieder hier, und mir fehlte die Kraft,

meinen Pullover auszuziehen. Wie sollte ich also diese Wohnung ausräumen? Ich ging zurück in den dunklen Flur und blieb vor der schwarzen Magnetwand stehen. Ein Polaroid, das Marie und mich zeigte, war daran befestigt. Wir hatten es an Weihnachten vor zwei Jahren gemacht. Da war sie nach Hause gekommen. Frisch verknallt. In einen Mann, den sie kurz zuvor für eine Fotostrecke abgelichtet hatte. Während Max und ich ein paar Tage zuvor beschlossen hatten, uns nach einem geeigneten Bauplatz umzusehen.

Wir hatten unsere Träume, wir hatten uns, und am Weihnachtsbaum brannten echte Kerzen, was meinen Vater immer etwas nervös machte, Mama jedoch liebte. Rote Wangen, goldenes Licht, volle Herzen.

Ich legte einen Finger auf Maries Wange. Wir hatten keine Ahnung gehabt.

Im Badezimmer drehte ich den Wasserhahn auf und wusch mir mein Gesicht mit eiskaltem Wasser. Ich nahm einen Schluck, doch beim Geschmack des Chlors verzog ich das Gesicht. Mein Haar war zerzaust vom Flug, ich strich es glatt. Winzige Fältchen umrahmten die Ränder müder Augen.

Was würdest du tun, Marie, wenn du an meiner Stelle wärst?

Als ich später durch die schwere Haustür nach draußen trat und die Helligkeit des Sommers mich blendete, setzte ich meine Sonnenbrille auf und steckte mir Kopfhörer in die Ohren. Ich hatte Hip-Hop nie sonderlich gemocht, verstand aber, warum Marie ihn gehört hatte. Er fühlte sich in New York anders an. Beheimatet und real, nicht aus Versehen herausgeschlüpft und unpassenderweise irgendwo anders abgespielt – beim Beat-Abend in der Mehrzweckhalle, wo sich alle befreundeten Paare über vierzig eine Flasche Asti teilten, gemeinsam am Stehtisch, die Daumen in die Hosentaschen versenkt, die restlichen Finger klopften im Takt. Doch hier pushte die Musik durch die Straßen, man konnte mit dem Tempo der New Yorker mithalten. Man konnte einer von ihnen sein.

Marie hörte Hip-Hop, wenn sie zu spät für einen Termin war oder sich auf etwas vorbereitete, wozu sie sich zwingen musste, eine Ansprache bei einer Vernissage zum Beispiel. Ich klickte auf Play, und Cardi B. rappte in mein Ohr »*Said, ›lil‹ bitch, you can't fuck with me if you wanted to*«. Zum ersten Mal nach Wochen entfuhr mir ein echtes Lachen. Das war nicht meine Musik, und das war auch nicht meine Energie, die mich da plötzlich durchflutete. Doch in New York musste ich nicht ich sein. Ich musste gar nichts fürs Erste, also ging ich schnell zur 1st Avenue und lief dann zwei Blocks Richtung Süden. Dabei machte ich einen Bogen um Joe, auch wenn sein Laden im Souterrain sicherlich noch geschlossen war. Ich schulterte meine Handtasche, in der Maries Laptop steckte, und floss in die Menschentraube hinein, die an der Ampel stand. Die meisten New Yorker gingen bei Rot über die Straße. Mein Blick haftete immer auf den herunterzählenden Ziffern, und ich traute mich zumindest, kurz vor dem Wechsel zu Grün loszugehen. Doch seit Maries Unfall musste ich mir sogar bei Grün einen Ruck geben.

Alle gingen ihren alltäglichen Aufgaben nach. Sie waren auf dem Weg ins Büro oder zum nächsten Coffeeshop. Alle hatten zu tun. Und nun auch ich.

An dem Café mit dem schmalen Eingang lief man gern vorbei, wenn man es nicht kannte. Aber niemand im East Village kannte es nicht. Ich ging durch die offene Tür und blieb vor dem Tresen am Eingang stehen, nahm die Sonnenbrille ab und fing das Lächeln des Baristas auf, bevor er den Kaffeesatz des Siebträgers in einen kleinen Behälter klatschte. Er fragte mich, ob ich einen Tisch wolle oder nur einen Kaffee zum Mitnehmen, und als ich antworten wollte, dass ich mich in den Wintergarten setzen würde, musste ich mich räuspern, weil ich seit Stunden nicht gesprochen hatte. Er bat mich, kurz zu warten, und ich lehnte mich in dem Durchgang an die noch kühle Backsteinwand.

Mein erster Besuch hier lag Jahre zurück. Ebenfalls nach einem Nachtflug. Marie hatte genauso wenig geschlafen wie ich, da sie sich von der Überarbeitung ihres Portfolios nicht hatte lösen können, also liefen wir direkt nach meiner Ankunft ein paar Blocks zu *Mud Spot*. Ein kleiner Tisch ganz hinten im Eck war frei, wir bestellten Sandwiches und zwei Kaffee, Marie mit Hafermilch, ich mit normaler. Sie klappte ihren Laptop auf und zeigte mir Hunderte Fotos, während ich nicht nur mit dem Jetlag, sondern auch mit der morgendlichen Schnelligkeit dieser Millionenmetropole zu kämpfen hatte.

»Eine Person?«, fragte mich eine junge Kellnerin mit großen, ungeschminkten Augen. Ich nickte. Wir gingen durch den hinteren Teil in den Wintergarten, wo das Licht durch die bunten Glasfenster der Decke in den großen Raum fiel. Ich setzte mich, bestellte dasselbe wie damals und beobachtete das junge Paar, das an dem Tisch saß, an dem Marie und ich gesessen hatten. Vor ihnen standen leere Plastikbecher von *Starbucks*, die Eiswürfel fast geschmolzen. Sie hatten auf dem Weg zum Brunch schon Kaffee getrunken, weil niemand in New York ohne Kaffee in Einwegbechern auf den Straßen unterwegs war. Beide saßen vor aufgeklappten MacBooks und redeten über sie hinweg.

Ich legte Maries Laptop auf den Tisch und hielt inne, weil ich gar nicht die Kraft hatte, mich so nahtlos in dieses New-York-Bild einzureihen, und es trotzdem tat. Das Déjà-vu durchdrang mich sofort. Meine Haut brannte. Ich atmete ein – eins, zwei, drei, vier, fünf –, atmete aus – eins, zwei, drei, vier, fünf, sechs, sieben. Langsam löste sich etwas in mir.

»Geht's dir gut, Liebes?«, fragte die Kellnerin und stellte das Sandwich vor mich. Ich rang mir ein Lächeln ab. Scheiß Amerikanerin mit ihrer scheiß übergriffigen Freundlichkeit, dachte ich, meinte es aber nicht. Sprechen konnte ich nicht.

Ob man diesem ekligen Griff der Ohnmacht entwischen konnte, würde man es vorher wissen, würde man eine Andeutung bekommen?

Vor ein paar Tagen hatte mir Maries Freundin Lynn die E-Mail eines jungen Kunstmagazins namens *edge of culture* weitergeleitet. Der Chefredakteur Raoul bat Lynn darum, einen Nachruf auf Marie zu schreiben. Lynn erklärte mir daraufhin in einer Sprachnachricht, dass sie keine gute Schreiberin sei und mit Maries Tod überhaupt nicht umgehen könne, überhaupt sei sie noch viel zu aufgewühlt.

Lynn war die authentischste Person, die ich kannte, weil sie gar nicht anders konnte, als sie selbst zu sein – so zumindest hatte ich sie kennengelernt und ausnahmslos erlebt. Sie war auch die Art Mensch, die alles um sich herum ausblendete, wenn sie chronisch überfordert war. Einmal war sie wochenlang von der Bildfläche verschwunden, Marie hatte sich extreme Sorgen gemacht, bis sie plötzlich wieder vor ihrer Tür stand und erzählte, sie wäre zu ihren Eltern nach Colorado geflogen, um Inspiration in der Natur zu finden.

Dass sie *mir* geschrieben hatte, sie komme mit dem Tod Maries nicht zurecht, machte mich nicht wütend. Sie war nicht rücksichtslos, doch was ihr fehlte, war Feingefühl. Mit Lynn wusste man jedoch, woran man war, man mochte sie oder nicht, und damit wurde das Verhältnis zu ihr recht einfach in all dem Chaos, das sie mit sich brachte. Also hatte ich Lynn geantwortet, dass ich den Nachruf übernehmen würde, und sie hatte den Text gelobt, bevor ich mit meiner Arbeit begonnen hatte. In Maries Freundeskreis galt ich schon immer als herausragende Journalistin, was ich anfangs immer wieder versucht hatte zu dementieren und aufzuklären, doch wenn man sich in Künstlerkreisen bewegte, mit einer Schwester an der Seite, die immens erfolgreich war in dem, was sie tat, schlossen hinsichtlich meiner Berufswahl alle, dass ich ebenfalls eine beispiellose Karriere hingelegt haben müsste. Eine der Besten sein müsste. »Lokaljournalismus? Du stellst dich immer in den Schatten deiner Schwester. Sag, woran sitzt du gerade? Was geht in Geeermany?«

Tatsächlich hatte ich mich nie bewusst in den Schatten meiner Schwester gestellt. Ich war genügsam gewesen, schon immer, ein glückliches, ausgeglichenes Kind, ein Teenager, der nicht mehr rebellierte als andere, und eine Erwachsene, die ein leises Leben führte, aber genau das als genug empfand. Superlative spielten für mich keine Rolle. In mir schlummerten keine großen Träume. Nach dem Abitur machte ich ein Praktikum beim *Seekirchener Boten*, einer winzigen Redaktion, die zur regionalen *Frankenpost* gehörte, und direkt im Anschluss fing ich an, halbtags dort zu arbeiten. Das erste Jahr genoss ich, ich war für jeden Termin zu früh dran, verpasste nie einen Redaktionsschluss, und als Harry, mein Chef, feststellte, dass sich in meinen Texten kaum Rechtschreibfehler befanden und ich Fakten gegencheckte, übernahm er mich als Redakteurin. Das war die Geschichte, die meine Familie und Freunde erzählten. Ich wiederum glaubte, die Stelle nur bekommen zu haben, weil der sechzigjährige Werner, einer von zwei Redakteuren, vorzeitig in Rente gegangen war.

Max hatte nicht nur einmal gesagt, dass meine Artikel herausstachen, auch wenn er nie erklären konnte, woran er das festmachte. »Sie sind halt besser als der Rest von dem Blatt. Ich les einen Bericht von dir über den Umbau des Bahnhofs und langweile mich nicht, weißt du? Vielleicht solltest du dich selbständig machen. Oder öfter überregional schreiben.« Ich schrieb über ausgelegte Giftköder auf dem Friedhof und machte ein Foto vom Gartenverein anlässlich seines fünfundzwanzigjährigen Bestehens. Die meiste Zeit über stellte ich meine Arbeit nicht in Frage, doch manchmal dachte ich an Max' Worte und überlegte, ob ich das überhaupt wollen würde. Mich selbständig machen. Oder bei einer größeren Zeitung bewerben.

Ich hatte keine Ahnung, ob die Träume, die andere für mich hatten, auch meine sein konnten. Und genauso wenig wusste ich, warum ich es nie ausprobiert hatte. Warum ich nie einen Schritt weitergegangen war. Ich hatte ja nicht mal studiert, sondern nur das Handwerk einer Journalistin gelernt. Vielleicht war ich geblieben, weil Marie nicht nur einen Schritt, sondern viele auf einmal getan hatte und mich bei dem Gedanken, etwas zu wagen, die Angst beschlich, zu scheitern. Und nicht mehr diejenige zu sein, die ein solides Leben führte, sondern diejenige, die nach mehr strebte und, im Gegensatz zu ihrer Schwester, es nicht schaffen würde. So war ich Karla, die Rationale, die in der Nähe der Eltern blieb, die wusste, was sie konnte, und sich doch nicht überschätzte. Es hatte Marie immer entsprochen, zu gehen, und es hatte mir immer entsprochen, zu bleiben. Da war nichts Schlechtes dran. Es war einfach so.

Ich sah mir zur Vorbereitung auf den Nachruf Maries Arbeit auf ihrem Laptop an. Sich selbst und auch ihre Arbeit hatte sie nie in eine Schublade stecken lassen. »Ich fotografiere das Leben«, hatte sie einmal in einem Interview auf die Frage nach ihrem Spezialgebiet geantwortet. Ihr Geld verdiente sie mit Modestrecken für Magazine und Porträtaufnahmen. Nebenher dokumentierte sie die Herausforderungen gesellschaftlicher Randgruppen. Wenn sie die Zeit fand, dann arbeitete sie unentgeltlich für eine Organisation, die sich gegen sexuelle Übergriffe einsetzte.

Wenn man ihre Arbeit in einem Rutsch durchscrollte, war es einfach zu sehen, wie stark sie sich über die Jahre weiterentwickelt hatte. Und sie war mit zweiunddreißig nicht ansatzweise auf ihrem Höhepunkt gewesen.

»Ich habe noch nicht viel zu erzählen. Alles, was ich erzähle, sind die Geschichten anderer, und darüber lege ich lediglich meine Interpretation«, hatte sie einmal zu mir gesagt, als ich sie für den *Seekirchener Boten* interviewte.

Auf ihrem unaufgeräumten Desktop hatte sie seit Jahren ein einzelnes Bild abgelegt: »Sommer 2007« hieß es, und es zeigte mich, an einem Feldweg, vom Sommerregen nass bis auf die Unterhose. Ich trug das gelbe Kleid und lachte, das Kinn leicht nach oben gereckt. Marie wohnte zu dem Zeitpunkt, als das Foto entstand, schon in München, war aber für ein paar Tage zu Besuch, während ich bereits seit zwei Jahren arbeitete und mit Max die Dachgeschosswohnung ausbaute.

»Sommer 2007«: Selten war ich so glücklich gewesen wie an diesem Tag. Selten hatte ich mich so stark gefühlt.

An diesem Vormittag tippte ich keinen einzigen Satz. Ich konnte keinen Nachruf auf meine Schwester schreiben, was zur Hölle hatte ich mir eingebildet? Mit einem Cappuccino im Café zu sitzen und so zu tun, als würde ich mich gut durchschlagen. Ich würgte ein Stück meines Sandwichs hinunter und zerfiel dabei Stück für Stück. Irre und rastlos wühlte ich mich durch Maries Fotoordner, durch alle Dateien, die sie gespeichert hatte, durch Bilderstrecken und PDF-Auszüge von Magazinen, durch eingescannte Analogaufnahmen. Ich scrollte mich durch Schnappschüsse und ihre allerersten professionellen Versuche, als sie fünfzehn war und von unserem Vater ein Spiegelreflexeinsteigermodell geschenkt bekommen hatte. Ich war auf der Suche nach gemeinsamen Erinnerungen. Ich war auf der Suche nach Nähe.

Und fand das Gegenteil.

Den Weg zurück zum Apartment ging ich wie in Trance. Seit dem neunten Juli torkelte ich durch einen Albtraum. Ich hatte mich an die Unsinnigkeit von allem gewöhnt, an die stechende Wut, die sich abwechselte mit einer watteweichen Gleichgültigkeit, die mich dann und wann nichts mehr spüren ließ.

Doch das hier war anders.

Ich hatte etwas gefunden: einen Fotoordner, der ›A‹ hieß. Einfach nur A. Ich wusste nichts damit anzufangen, also klickte ich darauf. Das erste Bild war vom zwanzigsten Mai dieses Jahres, das letzte vom dreißigsten Juni, nur wenige Tage vor dem Unfall. Dazwischen lagen rund vierzig Aufnahmen, die mich verwirrten und verstörten.

Stufe für Stufe ging ich die Treppen hinauf zu Maries Apartment. Ich schloss die Tür auf, warf sie nicht hinter mir zu, lief direkt ins Wohnzimmer, wo ich wieder das Doppelfenster hinter dem Sofa öffnete, doch diesmal stieg ich nach draußen auf die Feuerleiter. Ich setzte mich, keuchte, hielt mich fest am warmen Metallgeländer. Ich sah nach drüben. Alles, was ich zu wissen glaubte, geriet ins Wanken. Übrig blieb plötzlich, nach all den Fragen, die für immer unbeantwortet bleiben sollten, eine einzige:

Warum hatte sie das getan?

MARIE

»HI. ICH BIN MARIE. Komm doch einfach mit rein.«

Ich reichte einer Freundin meine Zigarette und streckte ihm meine Hand entgegen. Er nahm sie, ein fester Händedruck. Er lächelte, und ich wusste genau, wie er sich fühlte. Ich kenne diese Welt nicht, dachte er, und damit hatten wir schon so viel gemein.

Ich zog die Tür zur Galerie auf und bat ihn hinein. Er steckte die Hände in die Hosentaschen und ging an mir vorbei. Er befand sich auf der Schwelle zwischen Wollen und Sollen, doch ich konnte ihm den Weg weisen.

Auf Englisch sagte er, dass er eigentlich verabredet sei. »In der Bar gegenüber.« Ein breiter, amerikanischer Akzent.

»Macht ja nichts.«

Ich fand ihn umwerfend. Als ich mit ihm durch den Raum ging und mein Blick den von Karla streifte, wusste sie es auch. Ich erzählte ihm, dass das hier meine erste Vernissage war und sie mich mehr überwältigte, als ich es mir anmerken ließ. Ich hatte schon drei Gläser Crémant getrunken, auch das verriet ich ihm.

Dann drückte ich dem Mann ein Glas in die Hand.

»Das ist auch meine erste Vernissage«, sagte er. »Ich hab's nicht so mit Kunst. Aber hey, herzlichen Glückwunsch!«

Wir stießen an. »Ich auch nicht, ich mache nur Fotos.«

Er musterte mich. »Hätte ich was anderes sagen müssen? Im Theater wünscht man sich doch auch kein Glück, da sagt man was gleich noch mal?«

»*Break a leg.*« Toi, toi, toi.

Wir lächelten uns an. Der Moment, in dem man realisiert, dass man sich verliebt, ist der Moment, in dem man sich beinahe ekelhaft benimmt.

Ich drückte mir das kühle Glas an meine Wange, fuhr mir durchs Haar, und meine Stimme verrutschte, obwohl sie das sonst nie tat. Ich war souverän, schon immer, doch jetzt nicht mehr. Und daran störte mich nichts.

Jetzt fuhr er sich durchs Haar. Dunkel und voll. Hohe Stirn. Braune Augen. »Das muss ein überwältigendes Gefühl sein, die eigenen Bilder auszustellen.« Er scannte den Raum. Ein paar Sekunden lang konnte ich ihn unbemerkt beobachten. Er war komplett schwarz gekleidet, der Wollmantel saß perfekt, seine Füße steckten in schweren Lederboots. Spannend fand ich das: wie unsicher er wirkte und wie bewusst er sich doch kleidete.

»Das da. Was kostet das?«

Er zeigte auf etwas hinter mir. Ich drehte mich um und lugte durch ein paar zusammenstehende Menschen hindurch. Das Herzstück meiner Ausstellung und auch mein eigenes. Es zeigte meine Schwester, barfuß im Regen stehend, auf einem Feldweg zu Hause in Franken. Sie trug ein gelbes Kleid, das an ihrem Körper klebte. Ihr Kinn war nach oben gereckt, allerdings nur so zart angedeutet, dass einem weniger das Kinn ins Auge stach als ihre wache und herausfordernde Ausstrahlung. »Das ist doch nicht Karla«, hatten viele gesagt, und ich hatte geantwortet, dass meine Schwester der Kamera eben eine Facette zeigte, die viele nicht kannten. Doch ich sehe sie immer. All ihre Gesichter.

Karla ist furchtlos, auch wenn sie das selbst nicht weiß. Wenn sie versehentlich Marzipan isst, spuckt sie es in ein Taschentuch. Sie liebt amerikanische Anwaltsserien und hat alle Staffeln von *The Good Wife* bisher fünf Mal gesehen, insgesamt 546 Stunden. Manchmal wird sie in Seekirch auf der Straße angesprochen, als handelte es sich bei Karla um die Bürgermeisterin anstatt die Lokaljournalistin. Sie hört sich immer alles an. Sie schläft bei gekipptem Fenster, auch im Winter, und sie trägt selten Socken, auch im Winter.

Karla mag es nicht, wenn man sie Karli nennt, weil sie es als Verniedlichung empfindet, doch sie versucht immer, es sich nicht anmerken zu lassen. Wenn ihr eine Freundin zu viel wird, meldet sie sich nicht mehr zurück, bis der Kontakt von allein abreißt. Es fällt ihr schwer, sich einzugestehen, dass das nichts anderes ist als Ghosting. Sie ist sich bis heute unsicher, ob sie Mutter werden will, was manche aufgrund ihres beinahe vorhersehbaren Lebenslaufs überhaupt nicht nachvollziehen können.

Karla wurde einmal auf einer Party für die Schauspielerin Claire Danes gehalten. Sie hat in der Pubertät geraucht und mit neunzehn von heute auf morgen aufgehört. Sie liebt Wälder und träumt davon, die Kaltregenwälder in Kanada zu besuchen. Sie hat mit zwanzig einen Kaugummi verschluckt und seitdem nie wieder einen gekaut. Sie räuchert ihre Wohnung mit Palo Santo, was ihr in einem Shop in Nolita aufgeschwatzt wurde. Sie liebt Brettspiele. Sie macht sich nichts aus Hochzeiten. Sie geht mit anderen liebevoller um als mit sich selbst. Sie zieht einen perfekten Lidstrich, auch wenn sie sich selten schminkt. Karla hasst Handarbeit und hat Socken mit Löchern oder Kleider mit aufgerissenen Nähten immer Max gegeben. Sie hat eine Schwäche für Udo Lindenberg. Sie trägt ihr Herz nicht auf der Zunge. Sie besitzt rund fünfzig

Kassetten und hört manche bis heute, am liebsten *TKKG*. Sie hat Englischunterricht an der Volkshochschule genommen, als ich mit Adam zusammenkam.

Karla liebt bedingungslos. So fühlt es sich für mich an.

Lange habe ich sie überreden müssen, dass ich das Bild mit in die Reihe aufnehmen darf. Und dann war es das Erste an jenem Abend, das ich verkauft habe.

»Das ist meine große Schwester. Sie steht dort drüben. Und das Bild ist schon weg.«

Seine Augen wanderten wieder, blieben auf Karla haften, die sich gerade an Max lehnte, beide in ein Gespräch mit einer Freundin vertieft.

Dann wandte er sich wieder mir zu. »Ihr steht euch ziemlich nahe, oder?«

Ich kniff die Augen zusammen und wusste, dass ich nicht allein nach Hause gehen würde.

So hat alles angefangen. Zehn Jahre ist unsere erste Begegnung nun her. Kurz darauf sind wir zusammengekommen, wenig später folgte der Antrag, mein Umzug nach Boston, die Ehe mit gerade einmal fünfundzwanzig und auch das Ende: unsere Scheidung vor vier Jahren. Dann kam der zweite Umzug. Meiner, nach New York.

Warum ich in letzter Zeit so oft an Adam und auch an unsere erste Begegnung zurückdenke, kann ich nur erahnen. Seit zwei Jahren habe ich ihn nicht mehr gesehen und auch genauso lange nichts mehr von ihm gehört. Doch in letzter Zeit nimmt er sich wieder ungefragt Raum in meinen Gedanken.

Mein Handy klingelt.

»Hi Lynn. Kommst du gut voran?«

»Kommst *du* gut voran?«

Wir lachen. »Lass uns ein bisschen um die Häuser ziehen«, sagt sie. »Nichts Großartiges. Wir holen dich ab und bleiben im Viertel.«

»Wir?« Ich stehe auf und strecke mich.

»Matt und Fiona wollen auch mitkommen.«

Ich setze mich auf die Kante des Sofas, während Lynn laut überlegt, ob man in dem ukrainischen Restaurant bei mir ums Eck reservieren kann. Mein Blick geht nach draußen. In der Wohnung gegenüber öffnet jemand das Schlafzimmerfenster. Ich stehe auf und sehe, dass *sie* es ist.

»Also?«, fragt Lynn.

»Also was?«

»Wir sind um acht Uhr bei dir, okay?«

»Ich kann nicht. Ich muss noch fast achthundert Bilder durchsehen und einige davon bearbeiten. Und morgen zum Sonnenaufgang muss ich am Hudson sein. Modestrecke.«

Die Frau gegenüber geht durch die Wohnung und öffnet auch alle anderen Fenster.

»Okay. Aber dann versprich mir wenigstens, dass wir uns morgen nach dem Shooting treffen? Es ist zu lange her, und ich muss mir dringend was von deiner Energie abschneiden.«

»Ich ruf dich an, Lynn.«

Als wir auflegen, löse ich meine Aufmerksamkeit auch von meiner Nachbarin. Sie ist nicht mehr zu sehen.

ICH ERKENNE LYNN schon von weitem. Sie läuft schnell, wie alle New Yorker, und ihre Arme schwingen dazu fast wie im Takt. Ich kann sie deshalb schon immer von weitem ausmachen, so auch an diesem Vormittag, als ich vor dem *Bluestone Lane* im West Village auf sie warte.

Als ich nach Manhattan zog, lief ich oft durch dieses Viertel. Ich bildete mir ein, es aus all den Filmen und Serien zu kennen und mich dadurch ein bisschen aufgehoben zu fühlen. Es war schön, mich in den von Bäumen dicht besäumten Straßen treibenzulassen. Ich holte mir immer einen Cupcake in der *Magnolia Bakery* und schlenderte damit die Perry Street entlang, während ich den Gesprächen der Touristen lauschte und mich selbst daran erinnern musste, dass ich nun wirklich hier lebte. Okay, nicht genau hier, das West Village war den echten, den alteingesessenen New Yorkern vorbehalten, den Broadwayproduzenten, Autoren, Filmemachern, Fotografen – Robert Frank hat bis zu seinem Tod hier gelebt, und ich habe immer gehofft, ihn auf der Straße zu treffen.

Sie alle wohnen in den edlen Brownstone-Stadtvillen mit ihren wuchtigen Aufgängen, einem Klavier im Wohnzimmer, schweren antiken Möbeln und Bücherregalen bis unter das Dach. Das aufgeräumte, gesittete New York ist hier zu finden. Das, was alle Touristen zu kennen glauben. In Wahrheit steigt man jedoch am JFK in die Metro, fährt durch Queens und Brooklyn, die ganze krasse Welt in einem Abteil, wird an der 42nd Street ausgespuckt und hat im ersten Moment keine Antwort darauf, warum zur Hölle man in dieses ohrenbetäubend laute, hektische und ausschließlich auf abartigen Konsum ausgerichtete Midtown kommen wollte. Im West Village kann man durchatmen. Ruhige Straßen, kleine Parks, sich grüßende Nachbarn, das gibt es vor allem hier. Eine Zuflucht für alle Touristen, die gleichzeitig auf Promisuche sind – eine Erinnerung an die Mehrheit der Einheimischen, dass sie sich nicht mal den Gedanken an eine Stadtvilla aus braunem Sandstein leisten können. Auch nicht in Park Slope in Brooklyn.

Als Lynn mich an diesem Vormittag Anfang Mai durch ihre Sonnenbrille hindurch entdeckt, läuft sie noch schneller. Sie trägt lilafarbene Leggins, einen schwarzen Kapuzenpullover und Turnschuhe, ihr schulterlanges, schwarzes Haar hat sie zu einem hohen Zopf gebunden, der im Takt ihrer Schritte wippt. Lynn ist zierlich und einen Kopf kleiner als ich, was mir immer wieder auffällt, wenn wir uns umarmen.

»Warst du im Pilateskurs?«, frage ich und gehe mit ihr durch die offene Tür des Cafés.

»Nein, aber wenn ich heute noch Bock habe, bin ich schon richtig angezogen.«

Lynn kommt aus einer Kleinstadt in Colorado. Ihre Eltern haben Südkorea in den Achtzigern verlassen, Lynn wurde kurze Zeit später in den USA geboren. Ihre Eltern führen, wenn ich mich richtig erinnere, einen koreanischen Imbiss in einem Kaufhaus. Lynn, die mit neunzehn Jahren für ein Kunststipendium nach New York zog, spricht selten von Colorado, und in Südkorea ist sie noch nie gewesen. Nach ihrem Studium machte sie eine Ausbildung zur Bildhauerin, mittlerweile malt sie jedoch mehr und arbeitet auch als Schmuckdesignerin. Lynn ist vielseitig begabt und damit oftmals überfordert, so dass sie sich nie zugesteht, sich auf etwas zu fokussieren. Sie beginnt alles und bricht vieles ab. Das einzig Beständige in ihrem Leben ist ihre Wohnung in Bushwick, in der sie seit ihrem neunzehnten Lebensjahr wohnt, und das nur, weil es sich um eine der letzten mietpreisgebundenen Wohnungen handelt. Zu meinem Glück lernte ich sie bereits kennen, als ich noch in Boston lebte. Für einen Auftrag in New York schoss ich einmal Porträtaufnahmen in ihrem kleinen Showroom in Brooklyn. Wir kamen ins Gespräch und tauschten Nummern aus. Als ich dann ein Jahr später nach Manhattan zog, rief ich sie an. Sie wurde schnell eine gute

Freundin, wahrscheinlich sogar meine beste auf dieser Seite des Ozeans.

Ich gähne, als wir uns am Tresen hinter einem Pärchen anstellen.

»Wie lange bist du schon wach?«, fragt sie.

»Seit vier Uhr. Ich nehme einen großen Kaffee, und heute Nachmittag mache ich Feierabend.«

»Du arbeitest zu viel. Mach's wie ich, hol dir eine Schaffenskrise.«

»Lynn«, sage ich, »hätte ich deine Schaffenskrisen, würde ich längst wieder bei meinen Eltern hocken.« Und wahrscheinlich, füge ich in Gedanken hinzu, würde ich vor allem Studioporträts von Kommunionkindern machen.

»Dann musst du dich besser organisieren. Du sitzt jeden Abend bis spät in die Nacht am Schreibtisch. Arbeite tagsüber, damit du abends Zeit hast. Für mich zum Beispiel.«

Ich verkneife mir mein Lachen darüber, dass mir die chaotischste Person, die ich kenne, nahelegt, mich besser zu organisieren. Lynn arbeitet die Nächte durch, wenn sie einen kreativen Schub hat, vergisst zu essen und auch alles andere.

Als wir dran sind, bestellt sie einen Flat White, und ich überlege einen Moment, ihr zu sagen, dass ich nicht am Schreibtisch sitze, sondern am Fenster. Manchmal auf der Feuerleiter, wenn mich der Übermut nach zwei Gläsern Wein überkommt.

Lynn dreht sich zu mir. »Großer Kaffee? Schwarz?«

»Ja, bitte.«

Ich kann es ihr nicht erzählen. Wenn ich es tun würde, müsste ich alles erzählen, mich erklären, und dabei verstehe ich selbst so wenig. Ich habe so viele Bausteine meiner Vergangenheit verdrängt, dass ich immer unsicherer werde, welche Erinnerungen der Wahrheit entsprechen. Und ob ich mir nicht zumindest manches eingebildet habe? Wenn ich mir so sehr wünsche, dass all das nicht passiert ist, müssen die Erinnerungen nicht irgendwann mit neuen Bildern überschrieben werden?

»Wunschdenken versus Wahrheit«, sagt Lynn, und ich zucke zusammen. Doch sie deutet auf das Instagram-Foto einer Freundin, das ihre perfekt aufgeräumte Wohnung zeigt.

Ich tauche wieder in meinen Gedanken ab. Wenn, dann würde ich es meiner Schwester sagen. Aber Karla, und das ist ein Teil meiner schmerzlichen Wahrheit, weiß mittlerweile so vieles nicht. Und wo soll ich anfangen, wenn ich die vielen richtigen Momente für ein Geständnis immer wieder habe verstreichen lassen? Mit Karla ist es nie zu spät für die Wahrheit, aber ich weiß auch, wie sehr ich sie nach all der Zeit damit verletzen würde.

Als Lynn ihren Espresso und meinen Kaffee entgegennimmt, lege ich meine Karte auf die Theke: »Ich lade dich ein.«

Als wir uns vor dem Café verabschieden, bricht die Sonne durch die Wolken. Endlich Frühling. Die New Yorker sind im Winter noch schlechter gelaunt als alle anderen Menschen zu dieser Zeit, und die zurückliegenden Monate waren wirklich hart. Ein Blizzard zog Stromausfälle, Chaos auf den Straßen und mehrere Todesopfer nach sich, ich habe mich eine Woche lang nur in meiner Wohnung aufgehalten und am Laptop gearbeitet, bis der Schneefall endlich nachließ.

Jetzt explodieren die Magnolien im Central Park in Pink, und am Hudson joggen die ersten Männer oberkörperfrei. Das weiß ich, weil ich an diesem Morgen dort fotografiert habe und zwei junge Frauen, die sich gerade dehnten, darüber sprachen, dass die Zurschaustellung nackter männlicher Oberkörper staatlich verboten werden sollte, solange weibliche Nippel noch immer im Netz zensiert würden.

Ich beschließe, nach Hause zu laufen, auch wenn meine Kameratasche zu schwer ist für einen Spaziergang. Die Wärme tut gut, nach der Arbeit in den frühen Morgenstunden war mir noch lange kalt. Als ich durch den Washington Square Park laufe, klingelt mein Handy. Ich ziehe es aus der Gesäßtasche. Unbekannte Nummer.

»Marie Staub.«

»Hallo Marie. Wir wollen uns nur schnell erkundigen, ob du uns nicht finden kannst?«

Ich bleibe stehen und beiße mir auf die Unterlippe, weil ich den Termin vollkommen vergessen habe. Dem arroganten Unterton zufolge vermutet die junge Frau das ebenfalls.

»Oh, hi«, sage ich und laufe in die entgegengesetzte Richtung, ohne zu wissen, wohin ich überhaupt muss. »Sorry für die Verspätung, mein Lyft kommt nicht. Ich bin gleich da!«

»Prima. Ich sage Raoul Bescheid.«

Sie legt auf, bevor ich antworten kann. Ich rufe meinen E-Mail-Posteingang auf und lese in Raoul Garrels Signatur die Adresse des Magazins.

»Shit!«

Dann winke ich ein Taxi heran.

»WOW, DU BIST aber eine Erscheinung, was?«

Ich trage ausgewaschene Jeans, ein Shirt mit dem Aufdruck *The Notorious RBG*, eine Anspielung auf die Supreme-Court-Richterin Ruth Bader Ginsburg, und eine uralte Lederjacke aus einem Secondhandladen. Mein Haar empfinde ich mittlerweile als zu lang, es hat keinen richtigen Schnitt und reicht mir weit über die Schultern. Vor meiner Ankunft habe ich es mit meinen Fingern durchkämmt.

»Würdest du das auch zu einem Mann sagen, der hier reinspaziert?«

Ich setze mich, schlage die Beine übereinander und lächle Raoul an, was nicht freundlich gemeint ist, jedoch von Männern nie durchschaut wird.

Raoul trägt eine sandfarbene Leinenhose, ein hellblaues Hemd und darüber ein dunkelblaues Sakko, ebenfalls aus Leinen. Er lacht laut.

»Ach ja, die Zeiten nach ›MeToo‹.« Er zeichnet Gänsefüßchen in die Luft. »Wer Komplimente vergibt, wird in Handschellen abgeführt, was? Mit Dank an die *Times*!«

Und an den *New Yorker*, denke ich. Ich sage nichts.

»Also, Marie: Glückwunsch zum *Blow Up Award*. Verdient, absolut verdient.«

»Danke.«

»Okay, hör zu. Wir machen eine Reihe mit allen Gewinnern und widmen die ganze Ausgabe der Fotografie. Aber ich weiß, dass du im Gegensatz zu ein paar der anderen schon ein altes Häschen im Business bist. Großartig, dass du Zeit für einen Besuch gefunden hast!«

Ich sitze auf einem Sessel im amerikanischen Country-Style. Daneben steht ein Marmortisch, auf dem ein Silbertablett mit einer Schale verzierter Pralinen angerichtet ist. Niemand aus meinem Freundeskreis wohnt in dieser Gegend. Und trotzdem bin ich bereits in Dutzenden Hochhäusern am Portier vorbeigegangen und mit dem Aufzug nach oben gefahren, in eins der klassischen Sechs-Zimmer-Apartments der Upper East Side. Vor allem High-Fashion-Modestrecken werden in den übertrieben eingerichteten Zimmern abgelichtet. Hier wohnt das alte Geld. Hier wird nichts vermietet, die Wohnungen sind seit Generationen im Besitz reicher Familien. Es gibt wenige Magazine, die an der Upper East Side ihren Sitz haben. Normalerweise fühle ich mich nicht unwohl, wenn ich solche Räume betrete, weil sie für mich als Kulissen dienen. Doch ich bin nicht hier, um zu fotografieren.

»Oh, fast vergessen«, sagt Raoul. Er kramt in der Tasche seines Sakkos und zieht ein Aufnahmegerät heraus. »Ich hoffe, das stört dich nicht?« Ich verneine, und er schaltet es ein. »Ich bin von der alten Schule.« Ich verkneife mir die Frage, warum er sich dann keine handschriftlichen Notizen macht.

Auf dem Weg hierher habe ich einen Artikel über Raoul Garrel überflogen. Multimillionär, vierundfünfzig Jahre alt, Investmentbanker, passionierter Kunstsammler. Sein Magazin *edge of culture* gibt es seit drei Jahren, ein Hobby auf der Seite, eine ›Liebhaberei‹, um ihn zu zitieren. Ich habe die Anfrage für das Interview angenommen, weil mir das Magazin ab und an in die Hände fällt und es möglich ist, dass auf unser Gespräch Fotoaufträge folgen. Deshalb überrascht es mich umso mehr, welches Gesicht hinter *edge of culture* steckt, befasst sich das Heft doch vordergründig mit kleinen Galerien, Urban Art und jungen Nachwuchskünstlern. Doch vielleicht tue ich Raoul unrecht und bin zu voreingenommen.

»Lass uns mit dem Interview beginnen!« Er streicht sich über seinen gestutzten Vollbart, der von ein paar weißen Strähnen durchzogen ist. Ich hoffe, er wird nicht der Chauvinist sein, der sich gerade abzeichnet, und das hoffe ich mehr für ihn als für mich. Ich brauche keine sexistischen Bemerkungen. Ich brauche eine Badewanne und ein bisschen Gras.

»Wenn ich mir die Frage erlauben darf«, sage ich. »Du bist der Chefredakteur. Gibt es sonst niemanden, der so ein Interview übernimmt?«

Er lächelt vielsagend. »Wir sind ein kleines Team, und die Titelgeschichte mache immer ich.«

»Titelgeschichte?«

»Sicher. Alle Gewinner müssen aber ein bisschen zusammenrücken.« Zwinkern. »Also. Ein paar Fragen zum Aufwärmen. Aufgewachsen in …?«

»Unteroberheim. Soll ich es buchstabieren?«

»Das ist in Deutschland?«

»Ja. Ein kleines Dorf in Nordbayern, knapp zwei Stunden von Frankfurt entfernt.«

»Perfekt«, sagt er, und ich kann mir schon vorstellen, woran er meine Geschichte aufhängen wird. »Wie kommt man denn vom deutschen Land zu dieser Karriere, und noch dazu in die Staaten?« Bingo und von vorn.

Ich kann diese Frage nicht leiden, weil ich sie seit Jahren gestellt bekomme und weil sie suggeriert, dass ich etwas Außergewöhnliches erlebt hätte – was in meinen Augen nie passiert ist. Doch die Leute lieben solche Geschichten: Landmädchen, einfach aufgewachsen – was stimmt, geht nach New York, um ihren Traum zu leben – was nicht stimmt. Zumindest nicht, wenn man es so linear erzählt. Ich weiß schon jetzt, dass er am Ende die Frage nach dem Prinzen stellen wird, der mit der Aufenthaltsgenehmigung gewedelt hat.

Ich bin Fotografin, weil ich gut darin bin und das früh genug erkannt habe. Und ich bin in New York, weil das Leben mich hierhergespült hat. Magisch ist daran wenig. »Mit fünfzehn habe ich meine erste Spiegelreflexkamera von meinem Vater bekommen. Ich habe meine Familie fotografiert, vor allem meine Schwester und meine Mutter. Dann Freunde, Nachbarn, mit neunzehn die erste Hochzeit.«

Ich bemühe mich, die Geschichte nicht allzu sehr herunterzuleiern. »Mit zwanzig bin ich nach München gezogen, um zu studieren, habe aber früh wieder abgebrochen. Drei Jahre später hatte ich meine erste kleine Vernissage in der Galerie eines Bekannten. Ich habe viel Presse aus Künstlerkreisen bekommen und alle Bilder verkauft. Darauf folgte ein *Artist in Residence*-Stipendium in der Schweiz, und ich habe angefangen, das Fotografieren wirklich ernst zu nehmen.«

»Und New York?«

»Bei der besagten Vernissage in München habe ich einen Amerikaner kennengelernt. Wir haben geheiratet, und ich bin mit ihm nach Boston gezogen. Mittlerweile sind wir aber geschieden.«

»Raffiniert.«

»Ja, sehr.«

Einen Moment lang spüre ich Adams weiche, schützende Hand auf meiner. Wir sitzen im Flugzeug, und vor mir liegt mein neues Leben. Neben mir der Mann, den ich bald heirate, der mich verliebt ansieht, mich küsst, langsam und leidenschaftlich. All das ist plötzlich mein Leben. Alles, was ich mir nicht erträumt habe.

Raoul Garrel reibt sich das Kinn und schweigt.

»Ich brauche da ein bisschen mehr Fleisch für mein Porträt«, erklärt er dann. »Wenn du deine Heimat mit New York vergleichst, wie würdest du das beschreiben? Und wie spiegeln sich diese Welten in deiner Arbeit wider?« Raoul lehnt sich zurück. Er scheint sehr zufrieden mit sich und seinen Fragen.

»Meine Schwester und ich sind behütet aufgewachsen. Großer Garten, weite Felder, ein See im Wald. Liebevolle Eltern. Jeden Sonntagnachmittag gab es Kuchen, danach gemeinsam Brettspiele.«

Er unterbricht mich. »Bildungshintergrund?«

»Wer?«

»Deine Eltern.«

Ich zögere. »Meine Mutter ist Hausfrau, mein Vater hat bei einer Versicherung gearbeitet.«

Mit einer Handbewegung bedeutet mir Raoul fortzufahren. »Das alles hat sich auch in meinen Porträts gespiegelt. Eine gewisse Glückseligkeit. Und auch jugendlicher Leichtsinn.«

»Inwiefern?«

Ich überlege. »Einmal hab ich meiner Schwester befohlen, auf den Baum im Garten zu klettern und bei drei zu springen, damit ich ein Foto von ihr im freien Fall machen konnte. Sie hat sich den Arm dabei gebrochen.«

Raoul lacht. »Das ist perfekt«, sagt er, und dann spricht er ins Tonbandgerät: »Eventuell für Headline.«

Ich trinke einen Schluck Wasser.

»Die Schwester lebt nicht in New York?«

»Karla wohnt in einer Kleinstadt in der Nähe unserer Eltern. Man muss wissen, dass es auch nie mein Plan war, nach New York zu gehen. Das ist einfach passiert.«

Raoul überschlägt die Beine und streicht sich erneut über den Bart. »Richtig. Den Vergleich bitte.«

»Welcher Vergleich?«

»Zwischen der Heimat und Manhattan.«

Ich atme tief ein und lange aus. »Man muss das Landleben mit allen Facetten auf den Kopf stellen und kommt dann in dieser Metropole heraus. Aber ich habe vorher ja schon in München und auch in Boston gelebt. Die Story, dass ich von heute auf morgen vom Land- zum Stadtmädchen aufgestiegen bin, kann ich leider nicht anbieten.«

Sein Mundwinkel zuckt kurz, und ich reiße mich zusammen. »Seitdem ich in Großstädten lebe, fotografiere ich auch gesellschaftliche Missstände. Wer mit einer Kamera Geld verdient, trägt meiner Meinung nach eine soziale Verantwortung.«

Er klatscht in die Hände. »Perfekter Übergang. Den *Blow Up Award* hast du in der Kategorie Porträt bekommen. Für ein Foto der Reihe *The (w)hole story*. Eine beeindruckende Arbeit.«

»Es handelt sich um eine Reihe aus fünfzehn Fotos, auf denen Menschen Einschusslöcher an ihren Körpern zeigen. Sie alle sind unschuldige Opfer von Schusswechseln.«

»Erzähl mir von Selena. Für ihr Foto hast du ja den Preis bekommen.«

»Sie ist acht, ihre Mutter ist illegal in den Staaten, der Vater ist tot. Er wurde erschossen, als er mit Selena einkaufen war. Eine der Kugeln hat sie unter dem linken Schlüsselbein getroffen.«

Raoul schüttelt den Kopf, doch ich kann nicht ausmachen, ob er ernsthaft erschüttert ist oder lediglich nicht weiß, was er als Nächstes fragen soll.

»Was macht das mit dir?«

»Ich bin wütend. Die Arbeit ist mein Ventil.«

Nach einer Weile sagt er: »Deine Familie. Ist sie stolz? Was sagt die Schwester zu deiner Arbeit?«

Zynischer Themenwechsel.

»Ich denke, jede Familie ist stolz, wenn das Kind erfolgreich ist in dem, was es tut. Aber meine Eltern haben zu manchem, womit ich mich befasse, wenig Bezugspunkte. Meine Schwester weiß da schon mehr, sie besucht mich oft, und wir stehen uns sehr nahe.«

»Und dein Mann? Pardon, Exmann?«

»Mehr Fleisch, was?«

Er lacht. Dann greift er nach den Pralinen und wirft sich eine in den Mund. Ich sehe ihm beim Kauen zu und denke, dass ich Adam nie hätte erwähnen sollen. Wenn ich jemals wieder ein Interview geben werde, werde ich einfach eine andere Geschichte erzählen. Eine, die ohne meine gescheiterte Ehe auskommt und trotzdem glaubwürdig ist. Eine, die ich mir dann irgendwann selbst erzählen kann.

»Das ist privat.«

Raoul hebt entschuldigend die Hände. »Ich wollte nicht unfreundlich sein, pardon, pardon. Eine letzte Frage.«

»Gern«, sage ich und richte mich auf, bereit zum Gehen.

»Marie, du hast dich spezialisiert auf Porträtfotografie. Wen würdest du niemals ablichten?«

»Niemanden«, sage ich.

Als ich nach draußen trete, ziehe ich mein Handy aus der Tasche. Karla hat versucht, mich zu erreichen. Wir telefonieren fast jeden Tag um die Zeit, wenn sie zur Arbeit fährt. Ich rufe sie zurück.

»Hi Sis. Mal 'ne Frage«, sage ich. »Wie stolz bist du auf mich?«

»Gar nicht.«

Ich muss lachen.

»Meinst du die Frage ernst, Marie?«

»Nein. Ich hatte nur eben das schlimmste Interview aller Zeiten. Wegen der Auszeichnung.«

»Oh, der böse Erfolg.«

»Du bist aber gut gelaunt«, sage ich.

»Ja, ich fahre jetzt aufs Amtsgericht. Herr P. hat die Zeche geprellt und zehn Weißbiergläser geklaut. Willst du tauschen?«

»Wie klaut man denn zehn Weißbiergläser?«, frage ich. »Und warum landet so etwas vor Gericht?«

»Ich finde es für dich heraus.«

Ich überquere die Straße und laufe in Richtung U-Bahn.

»Karla?«

»Hm?«

»Ich bin stolz auf dich«, sage ich.

MEIN WEED IST verschwunden. Weil Weed nicht einfach so verschwindet, muss es jemand mitgenommen haben. Ich schiebe den Inhalt der Schublade hin und her, doch es ist nichts mehr da.

Lynn hat mir immer wieder davon abgeraten, Dates zu mir nach Hause einzuladen. »Du spinnst ja wohl, die in deine Wohnung zu lassen. Das hat nur Nachteile. Sei lieber selbst Gast, dann kannst du auch gehen, wann es dir passt. Und außerdem klauen die dir alles unterm Arsch weg, wenn du nicht aufpasst.«

Ich habe sie ausgelacht und ihr gesagt, dass sie sich in ihre These mit einschließen muss, schließlich geht sie ja selbst bei ihren Dates ein und aus.

Trotzdem ist das Gras weg, und ich weiß, dass Benji, mit dem ich mich seit ein paar Monaten ab und an treffe, es mitgenommen haben muss. Als wir zusammen was geraucht haben, habe ich die Schublade nämlich zum letzten Mal geöffnet.

Ich rufe ihn an, aber er nimmt nicht ab. Ich versuche, das Beste aus dem Abend zu machen, und lege mich zumindest in die Badewanne. Als meine Haut rot und aufgequollen ist, trockne ich mich ab und setze mich in ein großes Handtuch gewickelt mit einem Bagel aufs Sofa. Normalerweise würde ich an einem so warmen Abend Mitte Mai mit Lynn in ihrer liebsten Rooftopbar *Lemon's* sitzen, doch sie arbeitet in ihrem Studio.

Ich schalte den Fernseher ein und drehe den Ton so leise,

dass ich nicht verstehe, was der Nachrichtensprecher sagt. Das Hintergrundrauschen reicht mir, um die aufkeimende Einsamkeit abzufangen, bevor sie sich über mich legt. Ich weiß gar nicht, ob Einsamkeit das richtige Wort ist, es wirkt zu groß für jemanden wie mich. Ich habe eine wunderbare Schwester, fürsorgliche Eltern, einen tollen Freundeskreis. Doch ich bin auch geschieden und wohne nun allein. Und weiß, dass Empfindungen manchmal wenig mit äußeren Umständen zu tun haben. Mit der Welt, die ich mir gebaut habe, die ich an guten Tagen besonders liebe und für die ich mir selbst auf die Schulter klopfe.

Seitdem ich in Manhattan lebe, besucht mich immer wieder ein dumpfes Gefühl. Etwas, das aus mir herauskommt und dann von einer spontanen Verabredung zwar aufgefangen, aber nicht gelindert werden kann. Um ehrlich zu sein, finde ich mich ziemlich armselig, wenn es mal wieder so weit ist und ich mit Handtuchturban auf dem Sofa sitze, der Fernseher angeschaltet, mich parallel dazu stundenlang am Handy ablenke und dann mit brennenden Augen in einer unbequemen Position einschlafe. Man kann alles unter Kontrolle haben, sogar die Buchhaltung, und trotzdem immer wieder leidvoll auf dem Sofa unter den eigenen Erwartungen zerfließen.

Nach der Scheidung von Adam habe ich überlegt, zurück nach Deutschland zu gehen. Nicht zurück aufs Land, aber zumindest nach München. Oder nach Hamburg, vielleicht Berlin. Als ich das Karla und Max bei einem Besuch zu Hause erzählt habe, konnte ich meiner Schwester die Erleichterung ansehen, genauso jedoch die Kraft, die sie aufwenden musste, um mir die Entscheidung selbst zu überlassen. Es fällt ihr, genauso wie meinen Eltern, immer schwer, mich so weit entfernt von ihnen zu wissen. Trotzdem ist mir bewusst, dass sie niemals der Grund für meine Rückkehr würde sein wollen. Dass sie ihre Empfindungen oft hinten anstellt, ist eine Eigenschaft, die sie von unserem Vater hat, und sie treibt mich bei beiden manchmal in den Wahnsinn. Immer wieder sage ich Karla, sie müsse ihre Gefühle nicht verstecken, schließlich weiß ich, wie es in ihr drinnen aussieht, wenn ich sie nur anschaue. *Practice what you preach, huh?* Denn ich weiß auch, wie anstrengend es ist, etwas vor denjenigen, die man liebt, zu verbergen.

Am nächsten Tag bekam ich ein Jobangebot aus New York. Eine zehnseitige Modestrecke in der amerikanischen *Vogue*. Der Vorgeschmack eines Durchbruchs. Ich ging gerade mit meinem Handy wie mit einer Wünschelrute auf dem Spielplatz in Unteroberheim auf und ab, als die E-Mail kam. Meine Eltern haben keinen Internetanschluss, und das Haus befindet sich am Rande eines Funklochs. Auf dem Spielplatz ist der Empfang am besten.

Nachdem ich die E-Mail gelesen hatte, ging alles ganz schnell. So schnell, dass Karla mir nur »... du schaffst das!« hinterherrufen konnte, als ich am Flughafen durch das Gate lief und zurück in die Staaten flog. Voller Schuldgefühle, nicht ausführlich genug mit ihr und auch mit meinen Eltern darüber gesprochen zu haben. Aber auch voller Stolz über den Auftrag – darüber, gesehen zu werden, über die Möglichkeit, in die Stadt aller Städte zu ziehen, mich dort verlieren zu können ... und vor allem zu wissen, dass mich die Tatsache einer gescheiterten Ehe mit achtundzwanzig nicht zurückhalten würde, das zu tun, worin ich gut war. Ich wollte mich nicht durch diese Erfahrung definieren lassen. Viel mehr schlummerte in mir eine extreme Sehnsucht, mich in einen Neuanfang zu werfen, mich zu überarbeiten, mir etwas aufzubauen, das mir niemand wegnehmen konnte.

Und natürlich hatte ich auch Angst. Aber meine Angst, noch länger zu Hause zu sitzen und Karla zu verschweigen, was mich nachts kaum schlafen ließ, war größer.

In New York schlug ich mir die Nächte um die Ohren. Was auch sonst. Ich verdrängte, was ich nicht mehr spüren wollte, und ließ mein aufkommendes Heimweh nach tickenden Standuhren, dem Gestank von Gülle, dem Geschmack eines guten Bieres vernebeln. Meine Sehnsucht danach, Kreuzworträtsel mit Mama zu machen und mit ihr und Karla in Nürnberg erst frühstücken und dann shoppen zu gehen. Oder Mama dabei zu helfen, die aufwendigen Faschingskostüme für sich und ihre Freundinnen zu schneidern, womit sie bereits Mitte September begann.

In meinem Heimatort gibt es eine steinalte Tradition. Sie geht auf die mündliche Überlieferung zurück, dass im dreizehnten Jahrhundert eine Gräfin eine schwere Geburt überstand und von den Frauen des Ortes nicht nur Wein geschenkt bekam, sondern auch in den nachfolgenden Wochen gepflegt wurde. Aus Dankbarkeit ließ die Gräfin den Frauen einen Tag im Jahr zur freien Verfügung schenken. Daraus entwickelte sich die Tradition, dass alle zwei Jahre am Rosenmontag eine Feier in der Mehrzweckhalle ausgerichtet wird, die ausschließlich von den verheirateten Frauen des Dorfes besucht werden darf. Die vier Dorfviertel wechseln sich mit der Ausrichtung ab, woraus sich der Name Vierteltrinken ableitete. Niemand anderem ist der Zutritt an dem Abend gewährt, außer ein paar Männern, die sich um den Ausschank und die Bewirtung kümmern. Sie müssen jedoch als Frau verkleidet sein, manche von ihnen kaufen sich alle zwei Jahre ein neues Kleid und machen sich den gleichen Spaß aus der Veranstaltung wie die Frauen selbst. Am besagten Abend werden dann Sketche aufgeführt, es gibt Büttenreden, Showeinlagen, den ganzen Faschingsfirlefanz eben. Außerdem wählt jedes Viertel für insgesamt acht Jahre eine Bürgermeisterin, eine Stellvertretung und eine sogenannte Ausschellerin, die sich in den kommenden Jahren um die Zusammenstellung des Programms kümmert. Es gibt noch viel mehr Rituale rund um das Vierteltrinken, doch manche kenne ich gar nicht oder habe sie über die Jahre vergessen. Mama geht bis heute am Rosenmontag zu der Veranstaltung, sie wurde sogar vor vielen Jahren für eine Amtszeit als Bürgermeisterin ihrer Nachbarschaft gewählt, was immens viel Arbeit bedeutete, weil sie nicht nur die Kostüme für rund zwanzig Frauen nähte, sondern auch ihre eigene Rede vorbereitete und einstudierte. Ich kann mich gut daran erinnern, wie ich ganze Wochenenden mit ihr in der Waschküche verbrachte, sie bei den Entwürfen beriet, ihr beim Nähen half und manchmal, wenn sie ganz vertieft war, bei der Arbeit fotografierte. Am Morgen des Faschingsdienstags erzählte sie uns dann immer von dem Abend, weil weder Karla noch ich teilnehmen durften. Ich hätte alles dafür gegeben, einmal das Vierteltrinken mit meiner Kamera zu begleiten. Und meine Mutter, die sonst so zurückhaltend lebt, damals auf der Bühne stehen zu sehen.

Ich feierte also gegen das Heimweh an, während ich in einer Stadt saß, die mir Zuflucht vor meinem alten Leben in Boston bot. Und betäubte mich zugleich, um mein neues Leben auszuhalten. Ich war bei der letzten Party im *Marquee*, einer überteuerten Clubinstitution in West Chelsea, und auch bei der Wiedereröffnung ein Jahr später, obwohl ich weder den Club mochte noch das Geld hatte, das ich hierfür zum Fenster rausschmiss. Ich landete auf Hauspartys in Williamsburg und schlich mich in den frühen Morgenstunden durchs Treppenhaus auf die kargen Betondächer, um den Sonnenaufgang über Manhattan zu sehen. Und ich feierte meinen ersten Geburtstag in der Stadt – im ukrainischen Restaurant *Veselka* bei mir ums Eck, das jeder im Viertel kennt.

Jetzt, vier Jahre später, gehören die Partys der Vergangenheit an. Ich habe mich an die Stadt gewöhnt, bin in ihre Anonymität reingewachsen, finde mich zurecht. Und finde mich doch oft allein.

Am Abend kann ich die Stille des Apartments selten genießen. Nach Karlas Trennung von Max habe ich sie gefragt, wie sie sich in ihrer neuen Wohnung fühlt. Ob es auch so still ist wie bei mir.

»Bei dir ist es doch nie still, du hast immer die Stadt als Hintergrundgeräusch«, sagte sie, und ich antwortete – zugegeben – etwas bedeutungsschwanger:

»Zu wissen, wie viel Leben da draußen gelebt wird, macht das eigene manchmal sehr leise.«

Ein paar Minuten später heulten wir beide und legten erst auf, als ich ihr mehrfach versicherte, dass bei mir alles in Ordnung war. Trotzdem schickte sie mir eine Stunde später ein Dutzend Links zu Tiervideos, weil »sicher ist sicher«.

Ich vermisse Karla. Ihre Lösungsorientiertheit, ihren Pragmatismus. Vor allem vermisse ich jedoch ihre bloße Anwesenheit. Wenn sie neben mir auf dem Sofa einschläft und ich durch Netflix zappe, dann ist die Wohnung zwar genauso leise wie jetzt, aber ich kann mich entspannen. Wenn niemand sonst da ist, male ich mir manchmal aus, dass jemand an der Tür klopfen oder gar einbrechen würde. Ein Tick, den ich nie ganz abschütteln konnte, nachdem im Nachbarhaus in Unteroberheim einmal eingebrochen wurde, als Karla und ich noch Kinder waren.

Ich beiße in den Bagel und drehe mich, um aus dem Fenster zu sehen. Die Wohnung gegenüber ist dunkel, und weil es erst kurz vor acht ist, vermute ich, dass sie nicht zu Hause sind. Ich frage mich, wo ein solches Paar in Manhattan ausgeht. *Dinner and a movie?* Drinks mit ein paar Freunden in einer schicken Dachterrassenbar? Gehen sie in Jazzclubs im West Village oder lieber in ein Off-Broadway-Stück? Oder arbeitet sie spät, und er trifft sich mit einem Freund? Sind sie ganz normale Menschen, oder wissen ihre Freunde, wissen ihre Familien, wie sie wirklich leben? Ich habe keine Ahnung, ob sie wählen gehen, in New York aufgewachsen sind, welche Jobs sie haben oder ob sie sich Kinder wünschen. Aber ich weiß so viel anderes.

Gegen halb zwölf öffne ich die Augen. Ich bin wie so oft auf dem Sofa eingeschlafen, und als ich versuche, meinen Kopf zu heben, fühlt sich mein Nacken verspannt an. Im ersten Moment denke ich, ich bin von selbst aufgewacht, doch dann höre ich jemanden rufen. Ich richte mich auf und schaue über die Sofalehne hinweg aus dem Fenster.

»Halt dein verdammtes Maul!«, schreit eine tiefe Männerstimme so laut, dass es durch die geschlossenen Fenster dringt. Ich sehe niemanden. Gegenüber brennt Licht in der Küche und im Schlafzimmer. Ich stehe auf und öffne das Fenster, dann schraube ich mein Teleobjektiv auf das Gehäuse meiner Kamera, setze mich wieder aufs Sofa und zoome das gegenüberliegende Apartment heran. Der Ausschnitt zittert leicht. Ich schieße kein Foto, ich will lediglich genauer sehen, was diesmal passiert. Sie steht im Schlafzimmer, das Fenster ist offen. Sie ruft etwas, das ich nicht verstehe. Ihr Haar trägt sie offen, eine Strähne klebt auf ihrer Wange. An ihrem Hals zeigen sich rote Flecken. Ich schwenke die Kamera. Er steht in der Küche und schenkt sich etwas in ein Glas. Er wirkt ruhig, fast schon gelassen. Ein unscheinbarer Mann Mitte vierzig, Bauchansatz und Kurzhaarfrisur.

Sie weint, schreit, und dann hustet sie. Kein schöner Anblick und auch kein neuer für mich. Was sie schreit, verstehe ich nicht. Er trinkt einen Schluck, lehnt sich gegen den Küchentresen und zieht sein Handy aus der Hosentasche.

»Sei endlich still!«, schreit wieder jemand. Ich senke die Kamera und beuge mich über die Sofalehne nach draußen. Zwei Stockwerke unter ihnen streckt ein Mann mit Glatze und zornigem Blick den Kopf aus dem Fenster.

Und dann schweigt sie. Sie wischt sich über die Wangen und geht in das Zimmer, das sich ans Schlafzimmer anschließt und das ich deshalb als Bad vermute. Er steht noch immer in der Küche, jetzt telefoniert er. Er lacht, dann dreht er sich weg, so dass ich sein Gesicht nicht mehr sehen kann.

Ich lege die Kamera zur Seite und reibe mir die Augen. Es kommt mir vor wie eine Ewigkeit, die ich in meiner dunklen Wohnung sitze und darauf warte, dass sie wieder aus dem Bad kommt. Doch sie taucht nicht auf. In der Zwischenzeit hat er sich ins Wohnzimmer gesetzt und den Fernseher angeschaltet. Die bizarre Vorstellung ist vorbei. Meine Atmung beruhigt sich langsam.

Ich stehe auf und gehe ebenfalls ins Bad. Als ich wieder herauskomme, checke ich meine Wohnungstür. Dreifach verschlossen. Ich beuge mich über das Sofa, um das Fenster zu verschließen. Im Schlafzimmer gegenüber ist das Licht nun aus, doch mein Blick bleibt an einer Bewegung haften. Und dann sehe ich die Frau. Sie sitzt am offenen Fenster und raucht. Ich greife nach meiner Kamera, ein Reflex. Dann entscheide ich mich dagegen.

Ein paar Züge lang beobachte ich meine Nachbarin. Leicht

nach vorn gebeugt, ein abwesender Blick. Dann hebt sie ihren Kopf.

Ich rühre mich nicht. Es ist zu dunkel, um zu erkennen, ob sie mich ansieht. Doch es fühlt sich so an.

KARLA

ICH BIN NICHT *ich ohne dich.*

Seit meinem neunten Geburtstag hingen die Metallschilder mit den geschwungenen Lettern in unseren Kinderzimmern. Ich besaß eins, Marie besaß eins. Kurz zuvor hatte Marie den Satz zu mir gesagt.

Ich bin nicht ich ohne dich.

Wir saßen damals auf der Schaukel unter dem Apfelbaum im Garten, Papa schubste uns an. Unsere Mutter kam durch die Verandatür mit einem Fotoapparat in der Hand. »Haltet mal still«, sagte sie. »Und jetzt nehmt euch mal in den Arm.«

Marie schlang ihren sonnengebräunten Arm um mich, drückte mir einen Kuss auf die Backe und sagte: »Ich bin nicht ich ohne dich.« Und dann hatte ich gesagt: »Was sich reimt, das stimmt.«

Ich wusste, dass es genau so passiert war. Ich konnte mich daran erinnern, und ich konnte meine Eltern fragen, die die Geschichte bestätigen würden. Außerdem gab es noch immer die Schilder. Doch in dieser ersten Nacht in New York sollte es nur ein Traum gewesen sein.

Ich wünschte mir für einen Moment, mich nie wieder erinnern zu können, nie wieder an irgendetwas denken zu müssen, am wenigsten an die Vergänglichkeit der Dinge. Meine

Augen waren wie mit Blei gefüllt, ich konnte sie nur schwer öffnen, wollte sie aber nicht wieder schließen. Hinter ihnen spukten Bilder, von denen ich viele nicht mehr von der Wahrheit unterscheiden konnte, und so herzzerreißend schön manche Streiche des Unterbewusstseins waren, so sehr wollte ich nach ihnen greifen und in die Zukunft verlegen. In eine geteilte Zukunft, in der unsere einzigen Probleme unterschiedliche Zeitzonen, Jobwechsel oder Dating-Apps sein würden oder auch weniger banale Probleme, echte, existenzielle Krisen – aber nicht, dass wir uns verlieren würden.

Ich strampelte das Bettlaken von mir. Ich funktionierte nicht mehr, wie ich es in Deutschland getan hatte. Stattdessen fiel ich. Und das, woran ich mich festzuhalten versuchte, riss ich mit.

Das Kissen roch noch immer mehr nach Marie als nach mir, obwohl ich schon zwei Wochen zuvor ein paar Nächte in ihrem Bett geschlafen hatte. Der Geruch ihres Shampoos hing ganz leicht im Stoff, sie war oft mit nassen Haaren ins Bett gegangen. Und da waren auch noch der frühlingshafte Duft ihres Parfüms und ihr eigener Körpergeruch, nicht greifbare Überbleibsel ihrer Essenz, die sich bereits aufzulösen begannen. Als Kinder hatte uns lange die Frage beschäftigt, ob wir gleich rochen, doch egal, wie oft wir aneinander schnüffelten und Familienmitglieder zu Rate zogen, eine zufriedenstellende Antwort hatten wir nicht gefunden.

»Natürlich riecht ihr unterschiedlich«, sagte Mama irgendwann. »Genauso unterschiedlich, wie ihr seid. Jede von euch ist ein eigenständiger Mensch, und jeder Mensch hat das Recht auf einen eigenen Geruch.« Marie kicherte, dann Papa und dann ich.

Marie ist tot. Bäm. Du bist allein in New York. Bäm. Du hast diese Fotos gefunden. Bäm. So arbeitete mein Kopf dieser Tage. Meldung, Verdrängung, die Nächste. Nebel, Nebel, Nebel. Meldung, Verdrängung, die Nächste, von vorn.

In der Wohnung gegenüber hatte ich niemanden gesehen, seitdem ich hier war. Die Befürchtung, das Paar wäre bereits wieder ausgezogen und ich würde nie dahinterkommen, was es mit den Bildern auf sich hatte, nagte zuerst an mir, doch mit Hilfe von Maries Teleobjektiv konnte ich erkennen, dass das Apartment voll möbliert war. Aufgeräumt, aber nicht leer. Leben hing darin, auch wenn ich nicht genau sagen konnte, woran ich das festmachte. Vielleicht waren sie im Urlaub.

Natürlich war Marie neugierig gewesen. Wer fotografierte und sich dabei vor allem auf Menschen und ihre Geschichten, auf das, was ihr Gesichtsausdruck und ihre Körperhaltung ausdrückten, fokussierte, musste hungrig auf das Leben sein. Sie hatte immer wissen wollen, wie Dinge funktionierten, und wenn sie es nicht taten, suchte sie nach einem Grund. Ihre erste Kamera zerlegte sie am Küchentisch und baute sie wieder zusammen, weil sie der Meinung war, sie würde nur gut fotografieren können, wenn sie genau wusste, welcher Handgriff welche Funktion auslöste und vor allem, warum.

Doch das hier war anders. Dieses Paar zu fotografieren, in der Intensität dieser Ehe, bei dem, was sie taten und vor allem wie, das war ein Einbruch in ihre Privatsphäre. Das war nichts, was man fotografierte, es sei denn, man wollte die Verantwortung dafür übernehmen. Und Marie war sich dessen bewusst gewesen, da war ich mir sicher.

Was ich brauchte, war die Antwort auf meine Frage, warum sie trotzdem auf den Auslöser gedrückt hatte.

Doch ich blieb einfach liegen. Nach einer Weile drehte ich mich zur Seite und vergrub mein Gesicht in ihrem Kissen. Und dann weinte ich wieder.

Toast war gut, der blieb drin. Kaffee, aber nicht zu stark, mein Magen zog sich schon ohne Reizung von außen zusammen. Toast und dann ein Schluck. Ich stand in der Küche und zählte in Gedanken auf, was weitergeht, während alles andere stillsteht: Man geht aufs Klo. Man trinkt. Man isst, wenn man ansatzweise auf sich achtgibt oder gefüttert wird. Man fährt U-Bahn. Man lüftet. Man putzt sich die Nase. Man wechselt die Unterwäsche. Man hebt Geld ab. Man nimmt einen Anruf entgegen. Man bindet sich die Schuhe. Man sagt ›stimmt so‹. Manchmal duscht man.

Man lacht. Nur wann?

Nach dem Frühstück ging ich duschen, zog mir eine Jogginghose und ein T-Shirt an und cremte mein Gesicht ein. Meine Augen brannten noch immer ein wenig, wenn ich sie schloss und meine Handflächen auf die Lider legte. Ich lief ziellos durch die Wohnung, zog Bücher aus dem Regal, öffnete Rechnungen, verschob die Magneten am Kühlschrank. Dann setzte ich mich aufs Sofa, das gegenüberliegende Apartment im Rücken. Am Abend zuvor hatte ich noch mehrfach aus dem Fenster gesehen, doch niemand war zu Hause gewesen. Ich griff nach meinem Handy. Kein verpasster Anruf von Marie, keine Nachricht, kein Foto. Ich musste mich an so viel Neues gewöhnen und fragte mich, ob das nur gelang, indem ich Altes herausstrich. Meine Schwester würde mich nie wieder anrufen. Ich würde sie nie fragen können, warum sie all diese Fotos gemacht hatte. Dieser Kontrollverlust ließ mich nun durch mein Leben schwanken. Ich stellte alles in Frage.

Ich schrieb Lynn und fragte sie, ob sie mich am Abend treffen könne. Dann schaltete ich den Fernseher ein, drehte die Lautstärke runter und schlief für mehrere Stunden.

Lynn hatte darauf bestanden, mich abzuholen. Als ich ihr die Tür öffnete, sah sie mich durch nasse Augen an. Wir umarmten uns lange, dann sagte sie: »Dass du hier bist, erinnert mich nur noch mehr an sie. Weißt du, was ich meine? Ist es blöd, dass ich das sage?«

Ich zuckte die Achseln, weil es natürlich blöd war, aber ich wusste auch, wie schwierig es war, die richtigen Worte zu finden. Ich kam mit allem zurecht, was keine steife Beileidsbekundung war.

Wir standen eine Weile im Wohnzimmer und redeten. Ich erzählte Lynn von der Beerdigung und dass die Urne ins Familiengrab gelassen worden war. Eigentlich hatte ich die Asche unter dem Apfelbaum im Garten verstreuen wollen, doch meine Eltern waren dagegen. Ich vermutete, dass sie wenigstens jetzt wissen wollten, wo ihre Tochter war. Dass ihre Asche nicht umherwehte, sondern sich an einem Platz befand. Zurück in ihrem Heimatort, auf dem Friedhof, wo Verstorbene hingehörten und wo man sie besuchen konnte.

Lynn erzählte mir, dass sie fast täglich an der Unfallstelle vorbeiging und dass dort noch immer Blumen lagen.

»Jeden Morgen wird alles entfernt, aber spätestens gegen Mittag liegt wieder was da. Freunde laufen regelmäßig vorbei, aber ich schätze, es sind auch einige, die erst jetzt davon gehört haben.«

Sie ging durchs Wohnzimmer und bot mir dann ihre Hilfe an, das Apartment auszuräumen.

»Ich komme gerne darauf zurück«, sagte ich, und dann

kratzte ich meinen Mut zusammen, um sie das zu fragen, weshalb ich sie überhaupt hatte treffen wollen.

»Lynn, kennst du das Paar, das gegenüber wohnt?«

Sie ging zum Fenster und nickte mit dem Kopf in die Richtung der Wohnung. »Meinst du die da? Treiben die's nicht immer bei offenem Fenster?«

Tatsächlich huschte mir ein Lächeln übers Gesicht.

»Marie und ich haben sie nur einmal dabei beobachtet. An dem Tag, als sie eingezogen sind.«

»Ja, richtig. Ich kann mich erinnern, dass sie mir davon erzählt hat.« Sie löste den Blick von der Wohnung. »Aber mehr weiß ich nicht. Warum?«

Ich spürte Erleichterung in mir aufsteigen, die sich sofort wieder zusammenzog und verschwand. Lynn wusste nichts über das Paar und auch nichts über die Fotos, was bedeutete, dass Marie es nicht nur mir verheimlicht hatte, sondern auch ihr. Nun war es also wirklich ein Geheimnis. Auf beiden Seiten des Atlantiks.

»Nur so«, sagte ich. »Marie hat sie ab und an erwähnt.«

Die Bar *The High* war nichts Besonderes, und doch würde jeder Ort, an dem Marie gewesen war, genau das für mich sein. Ein Fähnchen auf einer Landkarte, das mir neue alte Orte zeigte. Ich konnte sie besuchen, befühlen und inhalieren, ich konnte Marie nicht zurückholen, aber ich wollte sie genauso wenig loslassen.

Es gab einen langgezogenen Tresen, der indirekt goldenes Licht ausstrahlte und somit der Mittelpunkt eines relativ kleinen und sonst sehr dunklen Raumes war. Der aufgedrehte *R 'n' B*-Sound war nicht zu laut, um sich unterhalten zu können, die Drinks lagen bei fünfzehn Dollar, Erdnüsse standen auf den Tischen. Wir setzten uns in eine kleine Nische, und

Lynn zeigte auf einen Tisch auf der anderen Seite des Raumes. Dort war das Bild von ihnen beiden entstanden, das Marie zuletzt online gestellt hatte.

Ein Kellner kam zu uns und fragte uns nach Getränkewünschen. Ich bestellte einen Chardonnay und Lynn zwei Tequila. Als er wieder ging, fragte ich sie, ob einer davon für mich gedacht war, denn Schnaps wollte ich wirklich nicht trinken, doch sie sagte: »*No worries*, ich brauche beide. Ich hatte vergessen, dass Marie den Typen abgeschleppt hat, und jetzt frage ich mich, ob wir ihm von ihr erzählen müssen. Also, ich meine –«

»Welcher Typ? Der Kellner?«

Sie nickte, und ich drehte mich Richtung Tresen. Der Mann schenkte gerade einen Wein ein, wahrscheinlich meinen Chardonnay.

»Wann?«, fragte ich.

»Als wir das erste Mal hier waren. Und das letzte Mal. Wir haben hier auf ihre erste Therapiestunde angestoßen.«

»Ich weiß«, sagte ich dann und spürte ein Gefühl von Isolation in mir aufsteigen. Wie früher, wenn ich im Sportunterricht beim Völkerball darauf hoffte, nicht die Letzte zu sein, die übrig blieb und einem Team zugeordnet werden würde, das mich gar nicht haben wollte.

»Girls«, sagte der Kellner und stellte die zwei Tequila auf den Tisch. Den ersten stürzte Lynn sofort hinunter, und ich nutzte die Gelegenheit, den Typen zu mustern, als er mir das kalte Glas Weißwein gab. Der Mann sah aus wie Ende zwanzig und hatte ein schönes Gesicht mit weichen Zügen. Er bemerkte meinen Blick und lächelte mich an. Ich zog einen Mundwinkel nach oben. Als er ging, sah ich ihm nach. Er hatte einen lässigen Gang. Vielleicht spürte er, dass mein Blick noch immer auf ihm haftete.

Es schmerzte mich, dass ich nichts über ihn wusste. Seit zwei Tagen war ich zurück in New York und hatte erst den Ordner A gefunden und nun von einem One-Night-Stand – war es überhaupt einer? – erfahren. Marie hatte mir immer alles erzählt. Warum schien es plötzlich, als gäbe es mehr Geheimnisse als geteilte Geschichten? Ich wusste, dass mir die Eifersucht ins Gesicht geschrieben stand.

»Wie heißt er?«

Lynn zuckte die Achseln und trank den zweiten Tequila.

»Er hat sie gesehen, sie hat ihn gesehen, bäm. Da war's schon klar, wie der Abend verläuft. Ich meinte noch, dass sie Boys erst mal sein lassen soll, weil sie mit der Therapie genug am Hut hatte.« Sie drehte eins der leeren Gläser hin und her. »Als später dann kaum noch was los war, haben wir uns an den Tresen gesetzt. Ich bin aber irgendwann gegangen und hab die beiden allein gelassen. Sie hat mir am nächsten Tag geschrieben, dass ich recht hatte und sie das Daten ab sofort pausieren würde. Das ist die ganze Geschichte.«

Ich trank einen Schluck, um meine herausbrechende Frage zu verzögern. »Warum hat sie mir nicht von ihm erzählt? Ich weiß von eurem Abend, ich weiß von der Therapie. Ich weiß von Benji!«

Lynn beugte sich über den Tisch. »Hör zu Karla, das bringt nichts. Vielleicht hat sie es einfach vergessen, weil es so unbedeutend war oder weil sie keinen Bock darauf hatte, dass du ihr das Gleiche sagen würdest wie ich.« Sie sah mir in die Augen. »Der Grund ist auf jeden Fall nicht, dass sie dir irgendwas verheimlichen wollte. Wenn ich nicht sowieso schon dabei gewesen wäre, hätte sie es mir im Nachhinein wahrscheinlich auch nicht erzählt.«

Die Gewissheit, alles Wichtige in Maries Leben mitbekommen zu haben, zerbröselte seit meiner Rückkehr nach New

York wie weicher Sandstein in meinen Händen. Bei jeder Antwort, die Lynn mir gab, war da diese ekelhafte Angst, noch mehr zu erfahren, wovon ich nichts wusste.

»Was ist eigentlich mit ihrem Ex?«, fragte Lynn.

»Adam?«

»Ja, hat den jemand kontaktiert?«

Wieder so ein Schuss in Brusthöhe.

»Nein«, sagte ich und dachte: Ich hätte Adam kontaktieren müssen, vielleicht sogar sofort an Maries Todestag. Doch ich tat es einfach nicht. Und je mehr Zeit verstrich, desto entfernter schien mir die Aufgabe. Wie etwas, das man sich immer und immer wieder vornimmt und das durch den Aufschub irgendwann obsolet wird. Es sah mir nicht ähnlich, denn ich hatte mich um so vieles gekümmert, so war ich eben, schon immer gewesen. Die, die anpackte, machte, funktionierte, unterstützte, sortierte, erledigte und abhakte, weiter. Doch beim Gedanken an Adam hatte ich mich zusammengefaltet und nicht gerührt. Vielleicht, weil er mich einzig daran erinnerte, wie schmerzhaft die letzten Monate ihrer Ehe und die Scheidung gewesen waren. Aber das reichte nicht als Begründung, und das wusste ich auch.

»Vielleicht weiß er es mittlerweile«, schob ich nach. Sie hatten noch ein, zwei gemeinsame Bekannte. »Gemeldet hat er sich aber nicht.«

Lynn wischte sich mit dem Handrücken über den Mund. »Du mochtest ihn nicht besonders, was?«

Wie hätte ich Adam je mögen sollen. Gut, das war etwas dramatisch, denn ich hatte ihn ja gemocht, aber seit drei Wochen war nun mal alles dramatisch, und meine Gedankenfilter funktionierten nicht mehr. Ich saß nicht mit Marie in dieser Bar und sinnierte darüber, wie ihr Leben verlaufen wäre, hätte sie Adam bei ihrer Vernissage in München nicht in die Galerie gezogen und damit in ihr Leben, sondern hätte sie ihn daran vorbeigehen lassen. Wir gaben uns keinen »Was wäre wenn«-Gedankenspielen hin oder heckten Zukunftspläne füreinander aus, denn es war nur noch eine von uns übrig, und deren Zukunft war mir egal. Ich saß hier und durchlebte die Wahrheit sehr vieler Sprichwörter. Alles kommt immer anders, als man denkt.

Adam hatte meinen Eltern großen Kummer bereitet, auch wenn sie es bis heute nicht zugaben. Aufgrund der Sprachbarriere konnten sie sich nie wirklich unterhalten, und seine Eltern hatten sie nie kennengelernt, weil Adam und Marie sehr schnell und sehr heimlich und ohne geladene Gäste geheiratet hatten. Die Feier, die die beiden immer hatten nachholen wollen, war Jahr für Jahr verschoben worden. Das traf uns alle, doch ich konnte besser damit umgehen als meine Eltern. Besonders meine Mutter, die mit Maries Auswanderung immer zu kämpfen hatte und Adam nicht traute, weil sie sagte: »Wie soll ich jemandem trauen, mit dem ich mich nicht mal unterhalten kann?«

Ich gönnte meiner Schwester diesen emotionalen Ritt, sich Hals über Kopf in einen mysteriösen Amerikaner zu verlieben, der sie vergötterte, ihr einen Antrag machte, um ihr an der Ostküste der USA eine ganz neue Welt zu öffnen. Das passte zu ihr, sie hatte immer rausgewollt aus dem, was sie kannte. Sie war glücklich und hungrig auf neue Impulse. Und zwischen uns galt das ungeschriebene Gesetz, dass nur das zählte. Wir wollten die andere immer glücklich sehen. Letztendlich machte es genau das einfacher, die Umstände, die sie dafür wählte, zu akzeptieren.

Adam war Marie gegenüber sehr liebevoll gewesen. Er unterstützte sie in allem, was sie tat, auch als sie kurz nach ihrem Kennenlernen für ein Stipendium in die Schweiz zog.

Auf Partys stellte er sich in ihren Schatten, was alle immer sympathisch fanden. Er sprach von *ihr*, wenn man ihn nach seinem Wohlbefinden fragte. Marie ging das manchmal auf die Nerven, sie brauchte jemanden, der nicht nur sein eigenes Ding durchzog, sondern auch den nötigen Raum dafür beanspruchte. Jemanden, der nicht nur ihre Hand hielt, sondern wirklich neben ihr stand, Seite an Seite.

Doch Adam strauchelte beruflich. Seine Familie war stinkreich, theoretisch hätte er gar nicht arbeiten müssen, und genau das zermürbte ihn. Sein Leben bekam immens viel Platz, doch er wusste nicht, ihn zu befüllen. Dass Marie aus verhältnismäßig einfachen Verhältnissen kam und sich innerhalb weniger Jahre an einen Punkt arbeitete, an dem sie Geld mit dem verdiente, was sie liebte und worin sie gut war, wurde später in Boston eine Belastung für die Beziehung. Oft erzählte sie mir, dass er nachts kaum schlief, dass er mürrisch war und sich darüber beklagte, wie viel sie arbeitete.

Das war der Zeitpunkt, an dem ich jeden Tag aufs Neue überlegte, was ich ihr raten sollte. Adam war dorthin zurückgekehrt, wo er aufgewachsen war, und er hatte eine Frau mitgebracht, die alle beeindruckte. Er konnte sich nicht mehr hinter Marie verstecken, hier wartete man darauf, dass er beruflich endlich nachzog. Ich wusste von Marie, dass sich manche Familienmitglieder darüber lustig machten, dass sie Geld verdiente und er nicht. Einmal rief sie mich mitten in der Nacht von einer Familienfeier aus an. Nachdem Adams Vater von einem ihrer Bilder geschwärmt hatte, hatte Adam – zu seiner Verteidigung sehr betrunken – gesagt, dass sich »alle mal wieder einkriegen sollen«. Er warf sich vom einen ins andere Extrem. Ich glaubte damals, dass er nicht wusste, welcher Mensch er ohne Marie war. Und wer er selbst wirklich sein wollte.

In jener Nacht weinte sie lange. Nicht, weil er ihre Arbeit diskreditierte und ihre Beziehung vor der gesamten Familie blamierte, sondern, weil sie ihn liebte und befürchtete, dass er es nicht mehr tat. Da wusste ich, dass es nicht halten würde. Meine Erleichterung darüber, dass Marie danach jemanden finden könnte, der sie zu schätzen wusste und ihren beruflichen Erfolg nicht als Bedrohung verstand, vermischte sich mit dem schmerzhaften Wissen darüber, wie sehr der Gedanke an eine Trennung meine Schwester belastete.

Ich riss mich zusammen und sagte schließlich: »Er kriegt das alleine nicht hin, Marie, er ist so viel schwächer als du. Macht gemeinsam eine Therapie, nehmt euch eine Auszeit zusammen, aber macht irgendwas. Oder –«

Ich unterbrach mich selbst, doch sie bat mich mehrfach, den Satz zu beenden.

»Oder du gehst, Marie«, sagte ich schließlich.

Weil es ihr niemand sonst sagte. Und weil einem Satz, der lediglich im Kopf herumgeisterte, keine Tat folgen konnte. Solche Dinge mussten ausgesprochen werden. Etwas, das mir selbst schwerfiel. Wie einfach es doch war, Schlaglöcher im Weg eines anderen zu erkennen und zu wissen, was zu tun war.

»Ich kann nicht glauben, dass sie weg ist«, war Lynns Satz, der mich aus meiner Erinnerung an Adam riss. »Ich meine, das ist jetzt wahrscheinlich die härteste Zeit, weißt du? Die, in der Marie noch so richtig spürbar ist und gleichzeitig aber weg.«

Lynn deutete auf den leeren Tisch, an dem sie vor wenigen Wochen gesessen hatten. »Ich seh sie da sitzen. Sie ist noch da, und ich muss mich dran erinnern, dass sie es eben nicht ist. Das macht mich fertig.«

Ich starrte sie an, dann beugte sie sich über den Tisch zu mir.

»Scheiße, Mann, ich wünschte, Karla, ich wünschte echt, ich könnte dir helfen. Und 'ne bessere Freundin sein.«

Meine Augen wanderten zu dem Kellner, und da dachte ich, dass ich mir selbst, zum allerersten Mal in meinem Leben, nicht helfen konnte. Ich hatte keinen Plan parat.

Als wir zahlten, sagte er »bis bald« und lächelte. Lynn meinte daraufhin, dass er sie nicht wiedererkannt hätte, sie hatte an dem Abend schließlich kaum mit ihm gesprochen.

»Ich begleite dich noch zum Apartment«, sagte sie, als wir nach draußen traten. Die Klimaanlage hatte mich frösteln lassen, aber jetzt in den Straßen hing eine warme Sommerluft, überall lachte jemand, und überall nahm irgendwer irgendwen in den Arm.

Ich dankte Lynn, sagte aber, dass ich lieber einen Spaziergang machen und etwas allein sein wollte.

»Okay. Wenn du Hilfe brauchst mit der Wohnung oder mit allem anderen, dann ruf mich an, ja?«

Als Lynn um die Ecke bog, öffnete ich wieder die Tür zur Bar, und ein kühler Luftstrom kam mir entgegen. Ich ging auf den goldschimmernden Tresen zu und blieb neben einem freien Barhocker stehen. Der Kellner unterhielt sich gerade mit einem Kollegen, doch als er mich sah, kam er zu mir.

»Hey, hast du was vergessen?«

Ich wurde nervös. Wie schwer würde es mir fallen, einer fremden Person vom Tod meiner Schwester zu erzählen? Was, wenn es ihn kaltließ? Wenn er nicht gleich wusste, wen ich meinte? Oder wenn es ihm das Herz brach, weil er sich mehr als einen One-Night-Stand erhofft hatte?

Schließlich sagte ich etwas. Und erst als ich es selbst hörte, realisierte ich, dass mein Unterbewusstsein einen ganz anderen Weg einschlug: »Kennen wir uns?«

Er grinste. »Noch nicht.« Er stemmte die Arme in die Hüften und musterte mich eine Weile. Ich spürte die Röte in mir aufsteigen. »Bist du aus Deutschland?«

»Ja.«

»Dachte ich mir. Meine Mutter ist Deutsche, mein Vater kommt aus Jamaika. Ich kann die Sprache zwar nicht, aber den Akzent entlarve ich sofort. In New York gibt es viele Deutsche ...«

Ich weiß, dachte ich. Eine davon war meine Schwester.

»Wie auch immer: Ich bin Cole.« Lächeln. »Das ist der Moment, in dem du deinen Namen sagst.«

Ich setzte mich auf den Barhocker. »Ich bin Karla.«

»Karla. Schön. Warte hier, ja?«

Wie schnell sich die Dinge drehten. Das war mein Gedanke gewesen, als ich mit Max nach der Beerdigung von Marie zu meiner Wohnung gefahren war. Ich hatte die Drehung der Dinge gespürt, ich hatte mein Leben rotieren sehen, doch ich wusste nicht, wann es jemals anhalten würde. Und wo.

Jetzt, ein paar Tage später, lag ich im Bett eines fremden Mannes und spürte, dass ich nun in eine entgegengesetzte Richtung rannte. Und ich unternahm nichts dagegen. Starrte an die Zimmerdecke und war mir selbst so fremd geworden.

Max war bis zu diesem Zeitpunkt der einzige Mann gewesen, mit dem ich geschlafen hatte. Diese Wahrheit war nun überschrieben worden, und die Bedeutungslosigkeit der letzten Stunden lag so schwer auf meinem Körper wie die Decke, in die ich mich trotz der Hitze eingewickelt hatte. Ich wusste nicht, warum ich hier lag, vielleicht versteckte ich mich.

Cole schnarchte nicht. Seine Atmung ging leise, sein Brustkorb hob und senkte sich ganz ruhig. Er spürte nicht den Sturm neben sich, ich unterdrückte ihn, und ich schwitzte dabei.

Auch das ging weiter, während man trauerte. Schwitzen. Und Sex. Es hatte immer irgendjemand irgendwo Sex, niemals hätte ich aber geglaubt, dass ich diejenige sein würde. Jetzt, hier, mit dieser Drehung im Kopf.

War es das, was man von Trauernden erwartete? Dass sie etwas taten, was sie herauszog aus ihrem Tunnel, etwas, das sie wiederbelebte oder einfach nur ablenkte? Ich hatte meinen ersten One-Night-Stand mit dreiunddreißig, vermutlich war es auch mein letzter. Nun gab es zwei Männer: meine große Liebe und einen Barkeeper, mit dem auch meine Schwester geschlafen hatte.

Ich konnte Cole nicht sagen, warum Marie sich nicht bei ihm meldete, ich wusste ja nicht mal, ob er darauf wartete. Stattdessen lag nun ihre Schwester in seinem Bett, und die verlor langsam, jedoch sehr wahrscheinlich ihren Verstand.

Je länger ich mich mit ihm unterhalten hatte, desto anziehender hatte ich ihn gefunden. Als hätte ich nach den Anzeichen gesucht für Maries Entscheidung, sich verführen zu lassen. Oder umgekehrt. Ich hätte sagen können: »Hey, ich bin die Schwester von Marie«, und dann hätte ich ihm das Foto gezeigt. Ich hätte ihm erklärt, dass sie vor kurzem verstorben war und ich gern wüsste, ob sie in der Nacht, in der sie mit ihm zusammen war, glücklich schien. Ob sie ihm etwas Lustiges erzählte oder ob sie besorgt wirkte. Oder ob es nur Sex gewesen und er danach nach Hause gegangen war.

Stattdessen war ich mit Cole nach Brooklyn gefahren, wo er wohnte, und hatte mich in ein ungemachtes Bett gelegt. Seine Lippen auf meinen gespürt. Auf Maries Lippen. Seine

Finger in mir. In Marie. Sein Keuchen an meinem Ohr. An Maries Ohr.

Ich hatte nicht entschieden, mit ihm zu schlafen, ich hatte es einfach getan. Fremde Arme gespürt, die mir plötzlich Halt gaben, und dabei Muttermale gezählt. Einen so intensiven Orgasmus gehabt, dass ich mich danach seltsam beschämt in die Kissen hatte fallen lassen.

Die Nacht, die nun fast hinter mir lag, klang nach einer, von der mir Marie am nächsten Morgen belustigt erzählt hätte, während ich zu Hause in Deutschland am Schreibtisch in meinem Büro saß und darüber nachdachte, dass es in Seekirch unmöglich war, eine Nacht mit einem Mann zu verbringen, ohne ihm danach wieder begegnen zu müssen. Andererseits ... hatte sie es nicht erzählt.

MARIE

DER TAG, AN dem ich ihren Namen herausfand, war der Tag, an dem es endlich regnete.

Die Stadt bog sich unter einer kurzen Hitzewelle, und als ich an jenem Morgen joggen ging, hing die Feuchtigkeit eines heranrollenden Sommergewitters in der Luft. Ich lief zur Promenade am East River und joggte Richtung Süden, bis ich im Park kurz vor dem Pier 42 über die Lower East Side zurücklief. Mein Magen knurrte, und ich entschied mich, an der jüdischen Bäckerei eine Pause einzulegen, obwohl die ersten Regentropfen ankündigten, dass ich nicht trocken nach Hause kommen würde. Doch mein Verlangen nach Knish mit verschiedenen Füllungen war größer. Glücklicherweise hatte ich noch ein paar Dollar eingesteckt, bevor ich losgejoggt war, also trat ich durch die rot lackierte Tür von *Abe's Knish Bakery* und stellte mich hinter einer bereits wartenden Frau an der Theke an. Ich wischte mir mit der Hand über die Stirn und hoffte, nicht allzu stark nach Schweiß zu riechen, als ich hörte, wie die Frau mit Abe – groß, dünn, und immer mürrisch, aber auf eine charismatische Art – über das Wetter sprach. Ich machte einen Schritt zur Seite, um die Teigwaren in der Auslage besser sehen zu können. Das Fenster war angelaufen, was noch warme Knish versprach.

»Ich kann die mit Kasha empfehlen, das sind die besten«,

sagte die Frau neben mir, und ich brauchte einen Moment, um zu begreifen, dass sie mit mir sprach. Als ich aufsah, blickte ich in dunkelbraune Augen. Sie lächelte mich an, und ich erstarrte. Meine Nachbarin, die Unbekannte.

»Danke«, sagte ich und sah schnell wieder weg.

»Zehn zwanzig, mach zehn«, sagte Abe und reichte der Frau eine Tüte über den Tresen.

Ich warf erneut einen Blick auf sie. Pferdeschwanz, braunes Haar. Eine spitze Nase, die ich wiederzuerkennen glaubte. Ich war mir sicher, dass es sich um meine Nachbarin handelte, und doch wirkte sie so anders. Ich kannte ihr Gesicht, wenn sie weinte, wenn sie schrie, wenn sie von Traurigkeit benommen in den Hinterhof starrte und rauchte. Vor mir stand ein anderer Mensch.

»Mach zwölf«, sagte sie und legte ihre Kreditkarte auf das Lesegerät. Mein Herz pochte. Ich tat so, als würde ich mir nach wie vor die Auslage ansehen, versuchte jedoch, einen Blick auf die Karte zu erhaschen. *Alison.* Dann piepte das Gerät, und sie zog die Karte weg. Der Nachname war lang, ich hatte ihn in der Schnelligkeit ihrer Bewegung nicht lesen können.

»Mach's gut, Abe«, sagte die Frau, dann lächelte sie mich an, drehte sich um und ging zur Tür.

Ich sah ihr hinterher. Ihre nackten Füße steckten in cremefarbenen Ballerinas, sie trug eine hellblaue Stoffhose und eine weiße Bluse. Ihre Ausstrahlung war fröhlich und beinahe schwerelos, was sie zugänglich machte. Sie wirkte offen für ihre Umwelt und gleichzeitig vollkommen bei sich. Als sie die Tür öffnete, drang der laut auf den Asphalt prasselnde Regen herein. Ohne zu zögern, ohne das Wetter zu kommentieren, zog sie einen kleinen Schirm aus ihrer Handtasche, öffnete ihn im Gehen und verschwand.

Alison, dachte ich. Endlich hast du einen Namen.

Meine Gedanken wandern zu meiner Nachbarin und unserer Begegnung vor einer Woche, weil ich gerade das Porträt eines Models bearbeite, deren hohe Wangenknochen denen von Alison ähneln. Und auch zu den verschiedenen Eindrücken, die ich von ihr habe, hin zu meinen Anfängen als Fotografin. Ich erinnere mich an die Aussage der Dozentin eines Fotokurses: Ein Bild zeigt nie eine allgemeingültige Wahrheit. Niemals ist es objektiv. Ein Bild zeigt immer die Interpretation desjenigen, der es macht. Komposition, Perspektive, Stil, Nachbearbeitung sind Teile einer individuellen Handschrift. Fotos sind Abbildungen dessen, was im Auge des Fotografen nicht nur sichtbar, sondern auch fühlbar ist. Nichts passiert ohne Grund.

Das begriff ich, als ich mit Anfang zwanzig in einem Fotokurs meine Bilder mit Begleittexten versehen musste. Warum entschied ich mich für genau diese Perspektive, warum entschied ich mich bei dieser Aufnahme für Film, warum blickte die Person direkt in die Kamera, warum arbeitete ich hier mit einer Überbelichtung?

Anfangs machte ich mir wenig Gedanken über meine Handlungen, ich ließ mich treiben in einer künstlerischen Freiheit, die ich genoss. Ich entwickelte eine Ästhetik, die meinem persönlichen Geschmack bis heute entspricht. Doch als ich einmal mit einer meiner Porträtaufnahmen vor den Kursteilnehmern stand und versuchte, die Bildkomposition zu erklären, stellte ich fest, dass ich es zwar hasste, meine Arbeit zu zerlegen, aber auch, dass ich nichts mehr dem Zufall überließ. Auch wenn ich mich ausprobierte und viele Filmrollen verschoss, deren Abzüge ich niemandem zeigte, so waren meine Fotografien nie reine Zufallsabbildungen. Ich will immer mehr erzählen als den Moment, ich will das erzählen, was kurz zuvor passiert ist und was danach passieren könnte.

Die Welt sehe ich durch meine Linse, wie sollte es also jemals eine objektive Abbildung sein?

Irgendwo habe ich mal gelesen, dass Bilder nie lügen würden, Worte schon. Was für ein Bullshit.

Während der Bearbeitung der Modelfotos schweife ich immer wieder ab. Seitdem ich Alisons Namen kenne, fühle ich mich auf eine seltsame Art und Weise mit ihr verbunden. Ein hauchdünner Spinnenfaden hängt nun zwischen uns, nur sichtbar für mich, weil ich von seiner Existenz weiß. Alison war, wie wir alle es so oft sind, am Morgen in der Bäckerei lediglich eine Abbildung ihrer selbst. Ich kenne die verschiedenen Gesichter von ihr, während Abe wahrscheinlich nur mit der fröhlich-lockeren Frau vertraut ist, die bei ihm Knish kauft und Fremden ihre Lieblingssorten empfiehlt, weil, nun ja, warum eigentlich? Weil sie einfach einen guten Tag gehabt hat? Oder weil sie generell ein offener Mensch ist, der den typisch amerikanischen Smalltalk beim Einkaufen beherrscht?

Wie viel mehr sie doch ist. Und wie viel sie zu verbergen hat. Und wer würde übrig bleiben, wäre ihr Leben ein ganz anderes? Sicher, wir alle vereinen verschiedene Facetten in uns, wir alle haben gute und schlechte Tage. Doch bei Alison geht es um mehr. Ich selbst kann in der Öffentlichkeit gut funktionieren, auch wenn es mir privat schlechtgeht. Für ein Shooting kann ich meine Professionalität aufdrehen und mit dem Handschlag nach getaner Arbeit abstellen und mich verkriechen. Ich *weiß*, wie man etwas verbirgt, was andere nicht sehen sollen. Und weil ich mittlerweile auch weiß, welch großes Geheimnis Alison mit sich trägt, erkenne ich, dass sie das ebenfalls beherrscht.

Heute ist einer dieser rastlosen Tage, wie ich sie direkt nach meinem Umzug nach New York für lange Zeit hatte.

»Fahr raus in die Natur, lass diese verrückte Stadt mal hinter dir«, riet Karla mir damals immer wieder und tut es heute noch, wenn auch nicht mehr so vehement wie vor wenigen Jahren. Etwas, worin meine Schwester schon immer besser ist als ich. Abschalten, zur Ruhe kommen, wie auch immer man es nennen mag. Wenn sie einen anstrengenden Tag hat, fährt sie im Sommer mit dem Rad zu irgendeiner Wiese und legt sich ins Gras. Im Winter macht sie lange Spaziergänge, auch bei Minustemperaturen.

Ich selbst verbringe zwar viel Zeit draußen, jedoch nie so bewusst wie sie und auch selten allein. Ich besuche Konzerte, treffe mich mit Freunden im Café und bei Ausstellungen, beim Barbecue, gehe shoppen mit Lynn oder besuche Joe im Comicladen. Einzig beim Fotografieren oder Podcasthören liebe ich es, allein zu sein, mich treiben zu lassen, zwischen Geschichten zu verschwinden.

Doch nach der Trennung wusste ich, dass ich mich in ein Leben einfinden muss, in dem Adam nicht mehr vorgesehen ist. Eines für mich allein, in dem genügend Platz sein würde, mich selbst wieder kennenzulernen und mir nahezukommen. Deshalb entschied ich mich vor vier Jahren, als ich von Boston nach New York zog, für ein eigenes Apartment – auch wenn es mich finanziell früher oder später in den Ruin treiben wird. Denn die Sache ist die: Ich bin nicht stärker als erhofft aus unserer gescheiterten Ehe herausgetreten, sondern schwach und verletzlich, und renne deshalb noch immer durch eine Stadt, die mich genau dazu anspornt. Doch meine Wohnung ist meine Höhle. Ein warmer Ort, der mich umarmt und mir Sicherheit gibt, sobald ich die Tür hinter mir schließe.

»Hey Joe.« Ich drehe einen Metallständer, in dem gut zwei Dutzend Comic-Hefte einsortiert sind, und beiße in ein Stück Pizza, das ich mir auf dem Weg mitgenommen habe.

»Hey!« Das ist Joes Begrüßung, die gleichzusetzen ist mit einem »... pass bloß auf!«.

Er zeigt auf mich. »Du sollst nichts anfassen, wenn du was isst, du weißt, wo der Stuhl steht für alle, die ihre fettigen Finger nicht bei sich behalten können.«

Noch immer deutet er mit dem Zeigefinger auf mich.

Ich beiße ein weiteres Stück ab und sage: »Joe, ich hab da was für dich: Wenn man mit dem Finger auf jemanden zeigt, zeigen automatisch die anderen drei Finger auf einen selbst.«

Joe stemmt die Arme in die Hüften. Er trägt das, was er immer trägt, nur in anderen Farbkombinationen als tags zuvor. Heute ist das langärmelige Karohemd rot-blau und die Jeans schwarz.

»Hast du mir was mitgebracht?«

Ich lächle und hebe eine Tüte hoch. Er winkt mich zu sich, und ich lege sie auf den Tresen zwischen uns.

»Thunfisch?«

»War leider aus.«

Er zieht das Stück Pizza heraus, und der Fischgeruch dringt mir sofort in die Nase. Ich grinse.

»*O Saint Mary, I do love you*«, sagt er und beißt hinein.

»Deine Liebe ist käuflich«, antworte ich und lecke mir die öligen Finger ab.

In Joes Comicladen stolperte ich vor knapp zwei Jahren, als mein Handy-Akku leer war. Ich wartete auf einen wichtigen Anruf und wollte nicht riskieren, ihn zu verpassen, auch wenn es nur noch wenige Blocks bis zu meiner Wohnung waren. Joe zeigte mir eine Steckdose neben einem einzelnen

Holzstuhl im hinteren Teil des Geschäfts, und während ich darauf wartete, dass sich mein Handy wieder einschaltete, beobachtete ich, wie Joe ein Magazin in eine Klarsichtfolie gleiten ließ und es dann in einer Glasvitrine verschloss.

»Wie wertvoll ist die Ausgabe?«, rief ich ihm zu, und Joe zuckte die Achseln.

»Hängt ganz vom Käufer ab.«

Also fragte ich: »Wie viel ist sie dir wert?«, und er antwortete: »So viel wie dir dein Handy.«

Joe ist Anfang fünfzig – so genau will er mir das nie verraten – und geschieden. Einmal konnte ich ihm entlocken, dass er mit einer Tänzerin aus Harlem verheiratet war. Er hat sie auf der West 65th Street angesprochen, weil sie einen grünen Filzhut mit einer magentafarbenen Feder, einen bodenlangen, mintgrünen Mantel und darüber mehrere Perlenketten trug. Sie wirkte auf ihn wie »eine Zeitreisende und gleichzeitig, als gehöre sie an keinen anderen Platz als ins heutige Manhattan«.

Zehn turbulente Jahre waren sie ein Paar. Eine Ehe, befeuert von Leidenschaft, wie er selbst sagt, zerfressen von Eifersucht und zerstört durch zu viele Verluste, wobei er nicht verrät, um welche es sich dabei handelt. Joe hat einen erwachsenen Sohn, was ich mir kaum vorstellen kann, denn die Kinder und Jugendlichen, die in seinen Laden kommen, bezeichnet er als »kleine Monster mit Wurstfingern, die alles anfassen oder stehlen oder beides«. Ich zwinkere ihnen immer zu, wenn sie wie versteinert auf der Türschwelle innehalten und sich weder trauen, den Laden zu betreten, noch, sich umzudrehen und wegzulaufen.

Im Geheimen ist Joe mein Alltagsanker. Er kann verschroben wirken, doch er lebt einfach etwas zurückgezogen – ich vermute, dass er sich noch immer von seiner Ehe mit der Zeitreisenden erholt. Wenn ich morgens nach meiner Joggingrunde bei ihm vorbeikomme, steigt er meist gerade die Stufen zu seinem Laden im Souterrain hinab, um ihn aufzuschließen. Wir quatschen ein paar Minuten, und dann gehe ich nach Hause, um selbst mit der Arbeit zu beginnen. Und auch wenn ich ziellos durch die Gegend streife, gehe ich irgendwann zu Joe. Ein Ritual, das für mich zu einer festen Institution geworden ist. Joe und ich haben keine gemeinsamen Freunde, und wir treffen uns auch nie außerhalb seines Comicladens. Ich besuche ihn und bleibe so lange, wie ich will (und darf), während wir uns Geschichten aus unseren Leben erzählen, Pizza essen oder Kaffee trinken. Das ist alles, und gleichzeitig ist es so viel mehr als manch andere Bekanntschaft in meinem Leben.

Joe isst sein Pizzastück, gibt ein paar wohlwollende Geräusche von sich, sagt jedoch nichts weiter.

»Wie weit bist du mit deinem Comic, Joe?«

»Uff …«

»Wann darf ich ihn lesen?«

»Wenn er fertig ist.«

Ich lehne mich über den Tresen, während er sich das letzte Stück in den Mund schiebt. »Jemand ist richtig gut gelaunt.«

Er kaut eine Weile schweigend, dann sagt er: »Sorry. Ich hab heute Nacht kein Auge zugemacht. Ich hab 'ne Ratte in der Wohnung.«

»Hast du sie fangen können?«

»*Nope*. Ich habe noch so eine alte Falle zu Hause, aber das ist reine Tierquälerei.« Er deutet mit dem Kopf Richtung Laptop. »Muss erst mal nach einer besseren Lösung suchen.«

»Oder du vergewisserst dich, ob sie nicht vielleicht sprechen kann, so wie in *Joe's Apartment*.«

»Haha.«

»Der Name passt ja schon mal.«

»In dem Film waren's Kakerlaken. Plural.«

Ich überlege. »Stimmt.«

Er wischt sich mit einer Papierserviette die Finger ab. »Wie geht's dir?«

»Ganz gut. Vorgestern habe ich erfahren, dass eine meiner Fotografien einen Preis bekommt.«

»Du machst Witze! Welche?«

»*Selena. The (w)hole story*, erinnerst du dich?«

»Wenn ich das mal so sagen darf: Das war in meinen Augen deine beste Arbeit bisher. Auch wenn ich sie nur auf deinem Handy-Display gesehen habe.«

Ich lächle.

»Und sonst? Hab dich kürzlich mit 'nem Typen auf der Straße gesehen.«

Ich richte mich auf. Das muss gewesen sein, als Benji und ich Take-away zwei Straßen weiter abgeholt haben. »Warum hast du nicht ›Hallo‹ gesagt?«

Er knüllt die Tüte zusammen und wirft sie in den Mülleimer. »Was Festes?«

Ich schüttele den Kopf.

»Okay, ich misch mich nicht ein, aber du hängst viel zu oft in meinem Laden rum oder arbeitest oder wartest drauf, dass deine Schwester dich besuchen kommt.«

»Heißt das, ich soll mich nicht mehr so oft hier blicken lassen? Und bist du der Meinung, dass mein Leben nur dann abwechslungsreicher wird, wenn ich einen Mann finde?«

Ein Teenager mit blondem Haar, das ihm in die Stirn fällt, und Skateboard unter dem Arm öffnet die Tür.

»Hey!«, ruft Joe. »Nichts anfassen, okay?!«

Der Junge erwidert darauf, dass er dann aber nichts kaufen könne, und Joe sagt: »Wenn du was kaufen willst, dann sag mir einfach Bescheid.«

Der Junge zuckt die Achseln und betritt den Laden.

»Du kannst so oft kommen, wie du willst«, fährt er an mich gewandt fort. »Du kannst sogar anfangen, hier zu arbeiten, ich kann dich nur leider nicht bezahlen.«

»Verlockend.«

Joes Augen wandern zu dem Jungen, der gelangweilt an einem Metallständer dreht. »Ich meine damit nur, dass, wenn du vor einer neuen Beziehung Schiss hast, weil du geschieden bist – und glaube mir, ich kenne dieses Stigma gut, es geht ja Hand in Hand mit einem ätzenden Schamgefühl, super Kombination, *you know* –, dann scheiß erst recht drauf und ... wirf dich einfach wieder rein. Du hast noch so viele Jahre vor dir, du solltest dich nicht von der Scheidung bestimmen lassen.«

»Du auch nicht.«

»Tue ich nicht«, sagt er. »Ich habe ja Gabe.«

»Wer ist Gabe?«

»Meine Ratte.«

Ich verkneife mir das Lachen, und Joe geht um den Tresen herum zu dem Jungen. Nicht ohne mir noch einen Rat zu geben: »Das ist alles, was ich sage, Marie. Ich will nur, dass du glücklich bist. Mit oder ohne Mann. Aber vielleicht ab und an *mit* Mann. Oder Frau oder ... du weißt, was ich meine.«

Ich setze mich auf den Tresen und lasse den Blick durch den kleinen Raum schweifen, der vollgestopft ist mit bunten Magazinen, Büchern, Comicfiguren und anderen Fanartikeln. Joe trifft oftmals einen wunden Punkt. Manchmal überkommt mich das Gefühl, ihm alles erzählen zu wollen. Mich auszuschütten und zu schauen, was passiert. Weil er niemanden kennt, den ich kenne. Und ich kann gut mit seiner Direktheit umgehen, denn meist finde ich in seiner Provokation einen wahren Kern.

Genauso auch jetzt, wo ich hier sitze und mich zum ersten Mal bewusst frage, wie ich es schaffen soll, mich überhaupt wieder einem Mann zu öffnen. So, wie ich es bei Adam konnte. Nachdem wir unsere Scheidungspapiere vor drei Jahren unterzeichnet hatten, fiel allerdings nicht nur eine Menge Ballast von mir ab, sondern die ganze traurig beschissene Wahrheit unserer Ehe ergoss sich über mich. Über Monate hinweg habe ich keine Kraft gehabt, mit jemandem überhaupt ins Gespräch zu kommen, geschweige denn wirklich jemanden kennenzulernen. Das war okay so, niemand drängte mich glücklicherweise mit peinlichem Nachfragen oder fragwürdigen Verkupplungsversuchen dazu. Und irgendwann meldete ich mich dann von selbst auf einer Dating-App an und lernte ein paar Typen über Freunde kennen. Das tat gut, das war alles unverfänglich und cool und genau das, was ich für eine Weile suchte. Für eine Art Übergang. Nur, ein Übergang wohin?

Ich sehne mich wieder nach einer festen Beziehung, doch seitdem ich Alison und ihren Ehemann *beobachte* – und dieses Wort kommt mir selbst in Gedanken kaum über die Lippen –, ist mir nicht nur klar, dass ich gerade Scheiße baue (so richtig), sondern auch, dass ich noch immer nicht bereit für jemanden bin. Weil ich mich wieder viel zu oft an die Zeit in Boston erinnere … durch unser Backsteinhaus in Back Bay laufe, bis mir wieder einfällt, dass es nie unseres war, weil es Adams Familie gehört und wir damals eingezogen sind, weil wir beide nicht in dem spießigen Vorort Andover leben wollten, wo das Anwesen der Haydens stand. Ich liebte unsere rote Stadtvilla mit dem Erker im Wohnzimmer. Erinnerungsgirlanden: die immer frischen Blumen auf dem Küchentisch. Adam, wie er auf dem Boden davor sitzt, *The Boston Globe* um ihn herum ausgebreitet, Kaffeeflecken auf den einzelnen

Seiten. Ich, wie ich die leeren Weingläser vom Vorabend wegräume und dann im Keller Fotos entwickle. Adam, wie er vor einem leeren Kühlschrank steht und sich künstlich über meine Filmrollen, die darin aufbewahrt sind, aufregt. Wir beide, wie wir kurz nach dem Einzug das Wohnzimmer tapezieren und dabei Hörspielen amerikanischer Literaturklassiker lauschen. Meine Erinnerungen an dieses Zuhause vermischen sich nach nur wenigen Sekunden mit denen, die mich so sehr schmerzen, dass ich befürchte, an ihnen zu ertrinken. Manchmal kann ich kaum glauben, dass sie unter ein und demselben Dach entstanden sind.

»Alles okay, Marie?«

Joe steht direkt vor mir. Ich nicke und wundere mich, warum ich heute so oft ins Grübeln komme.

Dann lasse ich mich vom Tresen gleiten. »Ich muss mal los.«

Er fixiert mich einen Augenblick. Ich drücke ihm einen Kuss auf die Wange. »Deine Bartstoppeln kratzen.«

»Es gibt niemanden, der sich darüber beschwert.«

»Ich beschwere mich.«

Joe grinst.

»Hey Marie!«, ruft er, als ich bereits die Tür geöffnet habe. »Du kommst die Woche noch mal, oder?«

Wieder nicke ich. Der Skateboard-Junge starrt mich an. Ich zwinkere ihm zu, und er wird rot.

ICH GEHE NICHT nach Hause, sondern spazieren und kehre erst um kurz nach acht in meine Wohnung zurück. Ich öffne das Fenster über dem Sofa, und da sehe ich Alison.

Umrahmt von einem in warmes Licht getauchten Zimmer, wirkt ihre Silhouette wie aus ihrer Umwelt herausgeschnitten. Ich knie mich auf das Sofa und schaue über die Lehne hinweg zu ihr hinüber, als mich ein Déjà-vu überfällt: Alison am offenen Fenster, raucht, blickt in den Hof. Soweit ich es erkennen kann, trägt sie nur ein weißes Negligé. Sie bemerkt mich nicht.

Die hereinbrechende Dunkelheit legt sich über uns, die hell erleuchtete Stadt lässt lediglich ein verwaschenes, orangefarbenes Licht in mein dunkles Wohnzimmer fallen. Ich greife zu meiner Kamera, reduziere die Lautstärke des Spiegelklickens und schieße eine Porträtaufnahme. Ich fotografiere Alison, zum allerersten Mal. Das Zittern meiner Finger versuche ich zu ignorieren. Als ich das Bild auf dem Display studiere, kann ich ihren Gesichtsausdruck kaum erkennen. Ich zoome erneut an sie heran und mache ein zweites Foto, diesmal krabbelt ein schlechtes Gewissen meinen Nacken empor. Ich habe bereits eine Ahnung von ihrem Leben und von ihrer Ehe. Doch nichts davon habe ich bisher festgehalten. Alison aber nun hier sitzen zu sehen, allein und mit diesem leeren Blick, fühlt sich wie eine Einladung an. Sie erinnert mich an mein früheres Ich, als ich in den Spiegel sah und dann zum letzten Mal in Boston die Tür hinter mir zuzog.

Noch immer sitze ich auf dem Sofa, ziehe mein Handy aus der Gesäßtasche und will Karla anrufen, halte dann jedoch inne. Im Apartment gegenüber geht die Wohnungstür auf. Das Licht wird angeschaltet, und in dem Moment wirft Alison die Zigarette in den Innenhof, verschwindet vom Fenster, danach erlischt das Licht im Schlafzimmer, und sie verschwindet im Bad.

Ich hebe die Kamera wieder vor mein Auge. Ihr Ehemann trägt einen dunkelblauen Anzug, und als ich ihn durch das

Objektiv meiner Kamera beobachte, sehe ich einen Mann mit müden Augen und gelockertem Krawattenknoten. Mein Herz pocht, als *er* die Tür zum Schlafzimmer aufschiebt. Ein paar Sekunden lang passiert nichts, und ich halte die Luft an, weil ich weiß, dass ich das nicht sehen sollte, weil es mich nichts angeht und weil ich doch längst weiß, dass hier etwas nicht stimmt. Ich spüre, was hier vor sich geht. Er schließt die Tür wieder. Dann geht er ins Wohnzimmer und schaltet das Licht nicht an, dafür aber den Fernseher. Blaue Schatten schleichen über sein Gesicht.

Ich weiß zu viel, um einfach die Jalousien herunterzulassen und meine Nachbarin zu vergessen. Je länger ich Alison beobachte, desto weniger interessiert mich, was sie beruflich macht, woher sie kommt und ob sie Geschwister hat, sondern einzig, warum sie dieses Leben führt. Eines, das sich vor meinen Augen abspielt und, da bin ich mir ziemlich sicher, kaum jemand oder vielleicht sogar niemand anderes kennt. Eine Version, die sie zu kaschieren weiß. Und wer sieht schon genauer hin?

Um Viertel nach zehn stehe ich auf, strecke mich und drehe dem Apartment des Ehepaars weiterhin den Rücken zu. Wie viel Anstrengung mich das kostet, spüre ich in der Nervosität, die jedes Mal in mir aufkeimt, wenn ich an die beiden denke. Ein paar Straßen weiter höre ich die Sirene eines Krankenwagens. Ein Markenzeichen dieser Stadt.

Ich greife in eine Schale mit Pistazien und fange an, eine nach der anderen zu öffnen. Das Display meines Handys blinkt auf. »Bin in zehn Minuten da.«

Vor einer Stunde habe ich mich bei Benji gemeldet. Benji und ich mögen uns, unsere Gespräche haben aber keinen Tiefgang. Er ist der perfekte Kerl für eine Nacht, die man mit ihm beliebig oft wiederholen kann. Und das beste Beispiel dafür, dass ich in Sachen Beziehung auf der Stelle trete, denn mit Benji kann ich mir nicht mehr vorstellen als das, was wir schon immer tun: Sex. *And maaaybe a movie.*

»*Interstellar* oder *Inception?*«, frage ich ihn und schalte den Fernseher an. Benji kommt gerade aus der Dusche, trägt nur Boxershorts, geht in die Küche und öffnet den Kühlschrank.

»Fühl dich wie zu Hause«, sage ich kaum hörbar und beobachte ihn dabei, wie er an einer Kartonbox Glasnudeln vom Chinesen riecht.

»Die sind noch gut, kann ich die essen?«, ruft er, und ich zucke die Achseln. Dann kommt er ins Wohnzimmer, bleibt vor mir stehen und sagt: »*Inception.*«

Benji hat einen übertriebenen Sixpack, worauf ich nicht besonders stehe. Ich vergleiche seinen Körper oft mit dem von Adam, der weniger trainiert war.

Als der Vorspann des Films läuft, steht Benji noch immer in der Mitte des Raums und isst die Glasnudeln mit einer Gabel. Ich bin mir ziemlich sicher, dass er sich in der Spiegelung des Fensters beobachtet und gleich seine Muskeln spielen lässt.

»Wollen wir 'ne Party crashen?«, fragt er, und weil ich nichts erwidere, stellt er sich ans Fenster und sagt: »Da drüben.«

Ich wickle mir die Decke um meinen nackten Körper und stehe auf.

Das Paar hat Besuch. Mit sechs anderen stehen Alison und ihr Mann in der Diele. Ich habe noch nie Freunde bei ihnen zu Hause gesehen und frage mich, was in den letzten Stunden passiert ist. Auch wenn ich ohne mein Objektiv kaum einen Gesichtsausdruck ausmachen kann, weiß ich, dass das die Alison aus der Bäckerei ist. Die dezent geschminkte Vorzeigefrau in ihrem roséfarbenen Kleid. Ich sehe sie lachen und auch ihren Mann, der einen Arm um sie gelegt hat. Benji wirft mir einen Blick von der Seite zu. Er wartet noch immer auf eine Reaktion von mir.

»Ich glaube, das ist keine Party. Dafür wirken sie zu spießig.«

Benji kratzt die letzten Nudeln zusammen und macht ein zustimmendes Geräusch. Dann setzt er sich aufs Sofa, doch ich bleibe stehen. Alisons Mann geht plötzlich an ihr vorbei ins Schlafzimmer. Ich werfe einen Blick auf mein Handy. Es ist kurz nach Mitternacht. Er nimmt etwas großes Unförmiges vom Bett und trägt es zurück zu den anderen. Dann verstehe ich. Er verteilt die Jacken ihrer Gäste. Sie werden gleich aufbrechen. Und dann werden Alison und er allein sein. Meine Fingerkuppen kribbeln, meine Kamera liegt auf dem Schreibtisch.

»Kommst du?«, fragt Benji.

Ich kann meinen Blick nicht abwenden. Zum Abschied ein paar Küsschen. Übertriebene Gesten, die ich über den Hof hinweg erkennen kann. Affektiertes Lachen. *Lass uns das bald wieder machen, das nächste Mal ohne die Mädels, sehe ich dich am Sonntag bei Maras Brunch?*

Gleich ist es so weit.

»Yo, Marie? Was ist los?«

Alisons Mann öffnet die Tür, und die sechs Leute verlassen nacheinander das Apartment. Wieder legt er den Arm um seine Frau. Sie winken und schließen nach ein paar Sekunden die Tür.

Was wird jetzt passieren?

Benji steht auf, legt seine Arme von hinten um mich und küsst meinen Hals.

»Komm schon«, sagt er und zieht mich aufs Sofa. »Dann findet die Party eben hier statt ...«

KARLA

»DER UNFALLFAHRER HAT mich angerufen.«

Im Hintergrund heulte eine Polizeisirene auf. Stimmen wurden lauter, verschwanden wieder. Ich stellte mir vor, wie Ms. Hayes vom Madison Square Garden die East 23rd Street überquerte. Die scharfe Kante des Flatiron Building direkt vor ihr schnitt die Straße in zwei Spuren. Ich stellte mir vor, wie sie den Mund verzog, weil sie diesen Satz nicht auf dem Weg ins Büro hatte sagen wollen.

»Ms. Staub?«

»Warum muss ich das wissen?«

Ich mochte Maries Anwältin und wollte nicht unfreundlich sein, doch alles, was mich mit Ms. Hayes verband, war meine tote Schwester, und das machte es mir unwahrscheinlich schwer, Haltung zu bewahren. Seit Maries Unfall hatte ich so viele Menschen kennengelernt, die mir sonst wahrscheinlich nie begegnet wären. Ärzte, Krankenschwestern, zwei Polizisten. Immer wieder hatte ich mich gefragt, welche Leben diese Menschen abseits des Schicksals führten, das uns nun für eine kurze Zeit zusammenbrachte. Die netten Krankenschwestern hätte ich gern in einem anderen Kontext getroffen. In einer Bar oder über Freunde, und dann hätten sie mir von ihrem fordernden Alltag erzählt, von grausamen und berührenden Geschichten, die weit entfernt vom eigenen Leben pochten.

Ob einer der Polizisten mich in Zivil vielleicht angesprochen und um ein Date gebeten hätte, anstatt mir einen Unfallbericht zu übergeben? Würde ich stattdessen nun zu einer Geschichte werden, die sie ihren Familien erzählten? Würde einer von ihnen bei einem Geburtstag einen platten Toast geben und sagen: ›Wenn ich etwas von der Geschichte dieser Schwestern gelernt habe, dann dass das Leben schneller vorbei sein kann, als es uns lieb ist. Deshalb rate ich euch, es zu genießen. Auf das Leben!‹?

Ms. Hayes räusperte sich: »Der Fahrer ... Er hat mich gebeten, Ihnen zu sagen, dass er sich gern mit Ihnen treffen würde.«

»Nein.«

Ich hörte, wie Aufzugtüren sich öffneten und schlossen, begleitet von einem zurückhaltenden *Pling*.

Ms. Hayes senkte die Stimme. »Das verstehe ich.«

Ich stellte mir vor, wie sie nun selbst im Aufzug stand und alle anderen durch stummes Zunicken begrüßte.

»Dann richte ich das so aus?«

»Ja. Danke«, sagte ich, und wir legten auf.

Ich warf mein Handy aufs Sofa, rannte ins Bad und übergab mich ins Waschbecken. Die Vorstellung, mit dem Mann, der meine Schwester überfahren hatte, an einem Tisch zu sitzen, fühlte sich zu eklig an, um sie in mir zu behalten.

Ich musste mich mit Menschen umgeben, die meine Schwester lebend gekannt hatten, die mir irgendetwas von ihr zurückgeben konnten, einen Satz, den sie gesagt hatte, einen Witz, über den sie besonders laut hatte lachen müssen – irgendetwas.

Wäre er über eine rote Ampel gefahren, hätte ich keine Sekunde gezögert, ihm gegenüberzutreten und meinen ganzen Hass entgegenzuschleudern. Ich hätte eine Projektionsfläche gehabt für alles, was ich fühlte, für alles, was meine Eltern fühlten, Lynn und Max und jeder, der Marie loslassen musste.

Doch er war nicht schuld. Er war ein bisschen zu schnell gewesen, zwei bis drei Kilometer die Stunde, genau in dem Rahmen, wie es jeder tat, der nicht penibel darauf achtete, die Tachonadel auf der vorgegebenen Kilometerzahl zu halten. Er war bei Grün auf die Ampel zugefahren, und als Marie plötzlich losgelaufen war, hatte er sofort scharf gebremst. Schwarze Spuren waren auf dem Asphalt zurückgeblieben. Doch er hatte keine Möglichkeit gehabt auszuweichen.

Ich war mir sicher, dass er mir sagen wollte, wie leid es ihm tat und dass er das, was passiert war, niemals vergessen würde. Dass er schlecht schlief, von seiner Arbeit freigestellt war, Medikamente nahm und mit seiner Frau nicht über seine Albträume sprechen konnte.

Aber es gab nichts zu verzeihen. Ich wusste, dass er genauso wie Marie dem Schicksal ausgeliefert gewesen war und er nichts anderes hätte tun können als genau das, was er getan hatte.

Ich putzte mir die Zähne und wusch mein Gesicht. Dann öffnete ich eine Schublade unter dem Bett, in der sie ihre Sportkleidung aufbewahrte, zog eine Leggins an, die mir etwas zu kurz war, einen Sport-BH, der mir nicht richtig passte, und ein Top. Ich setzte mich aufs Bett und nahm einen ihrer vielen Laufschuhe in die Hand. Die, die sie am Unfalltag getragen hatte, waren kaputt gegangen und auf meinen Wunsch vom Krankenhaus entsorgt worden. Sie waren weiß gewesen und mit Blut besprenkelt.

Ich drehte den Schuh um und strich über die Sohle. Ein kleiner Stein steckte in einer der Rillen. Schließlich zog ich meine eigenen Sneaker an und ging nach draußen.

Meine Kondition war schlecht. Bald stach meine linke Seite beim Rennen so sehr, dass ich anhalten musste, bis sich mein Atem beruhigte und der Schmerz nachließ. Dann rannte ich wieder los. Marie benötigte für ihre Joggingrunde eine knappe Stunde. Nach fast neunzig Minuten, in denen ich mich zweimal verlaufen und mich durch mein Seitenstechen hindurchgequält hatte, bog ich in die St. Mark's Place ein und stand vor Joes Comicladen. Ich sah mich in der Spiegelung der geschlossenen Glastür. Meine Wangen waren gerötet, mein Haar vom Wind zerzaust. Mein Mund war trocken, die Oberschenkel bebten. Eine Weile stand ich einfach so da, während sich mein Brustkorb hob und senkte. Hinter der Tür zeichnete sich eine Bewegung ab, dann ging sie auf. Joe stand vor mir.

»Hi Joe.«

Meine Stimme erstickte hinter dem Versuch, lange Atemzüge zu nehmen.

Joe hielt mir die Tür auf und machte eine Kopfbewegung nach drinnen. Er brachte mir einen Stuhl, und ich setzte mich. Er gab mir ein Glas Wasser, dann lehnte er sich an die Theke und verschränkte die Arme. Ich trank das Glas in einem Zug aus und drehte es dann in meinen Händen hin und her.

Ich hatte Joe bereits drei Wochen zuvor besucht, ihm alle Fragen gestellt, die ich gehabt hatte, und dann war ich gegangen. Ein bisschen hatte es sich so angefühlt, als würde ich ihn nie wiedersehen.

»Ich jogge nie«, sagte ich schließlich. »Ich tue es, weil Marie es getan hat.« *Und ich habe mit Cole geschlafen, weil Marie mit ihm geschlafen hat.*

Joe sagte nichts. Es war still im Laden, nur die Klimaanlage surrte. Dann ging die Tür auf.

»Geschlossen!«, rief er.

Der junge Mann blieb abrupt stehen und deutete auf das *Open*-Schild, das in der Tür hing.

»Was meinst du, wer recht hat – das Schild oder ich?«

Der Mann schüttelte den Kopf. »Genau so, wie es auf Yelp steht: ›Gut sortierter Laden, schlimmer Typ‹!« Er drehte sich um und ging.

Ich sah zu Joe, und als sich unsere Blicke trafen, zuckte er die Achseln, und ich musste lächeln.

»Hab gar nicht gewusst, dass du wieder da bist, Karla.«

»Ich muss die Wohnung auflösen. Aber ich hab noch nicht mal Umzugskartons gekauft. Also werde ich wohl noch eine Weile bleiben.«

Wieder schwieg er.

»Joe, ich weiß gar nicht, warum ich hergekommen bin. Ich schätze, dass ich dir einfach noch mal danke sagen wollte. Ich weiß, dass du ihr viel bedeutet hast und dass sie, na ja ... einen Freund in dir gefunden hatte.«

Joe ging einen Schritt auf mich zu und strich mir über den Kopf. Einen Moment lang schämte ich mich, weil ich plötzlich irgendetwas in mir losließ und mich am liebsten angelehnt hätte. Ich war es nicht gewohnt, mich halten zu lassen, selbst Max hatte ich oft weggestoßen. Und nun saß ich in einem Comicladen im East Village, und ein älterer Mann, den ich besser aus Erzählungen kannte als aus persönlichen Gesprächen, strich mir über den Kopf. Ich schloss ganz kurz die Augen.

Er ging zur Tür und setzte sich auf die Stufe davor. »Du musst dich für nichts bedanken. Ich habe nichts getan. Marie war diejenige, die mich regelmäßig besucht und mir irgendwelche verrückten Geschichten aus der Modewelt erzählt hat.«

»Was hat sie dir erzählt?«

Bitte, bitte verrate mir irgendwas von ihr, lass mich rein in die Erinnerungen, so oberflächlich und verwaschen sie auch sein mögen.

Er strich sich über die grau durchzogenen Bartstoppeln, wenn er überlegte.

»Da war dieser eine Kerl vor ein paar Wochen. Weiß nicht, wie er hieß, da war sie immer diskret. Der hatte seine Privatwohnung und die Büroräume seines Magazins an der Upper East Side. Sie meinte, er hat sie schon angebaggert, als sie noch in der Tür stand. Sie hat ihn dann direkt abblitzen lassen.«

Joe kicherte wie ein kleiner Junge.

Das hatte ich nicht gewusst. Ich konnte mich an den Mann erinnern, Raoul irgendwas, und auch an unser kurzes Telefonat direkt im Anschluss. Sie hatte mir gesagt, dass sie stolz auf mich war, und ich hatte mich darüber lustig gemacht. Momente, die mich nun für immer verfolgten.

»Kann ich dich was fragen, Karla?«

Ich nickte.

»Mich beschäftigt das jeden Tag. Marie hatte ... also, sie hatte doch keinen Grund, mit Absicht bei Rot über die Straße zu gehen. Oder?«

Joe war der Erste, der diese Frage aussprach. Ich hatte sie in den Gesichtern der Krankenschwestern und auch der Polizisten gelesen, ich hatte gesehen, wie meine Eltern sie wegschoben, um daran festzuhalten, dass ihre Tochter glücklich gewesen war. Und ich hatte die Frage über mein eigenes Gesicht huschen sehen, in der Flugzeugtoilette auf dem Weg nach New York, zwei Tage nach ihrem Tod.

»Ich glaube es nicht«, sagte ich und musste an die Fotos denken, die ich auf ihrem Laptop gefunden hatte. An die nicht erzählten Kapitel, die sich nun öffneten. »Aber ich weiß es nicht.«

»Ich kann es mir auch nicht vorstellen. Es hat mich nur

nicht wirklich losgelassen und ich … nun ja. Ich kenne außer dir niemanden, der sie gekannt hat.«

Wir schwiegen einen Moment, und dann sagte ich: »Der Unfallfahrer möchte mich treffen.«

Joe stand auf und nahm einen Stapel Magazine aus dem Metallständer neben der Tür. »Und ich nehme an, du möchtest es nicht und erzählst mir das, damit ich dir bestätige, dass das die richtige Entscheidung ist?« Er sortierte sie neu und steckte sie wieder zurück. »Das kann ich nicht. Ich weiß nicht, wie der drauf ist. Ob dir das was bringt oder ob er nur seine Schuldgefühle bei dir abladen möchte, weißt du? Ich meine, wenn du den Gedanken nicht loslassen kannst, dann solltest du es vielleicht einfach machen.«

Ich nickte.

»Sieh es als Blind Date. Vielleicht ist er gar nicht übel.«

»Das ist geschmacklos.«

»Richtig. Aber manchmal hilft nur das.«

Ich stellte das Glas auf den Tresen und berührte seinen Arm. Dann ging ich zur Tür.

»Du verabschiedest dich, wenn du nach Hause zurückfliegst, ja?«

»Ja.«

»Denn ich nehme an, dass du nicht noch mal zurückkommst?«

»Nein«, sagte ich.

ZWEI STUNDEN SASS ich auf der Holzbank vor dem kleinen Coffeeshop, die Eingangstür des Nachbarhauses immer im Blick. Ich wartete auf das Ehepaar von gegenüber, oder zumindest auf einen von beiden. Die Sonne war längst hinter der gegenüberliegenden Hausfassade untergegangen, als der Barista, der mich zuvor bedient hatte, den Laden schloss und mich so überfreundlich, wie ich das hier im Viertel gewohnt war, darauf hinwies, dass ich sitzen bleiben könne. Als um Viertel nach acht ein Mann im Anzug und mit einer Laptoptasche in der Hand um die Ecke bog und auf das Gebäude zuging, war ich mir sicher, dass *er* es war.

Ich stand auf und ging auf ihn zu. Als er die Tür aufschloss, rief ich: »Halt, Moment!«, und er drehte sich um. Ich lächelte ihn an und konnte mich über mein Spiel von Leichtigkeit nur wundern.

»Ich habe den Türcode vergessen.«

Er musterte mich, und ich tat das Gleiche. Der Mann, der vor mir stand, wirkte in seiner Erscheinung vollkommen durchschnittlich. Braunes, kurz geschnittenes Haar, braune Augen, leichtes Doppelkinn. Er lächelte mich an. Ehrlich. Freundlich. Und hielt mir dabei die Tür auf.

»Haben Sie einen Wohnungsschlüssel?«

»Der Schlüssel liegt unter der Matte, weil mir das ständig passiert. Nicht besonders clever, aber das bin ich ja anscheinend auch nicht.«

Wieder lächelte er. Spätestens jetzt hatte ich ihn. Wir gingen den schmalen Gang zum Aufzug entlang. Als die Tür sich öffnete, ließ er mir den Vortritt.

»Welcher Stock?«, fragte ich.

»Dritter.«

Ich drückte die Nummern zwei und drei und hoffte, dass ihm das Zittern meiner Hand nicht auffiel. Mein Blick blieb an dem roten Alarmknopf hängen. Ich steckte beide Hände in die Gesäßtaschen meiner Jeans.

»Wie war der Name?«, fragte er. Er wirkte aufrichtig interessiert, und seine Freundlichkeit irritierte mich.

»Oh, ich hatte mich gar nicht vorgestellt. Karla. Ich bin aus Deutschland und sitte die Wohnung meiner Tante für ein paar Wochen.« Ich streckte ihm meine Hand entgegen und spannte sie an.

»Oliver«, sagte er und schüttelte sie. Mein Händedruck war zu fest. Die aufsteigende Angst verbarg ich hinter einem eisernen Lächeln.

Der Aufzug hielt im zweiten Stock. Ich trat auf den Flur. »Danke noch mal.«

Er nickte. »Gute Zeit.«

Erst jetzt nahm ich das Haus wahr, in dem ich mich befand. Im Flur war ein beigefarbener Teppich ausgelegt, an jeder Wohnungstür brannte eine kleine Lampe. Das Haus schien innen renoviert worden zu sein, die Außenfassade gab keinen Aufschluss darüber, wie die Wohnungen preislich lagen, doch jetzt vermutete ich, dass sie im oberen Bereich des Mietspiegels angesiedelt waren. Vor wenigen Jahrzehnten litt das Viertel noch unter einem schlechten Ruf aufgrund einer hohen Kriminalitätsrate. Das war mittlerweile anders.

Ich legte meine flache Hand an die Wand und stützte mich für einen Moment ab. Dann ging ich zum Treppenhaus und lief in den dritten Stock. Da hörte ich das Klicken eines Schlosses. Ein paar Meter weiter ging Oliver durch die Wohnungstür, die sofort hinter ihm zufiel.

Ich zwang mich, einen Fuß vor den anderen zu setzen, und ging so schnell es mir möglich war. Dann stand ich davor. Das Namensschild hatte einen goldenen Rahmen. *MacKinnon* stand dort in geschwungenen Lettern. Ich zog mein Handy aus der Tasche und ließ es fast fallen. Für einen kaum greifbaren Augenblick presste ich meine Hände darum, öffnete die Kamerafunktion und fotografierte das Namensschild.

Mein Plan war aufgegangen. Am Hauseingang waren lediglich eine Sprechanlage und die Auflistung der einzelnen Apartments nach Nummern angebracht. Um den Nachnamen herauszufinden, hatte ich also erfinderisch werden müssen. Vielleicht auch verrückt, doch wenn ich ehrlich war, hatte mich der Adrenalinkick für ein paar Minuten etwas anderes fühlen lassen als benommene Trauer. Er brachte mich einen Schritt näher zu Marie, näher zu dem Ordner ›A‹ und den Bildern darin. Ich redete mir ein, dass meine Aktion nur der Anfang war und einem guten Zweck diente.

Oliver MacKinnon. Maries Ordner hieß schlichtweg ›A‹. Warum? Ich gab seinen Namen in den Browser ein und hoffte, die Suchhistorie würde mir einen Hinweis geben. Mir war wichtiger zu erfahren, womit meine Schwester ihre letzten Wochen verbracht hatte, als etwas über diesen Mann herauszufinden. Hatte sie online nach ihm gesucht? Wusste sie, wer er war, wie er hieß, welchen Beruf er ausübte?

Der Browser machte keine Vorschläge. Es gab keine Historie zu dem Namen.

Marie hatte ihn nie eingegeben, es sei denn, sie hätte regelmäßig die Chronik ihrer Suchanfragen gelöscht. Ich wusste noch immer nicht, was sie wusste.

Oliver MacKinnon.

Sein LinkedIn-Profil war der erste Treffer. Das Bild zeigte ihn genau so, wie ich ihn vor ein paar Minuten kennengelernt hatte. Ein Mann Ende dreißig, vielleicht Anfang vierzig, in einem dunkelblauen Anzug ohne Krawatte. Der Anflug eines Lächelns, ein sympathischer Gesichtsausdruck. Meiner Meinung nach gab es nicht viele Menschen, die auf Fotos genauso rüberkamen wie in der Realität. Doch Oliver MacKinnon war so einer.

Er arbeitete als Anwalt für eine große Kanzlei, die sich

auf Unternehmensrecht spezialisiert hatte: Weiss & Flexner LLC.

Ich lehnte mich zurück und dachte daran, wie Marie und ich manchmal beim Spazierengehen oder Kaffeetrinken Menschen beobachtet und uns ausgemalt hatten, wer sie waren und wie sie lebten. Einen Mann in kurzen, neonfarbenen Shorts, der seinen Dackel auf dem Arm trug und besänftigend »Baby, Baby, Baby …« ins Handy sprach, sahen wir ein Loft im Meatpacking District beziehen, das er gemeinsam mit seinem Partner renovierte, was für einige Streitpunkte sorgte. Eine Frau Anfang zwanzig, die sich auf Höhe des Dekolletés eine Zielscheibe hatte tätowieren lassen, verbrachte unserer Vorstellung nach jedes Wochenende auf einer anderen Demonstration gegen die aktuelle Regierung. Einen sehr kleinen, älteren Mann, dessen vorgestreckte Kopfhaltung die Schultern fast übersehen ließ, ordneten wir einem Restaurant in Little Italy zu, wo seine Großmutter über die illegalen Machenschaften hinweg Hackbällchen auf rot-weiß karierten Tischdecken des Familienrestaurants servierte. Auf den Straßen New Yorks hatten wir so viele wundersame Gestalten gesehen, dass unsere Phantasie mehr als einmal mit uns durchgegangen war.

Ich mochte dieses Spiel zwar, hatte am Ende jedoch oftmals ein schlechtes Gewissen, Menschen in Schubladen zu stecken. Marie hatte dann immer gesagt: »Was meinst du, wie viele Leute schon über uns geredet haben?«

Was sagst du zu Oliver, Marie?

Er hatte einen Job, der sehr wahrscheinlich heftige Arbeitszeiten, aber gutes Geld mit sich brachte, er konnte ein nach außen hin perfekt scheinendes Leben aufbauen, mit einer hübschen Frau an seiner Seite. Wenn da nicht sein großes Geheimnis gewesen wäre.

Na klar, fuhr Marie in meinen Gedanken fort: *Mittelgroße Stadtwohnung in mittlerweile kinderfreundlicher Lage. Sparen dennoch auf ein Haus Upstate, niemand will hier schließlich alt werden.* Sie *arbeitet bestimmt in einer Marketingagentur oder, noch besser, sie leitet eine schicke Kunstgalerie auf der Bowery.*

Ich schüttelte den Kopf und wechselte zur Bildersuche. Ein wirres Sammelsurium aus Porträtfotos unterschiedlicher Männer, Gruppenaufnahmen und eingescannten Zeitungsausschnitten. Fast hätte ich es übersehen: ein einzelnes Foto von den beiden, er im schwarzen Anzug, sie im cremefarbenen Cocktailkleid. Beide lächelten in die Kamera. Das Foto war vor drei Jahren bei einer Spendengala aufgenommen worden, einer der Sponsoren war Weiss & Flexner LLC. Die Bildunterschrift lautete: »Junior Partner Oliver MacKinnon mit Ehefrau.«

Ich stöhnte. Noch immer hatte sie keinen Namen. Ein letzter Versuch. Ich griff nach meinem Handy und suchte nach Oliver MacKinnon auf Instagram. Dreihundertzwanzig Abonnenten. Sein Profil war auf privat geschaltet. Ich konnte nicht darauf zugreifen, ohne die Aufmerksamkeit auf mich zu lenken.

Das Handy klingelte in meiner Hand. Ich nahm einen tiefen Atemzug, dann lächelte ich und nahm den Anruf an.

»Hallo Papa.«

»Karli! Karli, hörst du mich gut?«

»Ich hör dich gut«, sagte ich. »Wie geht's dir?«

Das leise Leben meines Vaters war zweimal durchschnitten und danach an diesen scharfen Kanten geklebt worden. Das erste Mal, als seine Exfrau ihn über Nacht mitsamt der Kinder verlassen hatte, und das zweite Mal vor vier Wochen, als eine seiner Töchter verstorben war. Wobei ich nicht zu sagen vermochte, ob er diese Stelle wirklich kleben konnte, ob so eine Stelle überhaupt zu kleben war. Vielmehr war er außerdem damit beschäftigt, meine Mutter wieder zusammenzusetzen. Das war etwas, was wir beide gemein hatten: Wir kümmerten uns zuerst um die anderen. Vielleicht zerfiel ich deshalb hier, in New York, so weit entfernt vom Schmerz meiner Eltern.

Ich liebte meinen Vater, seinen Optimismus und seinen Gleichmut. Mein Verhältnis zu ihm fühlte sich immer etwas vertrauter an als zu meiner Mutter, aber das lag wahrscheinlich daran, dass wir uns mehr ähnelten und ich deshalb oft wusste, was in ihm vorging. Meist spiegelten wir unsere Emotionen, und es bedurfte weniger Worte dazu. Beide waren wir neugierig und mochten es, wenn man Dinge an uns herantrug, doch selbst beteiligten wir uns nicht an Gerede und den üblichen Dorfgesprächen. Lieber saugten wir auf und verstanden dadurch so manchen Zusammenhang besser. Wir mochten es, die Ränder der Geschehnisse abzulaufen. Es machte uns zufrieden, ganz so, wie man sich am allerersten Sommertag ins Gras legte und nichts tat, als zu existieren und sich zu fragen, warum der Sommer auf dem Land der allerschönste war.

Meine Mutter war anders. Wie auch mein Vater war sie eine ruhige Person, doch sie hatte sich jahrelang aktiv ins Dorfleben eingebracht. Irgendwann zog sie sich zurück, ließ ihre Emotionen immer öfter hinter einem meist ruhelosen Dasein verschwinden. Sie war weniger *da*. Ich hatte das Gefühl, die lange Reha nach ihrem Bandscheibenvorfall vor rund zwanzig Jahren hatte etwas mit ihr gemacht, nur wusste ich nicht, was. Eigentlich sollte man doch nach so einem Aufenthalt in gesunder Verfassung nach Hause kommen, und auch wenn das körperlich vielleicht der Fall war, hatte sie auf Marie und mich wie ausgewechselt gewirkt. Wir sprachen nicht darüber, wir waren Kinder und wussten unsere Gefühle nicht in Worte zu fassen. Sie wirkte distanziert und abwesend. Heute würde ich sagen: betäubt. Und dann, an irgendeinem Morgen, fielen mir die tiefen Falten in den Wangen unserer Mutter auf, das von grauen Strähnen durchzogene Haar wurde weiß, und der Blick ging immer öfter ins Leere.

»Weißt du noch, als Mama so frei und herzlich gelacht und dann immer ihre Schürze hochgehoben und das Gesicht dahinter versteckt hat?«, hatte mich Marie einmal gefragt, als sie aus Boston zu Besuch war und wir nebeneinander in meinem alten Kinderbett lagen – über uns noch immer der Bravo-Starschnitt der Backstreet Boys, den ich als Jugendliche an die Decke geklebt hatte.

»Es ist so lange her. Sie schmunzelt ja nur noch, wenn überhaupt«, sagte Marie, und dann sah auch ich sie vor mir. Die kleine, üppige Frau mit dem herzlichen Lachen, das einer fast schon unangenehmen Zurückhaltung gewichen war. Die Frau, der es oft so schwerfiel, uns in den Arm zu nehmen. Dabei spürte ich ihre festen Umarmungen, wenn ich die Augen schloss und wieder vier, fünf oder acht war. Ich konnte ihre Präsenz fühlen.

Ein lautes Hupen auf der 1st Avenue holte mich aus meinen Gedanken zurück.

»Es geht«, sagte mein Vater, begleitet von einem langen Seufzen.

Natürlich war das nicht die Wahrheit. Er durchlitt Höllenqualen, doch er entschied, wann er ihnen die Tür öffnete und sich von ihnen mitreißen ließ. Dazwischen flickte er die Wunden meiner Mutter.

»Es geht voran«, schob er hinterher, und dann lenkte er den Fokus auf mich.

Ich wollte ihn nicht anlügen. Doch an welche Sätze konnte ich selbst noch glauben?

»Hier ist alles okay. Ich komme nicht so schnell voran, wie ich gehofft habe. Es gibt einfach … zu viel von allem hier. Zu viele Erinnerungen, weißt du?«

»Ja. Jetzt is halt die Vergangenheit mehr da als die Gegenwart«, sagte mein Vater.

Ich nickte stumm. Das wollte ich mir merken. Ab und an schrieb ich einzelne Sätze auf, Gefühliges, Erlebtes, und Marie nutzte diese Worte manchmal für kurze Einführungen bei ihren Ausstellungen oder, wenn jemand sie darum bat, einzelne Bilder zu erklären.

»Wenn ich was erklären muss, dann hat derjenige keine eigene Vorstellungskraft«, sagte sie immer zu mir, durchwühlte dann aber meist mein Notizbuch, und was ihr gefiel, schickte sie an Journalisten.

»Ich verstehe das nicht. Wir drücken uns doch alle irgendwie aus. Aber das reicht nicht, jetzt muss ich meinen Ausdruck auch noch in eine andere Kunstform übersetzen. Dabei verlangt doch niemand von einem Literaten, dass er seine besten Werke skizziert, damit auch die Maler sie verstehen.«

Ich musste schmunzeln, als ich daran zurückdachte, wie sie das zum ersten Mal gesagt hatte: im Wohnzimmer unserer Eltern, wir lagen auf dem Teppichboden, die Beine nach oben gestreckt und Kirschstängel mit prallen, dunkelroten Früchten zwischen die Zehen geklemmt, während wir die restlichen aus einer Schüssel aßen.

»Wie geht's Mama?«, fragte ich.

»Sie räumt den Dachboden aus.«

Ich schloss die Augen.

»Karli, sie will dich sprechen.«

Ich hörte, wie Papa den Hörer weiterreichte.

»Hallo Mama, wie geht's dir?«

»Na ja.«

»Okay.«

»Und du? Ist die Stadt net zu groß für dich, so ganz allein?«

Ich erzählte ihr, dass ich mich fast ausschließlich in Maries Wohnviertel bewegte, weil ich dort alles fand, was ich brauchte. Dass Lynn mir eine Stütze war und ich sowieso viel Zeit im Apartment verbrachte. Alles, was ich wollte, war, dass sie mich nicht auch noch auf ihre Sorgenliste setzen musste.

»Du, ich hab aufm Dachboden eine Kiste mit Stramplern und Lätzchen von euch gefunden. Meinst du, die kann ich der Evelyn geben? Die hat grad ihr Baby gekriegt.«

Ich versuchte, es nicht persönlich zu nehmen, weil es das nicht war. Und doch fragte ich mich, ob meine Mutter mit dem Tod meiner Schwester und der Trennung von Max und mir die Hoffnung aufgegeben hatte, Großmutter zu werden. Dabei war sie selbst so spät erst Mama geworden.

»Evelyn, die im Winzerweg wohnt?«

»Ja. Die hat uns so a nette Kondolenzkarte geschrieben.«

»Klar, meinetwegen«, sagte ich.

Dann reichte sie den Hörer zurück zu Papa, und als Mama außer Hörweite war, sagte er: »Ich lass sie jetzt einfach. Sie geht net ins Dorf und fährt auch net zum Einkaufen, sie will niemanden sehen, weißt du, also soll sie wenigstens irgendwas machen. Des macht uns ja noch alle verrückt, wenn wir nur rumsitzen.«

»Ja schon, Papa, aber sie ist zu alt, um alleine den Dachboden auszuräumen ...«

»Weiß ich. Aber sie weint jetzt endlich, Karli.«

Ich sagte nichts.

»Vorgestern bin ich nachts aufgewacht, und da lag sie net

neben mir. Ich bin richtig erschrocken, weil ich Angst hatte, dass sie jetzt auch nachts auf dem Dachboden is, und dann wird's richtig gefährlich. Also bin ich aufgestanden, und als sie net in der Küche war, hab ich aus dem Fenster geguckt, und da saß sie draußen auf eurer Schaukel und hat geweint.«

Ich schloss die Augen. Ich wünschte mir, er hätte dieses Bild nicht mit mir geteilt.

»Ich kann ihr nicht helfen, ich weiß nicht wie, Papa«, flüsterte ich und hatte das Gefühl, zu ersticken. »Ich kann's einfach nicht, ich hab keine Kraft für sie auch noch, ich schaff das nicht ...«

»Is doch gut, Karli. Ich wollt dich doch net beunruhigen. Auch der Arzt sagt, dass er des als Fortschritt sieht. Jetzt setzt sie sich überhaupt mal mit der Situation auseinander.«

Ich rieb mir den Hals, und der Druck in meiner Kehle begann auszustrahlen. Mein Brustkorb verengte sich.

»Kümmer du dich um dich, pass du auf dich auf. Des is alles, was wir uns wünschen. Versprichst mir des?«

»Ja«, sagte ich, ohne zu zögern.

DIE STIMMEN MEINER Eltern hatten mich zurück nach Hause geholt.

Nach dem Telefonat taumelte ich noch mehr in meinen Erinnerungen umher als zuvor. Ich überflog mehrere Jahre, blieb an einzelnen Szenen hängen, an Blicken, nur um dann ganze Großereignisse nicht zu fassen zu bekommen. An manche Geburtstage oder andere Veranstaltungen konnte ich mich kaum erinnern, jedoch daran, was Marie gesagt hatte, als ich meinen ersten Kuss zwei Tage nach ihrem bekam

(»Nachmacherin!«). Oder als ich mir den Arm brach, weil ich mit fünfzehn auf ihren Wunsch vom Baum sprang, damit sie ein Foto von mir im freien Fall machen konnte (»Scheiße, Karl, dein Arm ist kaputt!«). Ich hatte ganz vergessen, dass sie mich mal ein paar Wochen lang Karl genannt hatte, nachdem ich mein Haar auf Kinnhöhe hatte abschneiden lassen. Es sah leider nicht so gut aus wie an Natalie Portman in *Léon*.

Der Kühlschrank war wieder leer. Ich kochte mir ein paar Nudeln, goss Olivenöl darüber und würzte sie mit Salz und Pfeffer. Ich lehnte mich an den Küchentresen und begann, im Stehen zu essen, was ich immer tat, wenn ich versuchte, mich zu sortieren. Als ich das Olivenöl schmeckte, kam eine Erinnerung zu mir zurück. Ein ganz bestimmtes Abendessen, das zehn Jahre zurücklag.

Marie und Adam waren seit einem halben Jahr zusammen, und ein paar Tage bevor Adam zurück nach Boston flog, kamen sie gemeinsam nach Unterfranken, damit er unsere Eltern kennenlernen konnte. Am letzten Abend ihres Besuchs gingen Max, Adam, Marie und ich im Wirtshaus »Zum goldenen Schlüssel« in Seekirch essen. Beim Anblick der wuchtigen Holztische, der in Leder gebundenen Speisekarten und der Hirschgeweihe an den Wänden wurde Adam euphorisch und bedankte sich bei uns, dass er seinen letzten Abend traditionell deutsch verbringen dürfe, anstatt in Bamberg oder Würzburg chinesisch essen zu gehen. Niemand korrigierte ihn, auch wenn wir alle wussten, dass die traditionell bayerische Kulinarik – und irgendwo darin fand auch die fränkische ihren Platz – lediglich ein Teil der deutschen war und diese nicht im Ganzen repräsentierte.

Max hatte für sich und Adam Weißbier bestellt, Marie trank einen Müller-Thurgau und ich eine Saftschorle, weil ich am Abend zuvor einen Junggesellinnenabschied auf dem Weinfest im Nachbardorf mitorganisiert und zu viel Silvaner getrunken hatte. Mit vierundzwanzig wollte ich noch nicht heiraten, doch die Zeitachse einiger Freundinnen folgte einer zweifachen Geschwindigkeit. Wer mit sechzehn angefangen hatte zu arbeiten, war mit Anfang zwanzig bereit für die drei großen Substantive des Erwachsenseins: Ehe, Haus, Kinder.

»Es sind vier. Du hast die Scheidung vergessen«, hatte Marie einmal hinzugefügt. An diesem Abend überraschte sie uns alle, als sie ganz beiläufig beim Studieren der Karte eröffnete, dass sie sich ab sofort vegan ernähre. Dieses Vorhaben war mir nicht neu. Als sie in der achten Klasse im Erdkundeunterricht einen Film über Massentierhaltung gesehen hatte, hatte Marie Flyer entworfen, mit denen sie in der Nachbarschaft auf das Leiden der Tiere aufmerksam machte. Außerdem war sie vier Tage lang Vegetarierin gewesen (sehr zum Leidwessen unserer Mutter), bis sie am Sonntagnachmittag bei einem Fußballspiel des FC Unteroberheim dem verführerisch würzigen Duft fränkischer Rostbratwürste nicht hatte widerstehen können.

»Für wie lange?«, fragte ich sie, als ein gelangweilter Teenager, die Tochter der Gasthausbesitzer, an unseren Tisch trat, um unsere Bestellung aufzunehmen. Marie klappte die Karte zu, ging nicht auf meine Frage ein und sagte zu ihr: »Ich hätte gerne eine Portion Nudeln mit Gemüse, aber ohne die Bratensoßen, ja?«

Das Mädchen, Theresa, soweit ich mich erinnerte, senkte Block und Stift und wiederholte: »Nudeln mit Gemüse ohne Soße.«

Marie nickte, und das Mädchen sagte: »Ich weiß nicht, ob das geht.«

Marie antwortete freundlich: »Na, dann finden wir es doch heraus.«

Dreißig Minuten später schnitt Adam ein Stück seiner Entenkeule ab, ich aß Sahnegeschnetzeltes mit Kartoffelrösti, und Max philosophierte darüber, dass sein ›Fränkisches Hochzeitsessen‹ – Tafelspitz, Meerrettich, Bandnudeln und Preiselbeeren – das Gericht sei, das er mit Abstand am häufigsten in seinem Leben gegessen hatte. Marie, die noch ein Kännchen mit Olivenöl bestellt hatte und dieses nun über ihre weichgekochte Gemüsepasta goss, übersetzte für Adam, während ich Max dazu ermutigte, englisch zu sprechen, auch wenn er dafür auf seine Schulkenntnisse zurückgreifen musste.

Meine Schwester und ich waren diejenigen, die das Gespräch steuerten. Wir waren die Verbindung zwischen den beiden Männern, auch wenn Marie Max genauso lang kannte wie ich. Doch an diesem Abend lag ihr Fokus auf Adam, den ich beobachtete. Dabei, wie er seinen Arm um Marie legte, wie er ihr eine Strähne hinters Ohr klemmte – etwas, das sie nicht mochte, aber bei ihm zu dulden schien – und wie er sie ansah. Er hing an ihren Lippen. Er studierte ihr Gesicht. Er sah zu ihr auf und schien es zu lieben, wenn alle Augen auf sie gerichtet waren.

»Wann kommst du eigentlich wieder?«, fragte Max an Adam gerichtet.

»Wenn er es ernst mit mir meint, dann sollte er bald wiederkommen«, sagte Marie und stieß ihre Schulter an seine. Grinsen auf beiden Seiten.

»Ich muss ein paar Sachen klären zu Hause. Mein alter Herr geht mir gerade tierisch auf die Nerven, weil ich jetzt zweimal meinen Rückflug verschoben habe. Aber Marie ist mein Joker. Wenn er sie kennenlernt, wird er die Klappe halten.«

Max beugte sich nach vorn. »Ach, fliegst du etwa mit?«

Marie und ich antworteten gleichzeitig mit einem Nein. Das passierte ständig, doch diesmal strafte sie mich mit einem durchdringenden Blick.

»Noch nicht. Aber spätestens im Sommer.«

Adam küsste ihre Wange und flüsterte ihr etwas ins Ohr. Ich spürte Max' fragenden Blick auf mir: *Weißt du mehr, als sie preisgibt?* Tatsächlich hatte sie sich bedeckt gehalten, was die gemeinsamen Zukunftspläne betraf, aber ich erinnerte mich ganz genau an unser Telefonat ein paar Wochen zuvor. Sie war vollkommen mitgerissen und überschwemmt vom Verliebtsein gewesen, von diesem Übergang des Schwärmens hin zu einer Rettungslosigkeit, die ich nicht von ihr kannte. »Ich weiß jetzt, wie es sich anfühlt, ich weiß endlich, was ihr habt, du und Max.«

Max, der sich mittlerweile warm geredet hatte, fing an, Adam immer mehr Fragen zu stellen. Wie er aufgewachsen war, ob er sich vorstellen konnte auszuwandern und was er in den Staaten beruflich machen würde.

»*I don't know, man.* Ich habe Internationale Beziehungen studiert. Damit kann ich fast alles machen ... oder gar nichts, weil ich keinen Abschluss habe.« Adam grinste.

Ich mochte an Adam, dass er sich und das Leben nicht so ernst nahm. Aber er blickte mit Mitte zwanzig auf ein abgebrochenes Elitestudium und acht Monate Aufenthalt in Europa zurück. Er war hergekommen, um herauszufinden, was er mit seinem Leben anstellen wollte. Das hatte zumindest in meinen Augen nicht wirklich geklappt, abgesehen davon, dass er meine Schwester kennengelernt hatte. Aber wir waren alle noch so jung, und er passte zu Marie, denn auch wenn sie ganz genau wusste, was sie wollte, kam der Begriff Karriere nicht in ihrem Wortschatz vor. Doch ich hatte keine

Ahnung gehabt von dem Druck, den Adams Familie, insbesondere sein Vater, auf ihn ausübte, und ich glaubte, dass auch Marie an dem Abend in Seekirch nichts davon geahnt hatte.

»So charismatisch und schlau, wie du bist, hast du einen Job, bevor wir uns wiedersehen«, hatte Marie das Thema schließlich beendet und sich ein Stück meiner Kartoffelrösti geschnappt.

Ich stellte den leeren Teller in die Spüle und wischte mit dem Handrücken über meine öligen Lippen. Mir war immer klar gewesen, wie wichtig es Marie war, dass ich Adam mochte; noch viel wichtiger, als dass unsere Eltern ihn mochten. Papa hatte es ihr – und ihm – nicht schwergemacht, er wollte seine Tochter glücklich sehen, und wen das involvierte, ging ihn seiner Meinung nach nichts an. Doch unsere Mutter war kein Fan von Adam gewesen. Ich wusste nicht, ob es daran lag, dass er »auftauchte und sie einfach wegstahl«, wie sie einmal gesagt hatte, oder ob sie einen gewissen Mutterinstinkt, dass das mit den beiden nicht von Dauer sein würde, nicht hatte abschütteln können. Erst jetzt machte ich mir allerdings bewusst, dass Marie anfangs wohl tatsächlich geglaubt hatte, auch mich von ihm überzeugen zu müssen. Natürlich hatte ich Angst gehabt, sie an ein neues Leben in den Staaten zu verlieren. Aber ich war niemals so einnehmend gewesen, dass ich das gezeigt hätte. Vermutlich hatte sie es trotzdem immer gesehen.

ICH VERBRACHTE DEN ganzen Nachmittag mit Lynn. Sie hatte darauf bestanden, dass ich das Apartment für mehrere

Stunden verließ, auch weil nach dem schweren Sommergewitter der letzten Nacht die beißende Hitze einer Frühlingsfrische gewichen war. Alles atmete aus. Sanft und ein bisschen zögerlich, als könnte man sich doch nicht ganz sicher sein.

Während Lynn mich am Telefon mit vielen Argumenten überhäufte, denen ich gar nicht folgen konnte, tat es mir gut zu wissen, dass da jemand war, der sich Gedanken um mich machte. Also atmete auch ich lange aus, unterbrach sie schließlich und sagte: »Ist gut, wo soll ich hinkommen?«

Wir sahen uns eine Ausstellung im *MoMa* an, die verschiedene Werke von fotorealistischen Künstlern zeigte. Lynn liebte die New Yorker Malerin Gina Beavers, von der das Werk *Crystal pink lip* ausgestellt wurde: neun Ausschnitte, zusammengesetzt zu einem collagenartigen Bild, auf denen derselbe Mund zu sehen war, der mit verschiedenen Utensilien wie Lippenstift und Pinsel von Bild zu Bild immer stärker geschminkt wird.

»Ginas Make-up-Tutorials sind der Knaller. Siehst du«, Lynn trat näher an das Werk heran, »sie trägt extrem dick auf, Acryl über Acryl über Acryl, so dass ein reliefartiges, dreidimensionales Gemälde entsteht.«

»Eine Kritik an der Schönheitsindustrie?«

Das war eine recht platte Vermutung meinerseits, aber ich wollte irgendwas sagen, weil Lynn so begeistert war, und etwas Besseres fiel mir nicht ein.

»Ich glaube, es ist einfach eine Abbildung dessen, was nicht zu leugnen ist. Niemand hat das Selbstbewusstsein, sich einfach so zu schminken, wie er oder sie möchte. Stattdessen glotzen alle Tutorials, die es einem erklären sollen.«

»Ich nicht«, sagte ich. »Du auch nicht. Oder?«

»Wir sind die Ausnahme, die die Regel bestätigen.«

Lynn trat grinsend ein paar Schritte zurück und verschränkte die Arme. »Ich bewundere ihren Mut. Das Bild fordert dich regelrecht auf, es zu begehren.«

Das stimmte. Auf dem letzten Bild formten sich die in meinen Augen vollkommen skurril angemalten Lippen zu einem erwartungsvollen Kussmund.

»Bei allen Werken von Gina habe ich das Gefühl, dass sie sich als ein Teil dessen sieht. Verstehst du, was ich meine? Sie ist keine distanzierte Betrachterin, sie ist ja schließlich auch ein Teil der Gesellschaft, die sie abbildet. Sie steht nicht über den Dingen.«

Ich sagte nichts, weil ich keine Ahnung von Kunst hatte und es mir sowieso reichte, Lynn einfach zuzuhören. Das Letzte, wonach mir der Sinn stand, war, eine Diskussion über die ausgestellten Werke zu beginnen. Schon gar nicht mit einer Expertin, von der ich sicherlich viel lernen konnte, allerdings über etwas, das mich wenig interessierte.

»Maries Fotos haben einen ähnlichen Effekt auf mich. Da ist kein Understatement drin. Sie bildet die eingefangene Realität ab, und gleichzeitig spürst du beim Betrachten Maries eigene Empfindungen dabei. Sie sagen mindestens genauso viel über Marie aus wie über die Menschen, die sie zeigt.«

Ich stimmte ihr zu. Maries Bilder hatten schon immer an mir gerüttelt, doch ich war mir nicht sicher, wie viel von der Tatsache mit reinspielte, dass sie meine Schwester war.

»Du sagst gar nichts, Karla. Ich nerve dich mit meinem Kunstgelaber, oder?«

»Nein, gar nicht. Ich habe nur einfach keine Ahnung von alledem.«

Sie trat hinter mich und schob mich näher an die neun Münder heran, während sie sagte, dass ich nicht so viel Bullshit reden solle, sondern einfach auf meine Intuition hören. »Es gibt kein Richtig oder Falsch.«

Darauf hatte ich eigentlich keine Lust. Ich begann ein Streitgespräch mit mir selbst und kam aber zu dem Schluss, dass jeder Augenblick, der mich ablenkte, sinnvoll war. Also ließ ich meine Augen über die Münder wandern. Als ich beim letzten ankam, sagte ich: »Irgendwie fühle ich mich angezogen von den Lippen. Ich möchte sie küssen und ...«

»Und?«

Ich lachte. »... das wundert mich, weil es der Mund einer Frau ist. Oder?«

»Ach Karla. Weiblich, männlich, nicht-binär, trans – sexuelles Verlangen ist frei, es richtet sich doch nicht nach Heteronormativitäten!«

Ich schluckte. Lynn war die einzige Person, mit der ich je über Geschlechtsidentitäten gesprochen hatte. Auf einer Party war sie vor Jahren einmal von einer Exfreundin als »gar keine richtige Lesbe« bezeichnet worden, und ich hatte Lynn daraufhin gefragt, was damit gemeint sei. Und so hatte sie auf der U-Bahn-Fahrt nach Hause erklärt, dass sie sich als *pansexuell* einordnete, was bei mir viele Fragezeichen ausgelöst hatte. Zu Hause hatte ich Stunden damit verbracht, mich in die Begrifflichkeiten einzulesen und mich etwas geschämt, weil so viel davon in meinem, wie Lynn sagen würde, »heteronormativ geprägten Leben« an mir vorbeigegangen war.

»Du denkst, ich bin bescheuert, oder?«, fragte ich sie.

Lynn trat vor mich und riss die Augen auf. »Quatsch! Im Gegenteil, ich finde es ziemlich heiß, wenn ich dich aufklären muss.«

Ich spürte die Röte auf meinen Wangen. »Flirtest du mit mir?«

»Immer«, sagte sie.

Als wir das Museum verließen, liefen wir für eine Weile auf der 5th Avenue Richtung Süden. Es war eine von vielen Straßen, die endlos schienen, wenn man sie entlangspazierte. Wir hatten kein Ziel, und als wir hungrig wurden, stiegen wir in die U-Bahn und fuhren zum Astor Place, um von dort ins East Village zu laufen. *Crif Dogs* war ein kleiner Laden im Souterrain eines Wohnhauses, den man wahrscheinlich übersehen würde, wäre an der Hauswand nicht ein großes Hotdog mit dem senffarbenen Schriftzug *eat me* befestigt. Zwei verloren wirkende Spielautomaten standen am Eingang, nur der Tisch daneben war noch frei. Lynn bestellte für uns am Tresen zwei Hotdogs mit glasierten Zwiebeln und scharfem Senf. Als sie mit dem Essen zurückkam, deutete ich auf die Telefonzelle in der Ecke des Raumes. »Was hat es damit eigentlich auf sich?«

»Das ist der Eingang zu einer Bar. Vermutlich ein Überbleibsel der Speakeasys ... diese Flüsterkneipen Anfang des zwanzigsten Jahrhunderts, in denen Alkohol trotz Prohibition ausgeschenkt wurde.«

Lynn biss in ihr Hotdog.

»Bist du schon mal drin gewesen?«

Sie hielt inne, dann kaute sie langsam weiter. »Einmal. Mit Marie.«

»Oh.«

»Wir haben lange warten müssen, weil es so voll war. Eigentlich haben wir den ganzen Abend damit verbracht, an der Spielekonsole zu zocken und Coke zu trinken. Am Ende hatten wir einen Zuckerschock. Wir haben uns aufgeführt, als wären wir sechzehn. War nichts Besonderes.«

Doch ich sah ihr an, wie besonders es gewesen sein musste, und sie sah mir schließlich diesen Gedanken an.

»Hey«, sagte Lynn und wischte sich mit einer Serviette Senf

aus dem Mundwinkel, »ich bin froh, dass wir das machen. Also, noch ein bisschen Zeit miteinander verbringen und so. Ich weiß schon, dass du wahrscheinlich nicht mehr nach New York kommst, ich meine, wozu auch.« Sie zuckte die Achseln, in ihrem Blick lag eine liebe Aufmunterung.

»Danke«, sagte ich. »Der Tag heute hat mir geholfen.«

Als ich am Abend nach Hause kam, streifte ich meine Sandalen im Flur ab und öffnete alle Fenster. Das leere Glas, das Marie vor Wochen auf dem Schreibtisch abgestellt haben musste, hatte ich noch immer nicht bewegt. Eine stumme Aufforderung.

Ein frischer Wind durchströmte den Raum. Er strich über meine Wange, und da spürte ich meine Schwester neben mir stehen. Wie sie mich anlächelte, mich vom Grund ihres Herzens ansah. Wie sie sagte, ich kann dich sehen. Ich strich über ihren Oberarm, nahm ihre Hand. Ich dich auch, sagte ich, und der leere Raum schwieg.

Ein Handy klingelte. Ganz leise und so weit entfernt von meiner Realität, dass der unbekannte Klingelton erst langsam in mein Bewusstsein drang. Ich sah aus dem Fenster nach drüben. Die Nachbarin gegenüber nahm ab und ging vom Wohnzimmer durch die Küche in den Flur und von da ins Schlafzimmer. Sie schloss die Tür hinter sich und sprach ins Handy. Gesenkter Kopf. Flüsterte sie? Ich konnte keinen Ton hören. Sie ging zum Fenster und schloss es, dann setzte sie sich aufs Bett.

Maries Kameratasche stand neben dem Schreibtisch. Ich zog sie hervor und merkte dabei, wie schwer das Teleobjektiv war.

Mit meinen Ellbogen stützte ich mich auf der Sofalehne ab und suchte mit Hilfe des Objektivs nach *ihr*. Sie saß noch immer auf dem Bett, den Kopf leicht gesenkt. Ihr Mann musste ebenfalls in der Wohnung sein. Nur wo? Lediglich zwei Zimmer, und die Küche konnte ich von Maries Apartment aus sehen. Alle waren leer, und das dritte, vermutete ich aufgrund des Schnittes, lag ums Eck.

Nach einer Weile ließ ich die Kamera auf das Sofa gleiten. Ich wollte das nicht tun. Das war nicht ich. Ich wollte aber auch, dass sie mir egal war, und auch das war nicht ich. Nicht mehr.

Wieder sah ich nach drüben, und diesmal erschrak ich. Sie stand mit verschränkten Armen vor der Brust an der Wand, die zur Tür zeigte. Er musste auf der anderen Seite der Tür stehen. Ich stand auf und rannte in den Flur, wo meine Handtasche lag, zog mein Handy heraus, ging zurück und hielt es so fest in meinen Händen, dass sich meine Knöchel weiß verfärbten. Seltsam vorbereitet fühlte ich mich auf diesen Moment. Und als Oliver MacKinnon die Tür aufstieß, funktionierte ich.

»NINE-ONE-ONE, *what's your emergency?*«

»Ich möchte häusliche Gewalt melden. Gegenüber, im Nachbarhaus.«

Diese beiden Sätze hatte ich mir auf Englisch zurechtgelegt, als ich vor ein paar Tagen beschlossen hatte, den Anruf zu machen, wenn es so weit sein würde. Wenn ich tatsächlich erleben würde, was ich schon auf den Bildern gesehen hatte.

»Adresse?«

Ich gab sie ihr.

»Wie ist Ihr Name?«

»Karla Staub«, sagte ich und buchstabierte.

Ich hörte das Klacken von Tastaturanschlägen und die Hintergrundgeräusche eines Großraumbüros.

»Hallo?«

»Ma'am, was passiert gegenüber?«

»Ein Mann bedroht seine Frau. Er hat sie in die Ecke des Zimmers gedrängt und würgt sie.«

»Kennen Sie die beiden?«

»Nein. Können Sie bitte jemanden vorbeischicken?«

»Kennen Sie ihre Namen?«

»MacKinnon«, sagte ich und buchstabierte wieder. »Apartment 8.«

»Was passiert jetzt?«, fragte die Frau.

»Sie … Sie hat ihn von sich gestoßen.«

»Und?«

»Kommt hier bitte jemand vorbei?«

»Ma'am, Sie müssen sich beruhigen. Ein Wagen ist direkt ums Eck und bereits benachrichtigt. Also bleiben Sie bitte in der Leitung und beantworten Sie meine Fragen.«

Mein Puls schlug mir bis zum Hals.

»Was passiert jetzt?«

Oliver MacKinnon stand ein paar Zentimeter von seiner Frau entfernt, dann stieß er sie gegen die Wand. Sie strauchelte, sackte zusammen, blieb jedoch stehen. Mit der einen Hand hielt sie sich an der Wand fest, mit der anderen schirmte sie ihr Gesicht ab. Sie drehte sich von ihm weg, er packte sie an den Schultern und riss sie herum. Ich wollte rufen, irgendetwas schreien, damit er aufhörte. Doch ihr Fenster war geschlossen, und ich wusste, dass sie mich nicht hören würden. Ich griff nach der Kamera und versuchte, sie mit meiner freien Hand zu halten. Ich sah hindurch. Ihre Lippen bewegten sich.

»Sie sagt etwas zu ihm.«

Ich stockte. Es fiel mir schwer, das, was ich sah, gleichzeitig in Worte fassen zu müssen. Ich hinkte hinterher. »Er hat sie weggeschleudert, und sie ist hingefallen ... Sie liegt zwischen dem Bett und der Wand. Ich glaube, ja ... er hat sie gerade getreten!« Dann ließ er von ihr ab.

Bleib liegen, dachte ich. *Mach keinen Mucks und bleib einfach liegen*. Doch sie stand langsam auf. Sie machte einen Schritt auf ihn zu. Und dann tat sie etwas, was mich irritierte. Sie grinste ihn an. Deutete auf ihr Gesicht. Die Muskeln seines Rückens bewegten sich unter dem hellblauen Hemd, das er trug. Ich sah ihm an, dass er schrie. Dann konnte ich seine bretternde Stimme hören. Leise, durch die geschlossenen Fenster hindurch, jedoch nicht, was er sagte.

»Sie schreien sich an.«

»Ist die Frau verletzt?«

»Ich bin mir nicht sicher.«

»Beobachten Sie das zum ersten Mal?«

Die Antwort auf diese Frage hatte ich mir genau überlegt.

»Ja.«

In dem Moment zuckten beide zusammen und sahen zur geschlossenen Schlafzimmertür.

»Zwei Officer sind unten an der Tür«, sagte die Frau am anderen Ende der Leitung.

»Er packt sie an den Schultern und wirft sie aufs Bett. Er öffnet die Schlafzimmertür und geht ins Foyer.«

»Bleiben Sie dran.«

Die Minuten vergingen. Oliver MacKinnons Frau strich sich Haarsträhnen aus dem Gesicht und hielt sich ihre Wange. Er kam zurück ins Zimmer und sagte etwas zu ihr. Sie stand auf und sah an sich hinab. Sie strich ihre Bluse glatt, ihr Haar glatt, zupfte ihren Rock zurecht, als würde sie gleich eine Podiumsdiskussion betreten. Dann verließ sie mit ihm gemeinsam den Raum. Ich schwenkte zum Küchenfenster, durch das ich in die Diele sehen konnte, weil keine Tür dazwischen war. Ich beobachtete ihren schmalen Rücken neben seinem, dazwischen blitzten immer wieder die Uniformen zweier Polizisten auf. Mehr konnte ich nicht erkennen.

»Ma'am?«

»Ja?«

»Ihre Nachbarin sagt, es sei ein Missverständnis. Sie sagt, sie hätten lediglich gestritten und seien dabei zu laut geworden. Die Beamten konnten keine Verletzungen feststellen.«

Ich fand keine Worte.

»Wir können hier nichts mehr tun.«

»Das war's? Sie hat Angst vor ihm, das ist alles!«

»Sie können sich wieder melden, wenn Sie Ähnliches beobachten. Wir haben den Vorfall auf dem Schirm.«

Ich legte auf.

Ein paar Sekunden später sah ich die Frau zurück ins Schlafzimmer gehen und die Tür verschließen. Dann ging sie in den Raum, den ich als Bad vermutete, und verschwand aus meinem Sichtfeld.

Oliver MacKinnon ging ins Wohnzimmer. Er schlug mit der Faust gegen die Wand, dann setzte er sich auf das Sofa.

Ich schwankte, ob es richtig gewesen war, die vorangegangenen Vorkommnisse zu verschweigen, doch ich hatte keine Ahnung, ob und wie lange ein Notruf gespeichert und zurückverfolgt werden konnte. Hätte ich gesagt, dass dies nicht mein erster war, hätte man das wahrscheinlich überprüfen können und festgestellt, dass ich log. Und hätte ich gesagt, dass ich es schon mehrfach beobachtet, jedoch nicht gemeldet hatte, hätte ich mich vielleicht strafbar gemacht.

Ich legte die Kamera weg und ließ mich auf das Sofa sinken. Mein Körper fühlte sich an, als würde er schlafwandeln. Ohne den Ordner ›A‹ wäre ich mir nicht sicher gewesen, ob das alles wirklich passierte. Vielleicht hätte ich dann der Frau von gegenüber ebenfalls geglaubt. Alles war in Ordnung. Und das, was ich beobachtet hatte, war eine heftige Meinungsverschiedenheit, die etwas aus dem Ruder gelaufen war. Eine falsche Beobachtung, eine Überinterpretation?

Eine Verschiebung der Wahrheit.

Natürlich konnte ich nicht schlafen. In meinem ganzen Leben hatte ich nicht so viel erlebt wie in den letzten Wochen.

Ich hatte mein altes Leben geliebt. Was für eine ernüchternde Wahrheit das doch war. Es war ein so schlichtes Leben gewesen, in Teilen vorhersehbar, was mir Sicherheit gab. Eines, das mich zufrieden und in vielen Momenten sehr glücklich gemacht hatte. Wer konnte das von sich behaupten? Wie viele Menschen hatten das Privileg, ein normales Leben zu führen, eines, das man anhalten und, sofern man wollte, verändern konnte ... und irgendwann dann ganz leise verlassen.

Doch jetzt saß ich um ein Uhr nachts im Apartment meiner Schwester, von dem ich, sollte mich jemand fragen, behaupten würde, dass es meins war. Ich hatte Marie verloren, war selbst nur noch die Hälfte einer Einheit, und weil das nicht reichte, um ein Durchschnittsleben zu erschüttern, hinterließ sie einen Ordner voll mit Bildern, die mir eine Verantwortung zuschoben und Fragen aufwarfen.

Bei diesen Fotos stockte mir immer wieder der Atem. Dabei war kein Blut zu sehen, und vieles steckte lediglich in Andeutungen. Eingefrorene Übergriffe. Vielleicht berührten sie mich so, weil sie sich direkt gegenüber abgespielt hatten, innerhalb meines persönlichen Realitätsradius. Vielleicht, weil sie von meiner eigenen Schwester gemacht worden waren. Oliver MacKinnon und seine Frau waren echt. Diese beiden Menschen, ihre Beziehung, das, was sie verband, und das, was sie zu zerreißen drohte.

Auf einem Bild schrie er sie an. Sie, das war ein leeres, ausdrucksloses Gesicht. Da war sie irgendwo, nur nicht hier. Auf ein paar anderen zog er sie an den Haaren, und sie stolperte hinter ihm her durchs Zimmer. Er presste sie gegen die Wand, das schien ihm zu gefallen, es war ein Move, den er immer wieder machte. Manchmal sah sie ihn direkt an, und dann wirkte sie vollkommen präsent, beinahe bedrohlich für ihn. Und auch wenn auf der Hand lag, dass sie physisch niemals eine Chance gegen ihn hatte, strahlte sie in diesen seltsam klaren Momenten auch eine Bedrohung für ihn aus.

Wieder und wieder klickte ich mich durch die Bilder. Eins zeigte sie an der Wohnungstür rüttelnd, das Gesicht verzerrt von Schmerz oder Tränen oder beidem. Auf einem anderen warf er sie zu Boden. Festgehalten davon war eine Millisekunde, in der es schien, als ob sie flog. Ihre Augen, starr vor Schreck, ein Gesichtsausdruck wie eingefroren.

Wie hatte Marie das ausgehalten? Hatte sie es überhaupt ausgehalten? In meinem Kopf ging ich Telefonate durch, Nachrichten, E-Mails. Ich schämte mich. Ich hatte keine Ahnung gehabt, was sie beobachtet hatte und was sie beschäftigt haben musste.

Sie hatte immer ein Warum für ihre Fotos gehabt. Also *warum* hatte sie dieses Paar in den unaushaltbarsten Momenten ihrer toxischen Ehe fotografiert?

Es war Viertel vor zwei und ich noch immer hellwach. Ich wusste, wen ich anrufen konnte. Wer immer da sein würde.

Aber ich hatte mich von Max getrennt und würde ihn nicht anrufen, um ihm zu erzählen, wie einsam ich war. Er wusste das, und er konnte mir nicht helfen. Er hatte es selbst gesagt: Zwischen uns lag nun ein Ozean. Eine Zeitverschiebung, die es für ihn möglich machte, langsam neu zu beginnen und sich ein Leben aufzubauen, in dem ich immer ein Teil sein würde. Aber eben nicht, um in der Mitte zu stehen und mit ihm gemeinsam die Fäden zusammenzuhalten.

Doch irgendjemand war immer da. Hier, auf diesem Kontinent, war es Lynn, und sosehr ich das zu schätzen wusste, war mir auch klar, dass sie Maries Freundin gewesen war, nicht meine. Außerdem wollte ich sie nicht mitten in der Nacht anrufen.

Ich schaltete das Licht an. Noch eine schlaflose Nacht. Ein Notruf war ein guter Grund, um nicht ins Bett zu gehen. Also zog ich mich an und ging nach draußen.

Meine Schritte trugen mich zum *The High*. Als ich ihn aus ein paar Metern Entfernung erkannte, rief ich seinen Namen. Er drehte sich um.

»Oh, hey Karla. Wie geht's?«

»Gut, wie geht's dir?«

Er schloss die Bar ab und drückte dann mehrfach gegen die Tür, um zu prüfen, ob sie wirklich verschlossen war. Dann gab er mir einen Kuss auf die Wange. »Gehst du tanzen?«

»Ich hatte gehofft, dass ihr noch geöffnet habt.«

»Es war wenig los. Die Nächte kühlen kaum ab.«

Cole musterte mich. Ich trug Sandalen, deren Sohlen in der Mitte durchzubrechen drohten, eine Jeans, die mir mittlerweile zu groß war, weil ich kaum aß, und ein weißes Top, das ich eigentlich zum Schlafen trug.

»Du siehst müde aus.«

»Ich weiß.«

»Ist alles okay?«

Tränen stiegen mir in die Augen. Ich hatte mich in den letzten Wochen daran gewöhnt, dass ich mein Weinen kaum noch kontrollieren konnte, doch weil ich Cole nicht kannte, war es mir noch unangenehmer als sonst.

»Ich will einfach nicht alleine sein«, sagte ich.

Er legte mir den Arm um die Schulter, und wir gingen die Straße entlang.

»Wir sind doch alle alleine«, sagte er schließlich.

Normalerweise hätte ich bei solch einer Bemerkung die Augen verdreht. Doch in diesem Moment war ich dankbar für seine Oberflächlichkeit. Denn wofür ich keine Kraft hatte, war, zu erklären, dass ich keine Großstädterin war, die es doch eigentlich ganz cool fand, sich im Selbstmitleid der überwältigenden Anonymität dieser Stadt zu suhlen. Im Gegenteil, ich fühlte meine Einsamkeit bis in die Knochen, und mein Herz schmerzte physisch. Alles, was ich wollte, war, zurück nach Hause zu fliegen, mich zwischen meinen Eltern aufs Sofa zu kuscheln. Kind zu sein.

Doch ich traute mich nicht, weil ich wusste, dass ich dann wirklich weiterleben müsste und dass die Blase, in der ich mich auf dieser Seite des Ozeans fortbewegte, dann nicht mehr existieren würde. Mein eigener, luftleerer Raum.

»Willst du was trinken?«

»Was hast du denn da?«

»Ich bin Barkeeper, ich hab alles da.«

»Bayerisches Bier?«

Er lachte und öffnete den Kühlschrank.

»Heineken?«

»Auf keinen Fall.«

Ich nahm den Drink und ging von der Küche in sein Zimmer. Cole wohnte, wie New Yorker sagen würden, am Arsch der Welt. Er nannte seine Dreier-WG in Flatbush das Herz Brooklyns, in dem es noch keine Anzeichen von Gentrifizierung gab. So zumindest hatte er es mir bei meinem ersten Besuch erklärt, als die U-Bahn der Linie 2 unter dem East River entlangratterte.

Ich schielte am Bett vorbei, weil ich erst eine Woche zuvor darin gelegen hatte. Erst jetzt fiel mir auf, dass es keinen anderen Platz zum Sitzen gab, also blieb ich stehen, trank einen Schluck und wartete auf ihn.

Cole kam mit einem Heineken ins Zimmer und schloss leise die Tür hinter sich.

»Ich glaube, das ist der beste Drink, den ich je hatte.«

Er grinste. »Ich weiß«.

»Was ist das? Gin? Mit ... Thymian. Und Zitrone?«

»Bergamottenlikör.«

Ich nahm einen weiteren Schluck.

»Wolltest du schon immer Barkeeper werden?«

Bescheuerte Frage, doch mir fiel nichts anderes ein.

Wenn er sich bewegte, wippten seine Locken, und ich spürte plötzlich wieder die Textur seines Haares, rau und weich zugleich, zwischen meinen Fingern. Er legte sich aufs Bett und schob sich ein Kissen in den Rücken. Im Schneidersitz setzte ich mich ihm gegenüber.

»Als ich fünf war, wollte ich mit Sicherheit kein Barkeeper werden«, sagte er. »Aber später dann, als Jugendlicher. Ich habe in Queens, wo ich aufgewachsen bin, bei ein paar Partys ausgeholfen. Den Leuten beim Mixen über die Schulter geschaut und festgestellt, dass die Gastro mein Ding ist.«

»Warum?«

»Warum?«, wiederholte er und grinste wieder. »Ich bin

ein Nachtmensch, deshalb bin ich in Bars gut aufgehoben. Wenn ich tagsüber arbeiten würde, wäre ich zusätzlich nachts unterwegs, also wann sollte ich dann schlafen? Ich liebe die Kunst, die im Bartendern steckt. Die Kreativität, die es für gute Drinks braucht.«

»Die Bar, in der du arbeitest, finde ich, ehrlich gesagt, ziemlich durchschnittlich. Aber dieser Drink hier … wow.«

»Das stimmt, aber ich bin dort Barchef. Zum ersten Mal in meinem Leben. Da kann ich mich viel einbringen und noch was lernen, bevor ich meinen eigenen Laden aufmache.«

Ich nickte. »Und was ist mit all den Menschen?«

»Sie sind so herrlich durchgeknallt.« Er lachte. »Du kannst dir nicht vorstellen, was ich in nur einer Nacht mitbekomme.«

»Was zum Beispiel?«

»Heute saß ein Mann mit einer Frau am Tresen, beide so Mitte, Ende vierzig. Gleich nachdem sie bestellt haben, fragt er nach ihrem Bruder und ob es ihm wieder besser geht. Sie starrt ihn plötzlich an und fragt, woher er von ihrem Bruder und seiner Erkrankung weiß. Da wurde es spannend, also hab ich angefangen, ein paar Gläser zu spülen, um weiter zuhören zu können. Es hat sich herausgestellt, dass die beiden schon einmal ein Date hatten – vor über sieben Jahren – und dass die Frau sich aber nicht mehr an den Mann erinnern konnte.«

»Was?«, rief ich. »Das glaube ich nicht.«

Cole gab mir ein Zeichen, dass die Geschichte noch nicht zu Ende war. »Der Mann wirkt plötzlich total geknickt. Er schildert ihr im Detail, dass sie damals in irgendeinem Restaurant in Uptown gewesen wären – ich weiß nicht mehr, welches. Und dass sie sich danach nicht mehr bei ihm gemeldet habe. Er dachte, als sie ihn jetzt auf der App kontaktiert hat, dass sie ihn ebenfalls wiedererkannt und deshalb gleich vorgeschlagen hätte, sich zu treffen. Als er fertig ist, lacht die Frau und meint, dass sie in den letzten Jahren fast jedes Wochenende auf verschiedenen Dates war und dass, jetzt kommt's, er sie damals wohl nicht überzeugt hat.«

Ich war beeindruckt. »Und dann?«

»Dann war es ein paar Minuten seltsam zwischen den beiden. Ich hab ihnen zwei Tequila aufs Haus hingestellt, das hat sie total gefreut und das Gespräch wieder ins Rollen gebracht. Irgendwann konnte ich hören, wie er sie fragt, ob er nun wieder sieben Jahre nichts von ihr hören wird – aber in dem Moment, in dem sie antwortet, kommt ein Typ an den Tresen und labert mich so voll, während ich seinen Drink mixe, dass ich nichts mehr verstanden habe. Eine halbe Stunde später sind die beiden dann gegangen.«

Ich warf den Kopf in den Nacken »Das kann ja wohl nicht sein! Du weißt nicht, was sie geantwortet hat? Haben sie sich denn geküsst?«

»Glaube nicht.«

»Warum hast du ihnen nicht noch zwei Tequila hingestellt und gefragt, wie es jetzt weitergeht?«

Cole schüttelte den Kopf. »Das ist, wie die vierte Wand zu durchbrechen. Nicht mein Business.«

Wir schwiegen.

»Die meisten Menschen vergessen uns. Nachts werden die ehrlichsten Gespräche geführt, und alle, die hinter dem Tresen stehen, werden komplett ausgeblendet. Nur deswegen bekommen wir die absurdesten Geschichten mit.«

»Hast du das Gefühl, du kannst Menschen dadurch besonders gut einschätzen?«

Er legte den Kopf schief. »Sag mal, was wird das? Ein Undercover-Report über Barkeeper?«

Ich spürte die Röte in mir aufsteigen. »Vielleicht.«

Seine warmen Augen ruhten auf mir. Es dauerte eine Weile, dann sagte er: »Gute Idee.« Er nahm einen Schluck von seinem Bier. »Klar kann ich dadurch Menschen gut einschätzen. Wenn die Tür aufgeht und jemand reinkommt, brauche ich ein paar Sekunden, dann weiß ich Bescheid.«

Er deutete mit der Flasche auf mich. »Du zum Beispiel.«

Ich wollte gerade trinken, hielt jedoch inne.

»Du strahlst was aus. Das zieht irgendwie an. Gleichzeitig machst du nicht viel aus dir. Du bist ungeschminkt. Heute und auch schon beim ersten Mal in der Bar. Du trägst Jeans, T-Shirt, flache Schuhe. Und du hast keinen BH an, aber nicht, weil du die Blicke auf dich ziehen willst, sondern weil du einfach keinen trägst.«

Er hatte recht. Im Gegensatz zu Marie wusste ich nie so richtig, wie ich wirkte, und fühlte mich auch nicht sonderlich selbstbewusst. Max war immer an meiner Seite gewesen, weshalb ich mich nie daran versucht hatte, mein Erscheinungsbild zu verändern, mich auszuprobieren, zu flirten. Ich hatte immer nur ihm gefallen wollen, und das tat ich in Jeans und Shirts. Das eleganteste Kleid, das ich jemals getragen hatte, war das vom Abiball, und das hatte ich im Schlussverkauf bei C&A gekauft, trägerlos, und von meiner Mutter so umnähen lassen, dass ich mich wohl darin fühlte.

Ich sah an mir herunter und musste lachen, denn tatsächlich trug ich oftmals keinen BH, weil ich die Dinger nicht mochte und sowieso kleine Brüste hatte. Aber unter einem weißen Shirt zog ich normalerweise einen Sport-BH an. Ich hatte ihn tatsächlich vergessen. Doch der Grund dafür war düsterer als Coles Vermutung, dass es mir schlichtweg egal war.

»Ist das Verhör vorbei?«, fragte er.

Als ich schwieg, stellte er seine Flasche auf den Boden und zog mich zu sich. Er küsste mich, und ich schmeckte das Bier auf seinen weichen Lippen. Nach einer Weile stieß ich ihn sanft von mir. »Nicht so schnell«, sagte ich und bemühte mich um ein Lächeln.

»Okay.« Er lehnte sich wieder zurück.

Mir war nicht nach Sex. Ich wollte einfach nur gehalten werden. Und hier einschlafen, auch wenn ich mich nicht besonders wohl fühlte in diesem so fremden Apartment. Meine Sehnsucht, jemanden neben mir zu wissen, war jedoch größer als alles andere. Alles, was ich in Maries Wohnung spürte, war Abwesenheit. Höhlen, die von Erinnerungen überschwappten. Beweise dafür, dass hier nichts mehr passierte, nichts weiterging. Eine auserzählte Geschichte, deren Hülle das Apartment war.

Ich wollte mich an etwas klammern, das gerade eben passierte. Und reden wollte ich – über alles, nur nicht über meine Schwester.

»Wo bist du aufgewachsen?«

Cole verschränkte die Arme. »Karla, ich glaube, ich muss was klarstellen. Ich suche keine Freundin. Ich hab eine, die ist aber nach D.C. gezogen, und wir trennen uns alle paar Monate. Das reicht mir an Drama.«

Wieder wurde ich rot. Ich gab ihm vollkommen missverständliche Zeichen. »Sorry. Das hast du falsch verstanden. Ich fliege bald zurück nach Deutschland, also mach dir dahingehend keine Sorgen. Ich will einfach nur reden. Ist das okay?«

Er nickte.

»Seid ihr gerade zusammen oder getrennt?«

»Wow«, rief er aus und lachte. »Natürlich getrennt.«

Ich zuckte die Achseln und murmelte auf Deutsch, dass man das nie sicher wüsste.

Cole ignorierte das. »Warum gehst du zurück?«, fragte er stattdessen.

»Ich mag New York nicht.«

»Hast du der Stadt eine Chance gegeben?«

»Ich denke schon.«

»New York ist das Beste, was dir in unserem Alter passieren kann. Ich bin hier in Flatbush aufgewachsen, nur ein paar Straßen weiter. Hab gefühlt überall in Queens gelebt, für 'ne kurze Zeit in der Bronx, seit ein paar Jahren wohne ich wieder hier. Ich habe alles gesehen, und ich sage dir: Fertig sein mit New York? Das wird nie passieren.«

»Willst du hier alt werden?«

»Von wollen ist nicht immer die Rede. Ich bin verbunden mit der Stadt. Ich kann sie oftmals genauso wenig leiden wie du vielleicht, aber aus anderen Gründen.«

»Welche?«

»Die Schnelligkeit laugt dich aus, wenn du selbst langsame Runden drehst.« Er winkte ab. »Und trotzdem kann ich nirgendwo anders leben.«

Ich sagte nichts.

»Alle sind einsam, Karla. Das Problem ist nur, dass die meisten damit nicht umgehen können. Frauen zum Beispiel, die kommen nie alleine in die Bar. Sie sind immer verabredet, meistens mit mehreren, und dann kannst du ziemlich schnell die Rangordnung in der Clique feststellen. Bei Männern ist es ähnlich, die kommen aber oft mit nur einem Kumpel in die Bar, bestellen ein paar Bier und sprechen über den Alltag. Viel tiefer geht's oft nicht. Aber die wenigen, die alleine kommen, betrinken sich. Das steht von vornherein fest. Und weißt du, warum?«

»Warum?«

»Weil sie sich selbst nicht aushalten.«

Ich war mir nicht sicher, ob mir seine Schlussfolgerung zu einfach war, aber irgendetwas an seiner Schnörkellosigkeit traf mich ins Mark.

»Ich kann mich auch nicht aushalten«, flüsterte ich.

Er schob die Augenbrauen zusammen. »Hast du Geschwister in Deutschland?«

Ich erstarrte. Wollte ich lügen? Sollte ich lügen? Und wenn nicht, was war die Wahrheit?

»Nein. Ich bin allein«, sagte ich.

»Ich kenne ein paar Einzelkinder, und alle haben was Melancholisches an sich.«

»Ach ja?«

»Ja. Du auch. Aber kann ich dir einen Rat geben? Auch wenn er platt ist?«

Ich zuckte die Achseln.

»Man sieht dir an, dass da was Düsteres in dir steckt. Lass es nicht die Oberhand gewinnen.«

Ich wollte schreien, also presste ich meine Lippen zusammen.

»Du bist klug, du machst den Job, auf den du Bock hast, du bist weiß und privilegiert. Du bist schön. Das nennt man Jackpot, Karla.«

Ich biss mir auf die Zunge, fester und fester.

»Ich meine«, sagte Cole, »wir wissen doch alle nicht, wann das Spiel vorbei ist. *Right*?«

MEIN LEBEN OHNE Marie war nun fast sechs Wochen alt. Seit vierzehn Tagen war ich zurück in New York. Ihre Kleider hingen noch immer im Schrank, der Dauerauftrag für ihre Miete war noch immer nicht gekündigt. Nur zwei Dinge hatte ich geschafft: ihre Rechnungen zu begleichen und ihr Handy auszuschalten und wegzulegen.

Wann würde ich mit dem Rest beginnen? Anfangs hatte ich geglaubt, dass mir eine Deadline guttat, denn beruflich kam ich damit gut zurecht. Ich mochte die Eingrenzung von Abläufen, ich mochte es, zu wissen, dass es für alles ein Ende gab; die Ironie daran war mir an diesem Morgen bewusst, als ich zehn Umzugskartons kaufte, sie an den Schrank im Wohnzimmer lehnte, mich auf den Boden davor setzte – und dort nach einer Stunde noch immer saß.

Es war vollkommener Quatsch, der sinnloseste Gedanke, für den ich je Energie verschwendet hatte, und doch: Ich hatte das Gefühl, Marie zu verraten, würde ich die Kartons aufstellen und damit beginnen, sie zu füllen. Ich würde diese Wohnung komplett ausleeren – und dann wohin damit? Mein Blick ging durch den Raum. Ich hatte die Nostalgie der Dinge unterschätzt. Der Mensch klammerte sich an alles. Erst an die Person, dann an die mit der Person verbundenen Dinge, dann an die Erinnerungen, und dann fiel man oder entstieg wie ein Phoenix der Asche. Am Kummer zerbrochen oder vom Herzschmerz auferstanden – hatte man wirklich die Wahl?

Ich bestrich einen Mohnbagel mit Frischkäse, goss mir frischen Kaffee ein und setzte mich wieder vor die Umzugskartons.

Als ich am frühen Morgen in Coles Apartment aufgewacht war, hatte ich mich hinausgeschlichen, war zur U-Bahn-Station gelaufen und am Union Square aus der Metro gestiegen. Ich lief ein paar Blocks Richtung Süden und bog dann ins East Village ein. Die Sonne stand noch tief, und die nassen Straßen, die vor wenigen Minuten erst gesäubert worden waren, glänzten im Licht. Vögel zwitscherten, ein paar Hundebesitzer waren unterwegs. Viel mehr gab es nicht zu sehen. Vielleicht war es doch eine Stadt wie jede andere, vielleicht war sie nur an einem bestimmten Punkt größer geredet worden als andere? New York, der Nabel der westlichen Welt. Auch wenn es doch im Endeffekt eine zubetonierte Großstadt war, mit Minigrünflächen, in die man sich flüchten konnte, wenn einen irgendwas erdrückte – der Dreck, die extremen Lebenshaltungskosten, die Lautstärke der Sirenen, die kreisenden Helikopter, die Obdachlosen, die Rattenplage –, man aber zu lethargisch oder feige war, um die Stadt wirklich zu verlassen.

Ich biss in meinen Bagel. Als Cole gesagt hatte, dass er mit New York untrennbar verbunden war, hatte ich mich gefragt, ob ich mein Leben aus demselben Grund zu Hause auf dem unterfränkischen Land verbrachte. Viele Erinnerungen, die ich mochte, waren zumindest mit dem Sommer dort untrennbar verbunden. Vielleicht, weil er meine liebste Jahreszeit war – zumindest bis vor kurzem.

Meinen Eltern gehörte bis heute ein kleines Stückchen des Waldes, der an die letzten Häuser der Neubausiedlung grenzte. Es war für sie unbedeutend und verwildert, so dass er weder eingezäunt war noch für irgendetwas genutzt wurde. Mit sieben wollten Marie und ich unbedingt ein Baumhaus, also gingen wir mit unserem Vater den steilen Hang hinauf zu dem kleinen Waldstück, das sich für uns Kinder nun auch wirklich wie unseres anfühlte – noch bevor wir das erste Brett an den Baum schlugen, den wir als den richtigen für das Projekt ausgesucht hatten. Und so bauten wir über den Frühling hinweg ein einfaches Baumhaus, das aus einer Plattform, vier schiefen Wänden und einem flachen Holzdach bestand. Jeden Tag kletterten wir hinauf, stellten die leere Fläche mit irgendwelchem Kram aus unseren Kinderzimmern voll, erfanden ein Passwort für unsere Freunde (›Honigkuchenpferd‹), ohne welches niemand das Baumhaus betreten durfte, aßen Leberwurstbrote und Birnenstücke, tranken den von unserer Großmutter selbst gepressten Apfelsaft und malten uns die Zukunft aus, während wir auf den dicken Ästen der Eiche balancierten. Ich konnte mich nicht mehr genau daran erinnern, welche Lebensentwürfe wir uns gegenseitig erzählt und abgesegnet hatten. Doch ich konnte das Gefühl hervorholen, das mich am Abend immer begleitet hatte, wenn wir mit der untergehenden Sonne einen Umweg nach Hause nahmen, durch so golden leuchtende Weizenfelder streiften, dass die Farben der Getreidespitzen schimmerten wie Kupfer.

Schon als Kind wusste ich, dass ich diese weiten Blicke brauchte. Dass ich es liebte, umherzustreifen, zu wissen, wo ich war, und mich doch manchmal kurz zu verlieren, bis ich wieder auf irgendeinen Feldweg stieß, der nach Hause führte. Auch wenn Marie mit den Jahren immer wieder verkündete, das Landleben mit spätestens achtzehn hinter sich lassen zu wollen, hatte ich ihr nie so ganz geglaubt. Ich war mir immer sicher gewesen, dass wir hierbleiben würden. Von Feldern umgeben, und mitten hinein würden wir ein Haus bauen, in dem wir mit unseren Familien zusammen lebten und in dessen Vorgarten Hunde spielten. Auf dem großen Anwesen, das wir selbstverständlich besäßen, wären Esel, Kaninchen, Ziegen und Kälber zu Hause, wobei die Kälber niemals erwachsen wurden, denn dann waren es riesige Kühe, die gemolken werden mussten. Und Bauern, da waren wir uns einig, wollten wir nicht werden.

Kinderträume veränderten sich immer, und so auch meine. Als ich mit Max zusammenkam, stellte ich Marie gegenüber klar, dass ich nicht mit ihr zusammenziehen würde, und sie hatte zurückgeblafft, dass sie das sowieso nie ernst gemeint hatte. Doch eins blieb immer: mein Plan, niemals gehen zu wollen und stattdessen aus so vielen Gründen zu bleiben. Um nah bei meiner Familie zu sein, um Max zu ermöglichen, in der Scheune seiner Familie eine Werkstatt aufzubauen, um ein Jobangebot anzunehmen, das mir so mühelos entgegengeflattert kam, um mich nicht irgendwo anders, an einem Ort, an dem ich niemanden kannte, neu einsortieren und wieder ganz von vorn beginnen zu müssen. Es war einfach, Möglichkeiten beim Schopf zu packen, anstatt sich umzudrehen und eine andere Richtung einzuschlagen. Wozu auch das Leben herausfordern, wenn es so gut zu einem war?

Ich trank einen Schluck Kaffee, der, mit Maries Bialetti zubereitet, völlig anders schmeckte als der aus meiner Kaffeemaschine, die ich zum Einzug in die Wohnung von Max und mir gekauft hatte und noch immer benutzte.

»Alles eine Frage der Qualität der Bohne«, hatte ich oft zu Marie gesagt, wenn sie zu Hause an meinem Küchentisch die Nase rümpfte, während die Kaffeemaschine Wasserdampf ausstieß. »Es gibt auch guten Filterkaffee«, fügte ich hinzu, und sie antwortete: »Ja, wenn er handgefiltert ist.«

Und so tranken wir immer, nachdem ich sie vom Flughafen abgeholt hatte, gegen ihren Jetlag Kaffee, bis sie irgendwann aufstand und trotzdem ein Nickerchen im Gästezimmer machte. Etwas, worauf ich ein bisschen stolz gewesen war: eine große Wohnung zu haben, in der ich Gästen einen Rückzugsort bieten konnte, anstatt ihnen ein Nachtlager auf dem Boden aufzuschlagen, wie Marie es in ihrem Apartment hatte tun müssen.

Es war Max' Idee gewesen: An unserem sechsten Jahrestag nahm er meine Hand und lotste mich von seinem Zimmer im ersten Stock seines Elternhauses ins Dachgeschoss. Normalerweise stand dort oben nur Gerümpel, und es roch modrig. Er schloss die Tür auf und zog mich in einen Raum hinein, den ich nicht wiedererkannte, weil er leer geräumt war und durch die dreckigen Fenster Sonnenlicht auf einen freigeräumten Holzboden fiel.

»Gefällt's dir, Karli?«

Er führte mich herum, vom einen ins andere Zimmer, drei insgesamt, plus Küche, Bad und eine kleine Abstellkammer.

»Das ist eine Wohnung?«, fragte ich, und Max sagte: »Ja. Unsere. Meine Eltern haben beim Bau alle Anschlüsse so verlegen lassen, dass man theoretisch eine draus machen kann.« Ich war vollkommen überwältigt. Liebestrunken.

Ein neues Zuhause, nicht weit entfernt von zu Hause, mit zweiundzwanzig blutjungen Jahren, mit einem festen Freund, der es tatsächlich so ernst meinte wie ich. Ich war also erwachsen. Wie gut sich das anfühlte. Und so zogen wir zum Ende des Sommers ein, und ich stellte eine neue Kaffeemaschine auf die Anrichte der Küche.

»Nimm sie mit«, sagte Max elf Jahre später, »sie gehört dir.«

Und weil ich nichts darauf zu antworten wusste und mich nur darüber wundern konnte, dass sie nach wie vor funktionierte, packte ich sie in einen von vielen Umzugskartons und nahm sie mit in meine neue Wohnung ohne Gästezimmer.

Noch immer saß ich auf dem Boden in Maries Apartment.

Leben verpacken, das machte nur Spaß, wenn man den Neuanfang, der damit verbunden war, wirklich wollte. Vor elf Jahren hatte ich es geliebt, mein Kinderzimmer leer zu räumen, um bei Max einzuziehen. All die Jahre später hasste ich es, alles aus dieser Wohnung aufzuteilen, wegzuwerfen, zu verräumen und zu verpacken, während er im Türrahmen stand, mich dabei beobachtete und dann, weil ich ihn nicht ansehen konnte, irgendwann in seine Werkstatt verschwand.

Als mein Handy klingelte, spürte ich ein Lächeln auf meinen Lippen. Ich freute mich, weil Max es noch immer schaffte, dann anzurufen, wenn ich gerade an ihn dachte. Doch auf dem Display erschien ein anderer Name. Und dann fiel mir ein, dass es in Deutschland noch Nacht war. Und dass Max wahrscheinlich längst nicht mehr so oft an mich dachte, wie ich es mir in diesem schwachen Moment erhoffte.

»Du hättest ein Frühstück bekommen«, sagte Cole.

»Wusstest du, wie ruhig New York am frühen Morgen ist?«

»Das kommt drauf an, wo du dich rumtreibst.«

Ich konnte hören, dass er noch im Bett lag. »Cole, ich wollte noch sagen, dass du mich gestern echt aufgefangen hast. Ich hab ein bisschen Gesellschaft gebraucht.«

Er lachte. »Na ja, war ja auch nicht ganz uneigennützig.«

Ich sagte nichts.

»Das war ein Scherz«, sagte er dann. »Hör mal, ich hab mir was überlegt. Wenn du wirklich wieder zurück nach Deutschland gehst, dann musst du dich schon richtig verabschieden von der Stadt. Was machst du morgen?«

Ich fuhr mit einem Fuß die Kanten der zusammengefalteten Umzugskartons entlang. Natürlich hatte ich nichts vor, aber ich hatte auch jegliches Zeitgefühl verloren. Ich wusste nicht, ob morgen ein Wochentag, Feiertag oder Sonntag war.

»Noch nichts.«

»Perfekt. Wir treffen uns um zwei. Nimm die Q-Linie und steig an der DeKalb Avenue in Brooklyn aus.«

»Was hast du vor?«

»Nimm Badesachen mit. Bis morgen!« Er legte auf.

EINE AMERIKANISCHE FLAGGE war auf dem Dach des braunen Backsteingebäudes gegenüber befestigt. Sie hing schlaff herunter, die Luft stand. Die Digitalanzeige einer Apotheke, an der ich in Manhattan vorbeigelaufen war, hatte neunzig Fahrenheit angezeigt. Zweiunddreißig Grad. Und die Stadt war leergefegt.

Ich trug ein blau-weiß gestreiftes Leinenkleid. Weil ich keinen Bikini mitgebracht hatte – wer zur Hölle dachte an einen Bikini, wenn er vorhatte, die Wohnung der verstorbenen Schwester auszuräumen? –, musste ich auf einen von Marie zurückgreifen, doch gerade heute fiel es mir schwer, etwas von ihr zu tragen. An manchen Tagen schlief ich in ihren Shirts, weil mir ihr Geruch dabei half, mich zu beruhigen. An anderen zog ich etwas von ihr an und verließ darin das Haus. Und dann gab es Tage wie heute, an denen ich am liebsten alles verbrannt hätte. Doch ich hatte einen Bikini gefunden, den ich nicht kannte und noch nie an ihr gesehen hatte, also zog ich ihn an. Zumindest die Hose passte.

Ich sah Cole bereits von weitem, und für einen Moment fühlte sich das wie eine Vorstufe von Freude an. Weil ich hier jemanden kannte außer Lynn, jemanden, mit dem ich mich wohl genug fühlte, einen ganzen Nachmittag zu verbringen. Dann fiel mir wieder ein, dass auch er meine Schwester kannte und wie dumm es von mir war, zweimal mit ihm geschlafen zu haben. Ich belog ihn. Eine Tatsache, die sich bei einem One-Night-Stand wegwischen ließ, doch das war längst passé. Die Frage war, wie lange ich mich eigentlich herausreden konnte.

Er winkte, als er mich sah. Ich winkte zurück. Er trug ein weißes T-Shirt, schwarze Shorts und Converse. Unter seinem Shirt kam auf Höhe des Trizeps seine Tätowierung hervor, die mir erst in der Nacht zuvor aufgefallen war. Eine große Welle, die, wie er mir erklärt hatte, dem berühmten Gemälde von

Katsushika Hokusai nachempfunden war, das ich wiederum nicht kannte.

Wir stiegen wieder in die Q-Linie ein, und weil ich so sehr damit beschäftigt war, was ich sagte, bemerkte ich gar nicht, dass die Endstation der Linie auch unser Ziel war. Nach zwanzig Minuten war der Waggon vollgestopft mit Familien und jungen Paaren, die Kühltruhen in den Gang wuchteten, während sie Sonnenschirme und große Taschen unter die Arme klemmten.

»Coney Island«, sagte ich.

Cole stieß einen langen Atemzug aus und hob entschuldigend die Hände. »Ich hatte gehofft, dich überraschen zu können. Mit einer vollen Ladung amerikanischer Wochenendnostalgie.«

»Sorry«, sagte ich. »Da war ich schon mal. Aber macht ja nichts. Im Gegenteil.«

Am Abend vor meinem ersten Flug zu Marie nach New York hatte sie mich angerufen und gesagt: »Ich habe das perfekte Programm fürs Wochenende. Wir fahren nach Coney Island, von da komme ich gerade!«

»Ich fliege also in die Stadt der Städte, um dann gleich übermorgen auf eine Insel überzusetzen, oder wie?«

»Coney Island ist New York, Karli, es ist ein Stadtteil, der zu Brooklyn gehört. Wir fahren da mit der U-Bahn hin. Glaub mir, du wirst es lieben. Am Strand steht ein total verkitschter Vergnügungspark, der dich zu hundert Prozent woran erinnern wird?«

»An das Schweinfurter Volksfest?«

»Yep. Nur ist es viel besser.«

Marie hatte das Volksfest in Schweinfurt genauso sehr geliebt wie ich. Einmal im Jahr wurde es gegenüber den US-

Kasernen, die dort stationiert waren, aufgebaut, mit einem Riesenrad und zwei Geisterbahnen als Hauptattraktionen. Als Kinder waren wir mit Mama und Papa jeden Sommer mindestens einmal zum Volksfest gefahren. Während Marie und ich mit unserem Vater durch die Geisterbahn liefen, kaufte unsere Mutter draußen gebrannte Mandeln und Zuckerwatte für uns. Einmal war Marie auf der Rückfahrt nach Hause so schlecht, dass wir von der Straße in einen Feldweg fuhren, wo sie die ganzen Süßigkeiten erbrach.

Es war ein kleines Volksfest, aber für viele aus der Gegend eine Institution, die es nach wie vor gab und uns beide durch die Sommer unserer Kindheit trug. Später, als Max als Erster einen Führerschein hatte, fuhren wir mit dem Auto am Abend hin, knutschten im Riesenrad, ich mit Max und Marie mit Eric oder Markus oder Jo, und tranken Mönchshof aus der Flasche.

Seit meinem ersten Ausflug nach Coney Island war ich nicht mehr dort gewesen. Je länger Marie in New York gelebt hatte, desto kleiner wurde der Radius, in dem sie sich bewegte, und damit auch meiner. Bei manchen Besuchen kamen wir kaum aus denen ans East Village grenzenden Vierteln hinaus, geschweige denn nach Brooklyn. Die 42nd Street und den Times Square mieden wir schon lange. Und auch wenn unser Ausflug in den Vergnügungspark genauso abgelaufen war, wie sie prophezeit hatte, war er mittlerweile eine so lang vergangene Erinnerung, dass ich nicht alles klar vor mir sah, jedoch das Gefühl hervorholen konnte, das ich mit Coney Island verband. Mein erstes Erlebnis in dieser für meine Schwester und auch für mich neuen Stadt.

Der Ausflug schmeckte nach dem zerlaufenen Mozzarella auf meiner Pizza, die wir bei *Totonno's* aßen, er roch wie die zuckrige Luft, die wie eine Wolke über den Süßigkeitenbuden des Vergnügungsparks hing. Und er fühlte sich so an wie der körnige Sand auf meinen Oberarmen, den ich, auf meinem Handtuch liegend und immer wieder wegdösend, langsam hin und her schob.

Cole tippte auf seinem Handy, und für einen Moment konnte ich den Gedanken festhalten, dass er sich mit Marie abgesprochen haben musste. Wie hätte er sonst wissen sollen, dass mit dem Kapitel Coney Island meine New-York-Geschichte begonnen hatte. Ich hatte mich in den Tag verliebt und sogar ein bisschen in die Stadt, auch wenn ich vorgehabt hatte, mit ihr für alle Zeit auf Kriegsfuß zu stehen. Coney Island also. Mit Cole, den ich zu mögen begann, auf eine freundschaftliche Art und Weise, weil ich, wenn er mich berührte, den Gedanken nicht abschütteln konnte, dass er mit Marie geschlafen hatte. Ich redete mir ein, dass Marie längst nur noch eine Randerscheinung in seinem Leben war. Weil ich zu wissen glaubte, wer Cole war: ein Großstadtjunge Ende zwanzig, nur vier Jahre jünger als ich und doch so weit von meinem eigenen Lebensentwurf entfernt. Er lebte im Moment, war spontan, genoss sein Leben und war *easygoing*, wie man im Amerikanischen so gern sagte. Jemand, der es einem einfach machte, Zeit mit ihm zu verbringen. Ich hatte mein Leben ebenfalls gemocht, aber jetzt gestand ich mir das Genießen kaum zu, und früher hatte ich gemeinsam mit Max in die Zukunft geblickt, während ich jetzt auf eine betongraue, verwaschene Wand starrte, die sich nicht zu öffnen schien.

Cole und ich würden bald wieder getrennte Wege gehen. Nicht nur, weil ich sowieso nach Hause zurückkehren wollte, sondern auch, weil wir das waren, was man im Englischen als *fling* bezeichnete. Ein so hübsches und flinkes Wort, so voller Leichtigkeit, dass es viel besser in den Frühling als in diesen bleischweren New Yorker Sommer gepasst hätte. Im Deutschen gab es viele Worte dafür, doch nur eins kam dem am nächsten, was ich als *fling* empfand. Eine Liebelei.

In genau diesem Moment rückte Cole ganz nah zu mir heran. Berieselte meine Oberarme mit Sand, und ich schlug die Augen auf.

»Kann ich dich was fragen, Cole?«

»*Shoot*«, sagte er und vergrub seine Finger im Sand.

»Du und deine Freundin, warum trennt ihr euch so oft?«

Ich glaubte zu sehen, dass er mit sich haderte, etwas so Persönliches mit mir zu teilen, doch dann sagte er unter einem lauten Stöhnen: »Ich kenne Delia seit meiner Kindheit. Sie hatte schon im Sandkasten eine große Klappe, und irgendwann wurde daraus eine ziemlich starke Meinung. Das liebe ich am meisten an ihr.«

Ich sah ihm an, wie seine Gedanken zu ihr wanderten, wie er ihr Gesicht vor sich sah. Lächelte. Dann sagte er: »Sie studiert Politik, ist auf jeder Demo unterwegs, sie hat ehrenamtlich den Wahlkampf von Ocasio-Cortez unterstützt … sie ist immer in der ersten Reihe.«

»Und du … bist das nicht?«

»Ich bin so in der … dritten oder vierten Reihe.« Er lachte. »Sie hat viel mehr Kraft als ich. Und sie kann sich besser ausdrücken.« Er überlegte eine Weile, dann fügte er hinzu: »Ich bin anders aufgewachsen. Ihr Vater saß im Knast, als sie auf die Welt kam. Das Verfahren gegen ihn wurde irgendwann neu aufgerollt. Er wurde rückwirkend für unschuldig erklärt. Da hatte er seine Zeit aber schon fast abgesessen. So was prägt dich.«

»Und wie bist du aufgewachsen?«

Cole drehte sich auf den Rücken und legte seinen Arm über

das Gesicht. Wir hatten keinen Sonnenschirm dabei und gingen alle zwanzig Minuten ins Wasser, um uns abzukühlen. Die Sonne brannte auf uns herab, und der Schweiß lief bereits wieder meine Wirbelsäule entlang, obwohl mein Bikini noch nass und meine Oberarme salzverkrustet waren.

Ich lenkte mich ab, indem ich Cole Fragen stellte. Das Kinderlachen um mich herum, das Kreischen von Freunden, die ins Wasser rannten, das Klicken zweier Bierflaschen, die aneinanderstießen, der Geruch von Sonnenmilch, das Geräusch der Meeresbrise, die über Zeitschriftenseiten hinwegglitt und sie aufschlug. Das alles hielt ich kaum aus. Es war zu schön, zu hell, zu fröhlich, zu leicht, zu unendlich. Ich schämte mich, hier zu liegen, so zu tun, als wäre ich ein Teil eines sommerlichen Arrangements. Das war nicht mein Platz. Ich musste trauern, und ich wollte trauern, mich elend fühlen und nicht Urlaub machen.

Ich fixierte Coles lange Wimpern, während er sprach. Den leichten Schwung der vielen schwarzen Härchen, die so schön und perfekt aneinandergereiht waren. Ich tat das, um dem Drang zu widerstehen, aufzustehen und nach Hause zu fahren und mich im Schrank zu verstecken.

»Wie ich aufgewachsen bin? Einfach, aber behütet. Keine Scheidung erlebt, keine Drogen – okay, na ja, keinen Scheiß wie Crystal oder so. Ich hab ein gutes Verhältnis zu meinen Eltern, meine beiden Brüder sind meine besten Freunde ...« Er kniff die Augen zusammen. »Und du?«

»Auch keine Scheidung erlebt«, sagte ich. Vor meinem inneren Auge putzte meine Mutter die Fenster, und mein Vater schlurfte in seinen Pantoffeln durch das Wohnzimmer. Ich lachte ganz plötzlich und wunderte mich darüber.

»Ja, und sonst? Erzähl mir was. Ich war noch nie in Deutschland.«

»Deutschland ist super. Wir haben strenge Waffengesetze, keine Opiumkrise, sichere Städte und gesetzlich vorgeschriebene Krankenversicherungen.«

»*Oh, here we go!*«, rief er und lachte. »Wir haben in New York auch strenge Waffengesetze. Du bist nicht in Texas.«

Er kniff mich in den Arm und zog mich auf sich, ich strampelte mit den Beinen wie ein Käfer auf dem Rücken und spürte ein Lächeln auf meinem Gesicht. Durfte ich das? Mich für einen Moment fallenlassen. Nähe spüren. Immer wieder hatte ich in den letzten Wochen verdrängt, wie sehr mir die Nähe anderer Menschen fehlte. Dann schob sich meine Vorstellung von Delia in meine Gedanken, diese unbekannte Frau, die Coles Herz hielt. Ich wusste, wie stark ein Band war, wenn sich zwei Menschen seit ihrer Kindheit kannten.

Cole ließ mich los, und ich rollte zurück auf mein Handtuch.

»Dann erzähl mir was vom Landleben. Ich bin ein Stadtkind, ich habe keine Ahnung davon.«

Ich legte meine Wange auf das feuchte Handtuch und schloss die Augen. »Ich liebe das Landleben«, sagte ich dann. »Wo ich herkomme, gibt es viele Wälder, Dörfer und manchmal auch nur Ansammlungen von Häusern und Höfen. Auf dem Land aufzuwachsen ist das Beste, was dir als Kind passieren kann. Du bist frei, du hast Platz, du kennst jeden.«

»Und als Erwachsene?«

Mir lag auf der Zunge, was Marie antworten würde. Dass Seekirch der Ort war, an den man guten Gewissens zum Sterben zurückkehren konnte, davor aber sollte man noch ein bisschen leben. Doch ich beschrieb es anders: »Viele aus meinem Freundeskreis sind nach dem Schulabschluss in die Städte gezogen. Kann ich gut verstehen, aber ich mag es zu Hause. Ich mag die Ruhe, und ich mag es, aus der Tür zu treten und sofort im Grünen zu sein. Klar ist nicht alles super, ich hätte gerne mehr Auswahl an guten Restaurants, an schönen Cafés, mehr Kultur. Ich hätte gern eine schnellere Internetverbindung. Und mehr Freunde, die noch keine Kinder haben oder verheiratet sind. Aber für irgendwas muss man sich ja entscheiden.«

Cole legte mir eine Hand in den Nacken und massierte ihn. »Aber wie zur Hölle hältst du es dann in Manhattan aus? Du lebst hier das komplette Kontrastprogramm.«

»Ich weiß. Deswegen gehe ich ja wieder heim«, sagte ich, und um von mir abzulenken, setzte ich hinzu: »Zeit fürs Meer.«

Als wir zur U-Bahn liefen, nahm ich das Kreischen der Menschen, die in der Achterbahn des Luna Parks fuhren, als ein unverwechselbares Hintergrundgeräusch wahr, das sich in jedem Vergnügungspark gleich anhörte. Dann fiel mein Name, und ich stutzte. Dann ein zweites Mal, mit Nachdruck.

Ich drehte mich um. Zeitverzögert blieb auch Cole stehen.

Lynn kam auf mich zu und umarmte mich. Das passierte tatsächlich. Jemand, den ich kannte, irgendwo in dieser auf mich immer grenzenlos wirkenden Stadt, lief mir über den Weg. Ich umschloss sie und erwiderte das schüchterne Lächeln einer Frau, die offenbar Lynns Begleitung war.

»Was machst du denn hier? Wie geht's dir?«, fragte Lynn und musterte dabei Cole. Und da war es schon zu spät. Ich sah den Vorwurf in ihrem Gesicht, er drückte sich in ihre Züge wie Wassertropfen in ein Blatt Papier.

Ich warf ihr einen flehenden Blick zu. »Ich, ähm, Cole hat mich zu einem Ausflug überredet. Ein Abschiedsgeschenk, bevor ich wieder nach Hause fliege.«

Cole streckte die Hand aus und sagte: »Hey, wie geht's?«

Lynn schüttelte sie und nickte nur.

»Ich hab dich gestern dreimal angerufen und mir irre Sorgen gemacht«, sagte sie zu mir.

Ich entschuldigte mich und nahm mir Lynns Begleitung zur Rettung. »Und du bist?«

»Das ist Andrea, meine Freundin«, antwortete Lynn für sie. »Andrea, das ist Karla.«

»Oh. Hi. Ich hab schon so viel von dir gehört.«

Und da wusste ich, dass vor Andreas innerem Auge ein Film über mich ablief, mit allen Informationen, die sie von Lynn hatte. Ich nickte. Mein Nacken kribbelte heiß, als ich Coles Blick auf mir spürte.

»Hast du Lust, oder, ähm, habt *ihr* Lust, heute Abend zu grillen? Matt und Fiona veranstalten eine kleine Willkommensparty für ihr Baby.«

Ich wollte nein sagen, denn ich ertrug den Gedanken nicht, dort von allen so angestarrt zu werden wie von Andrea. Und ich musste nein sagen, weil ich noch immer die Hoffnung hatte, Cole dieses seltsame Aufeinandertreffen erklären zu können, ohne dass ich ihm sagen müsste, wer ich wirklich war.

Ich öffnete meinen Mund. Und dann schloss ich ihn wieder. Da schlang Cole seine Arme um meine Taille und legte das Kinn auf meiner Schulter ab. Ich bewegte mich keinen Millimeter. Lynn starrte mich an.

»Ich hab meine Schicht getauscht und keine Pläne«, sagte er. Und dann: »Was ist los, du zitterst ja?«

Lynn kniff die Augen zusammen. »Das würde mir auch so gehen, wenn ich mit demselben Typen ficken würde, mit dem schon meine tote Schwester gevögelt hat.«

Nein. *Nein.*

Sie murmelte eine Verabschiedung und wandte sich ab.

Andrea warf mir einen verwirrten und gleichzeitig entschuldigenden Blick zu, dann folgte sie Lynn. Ich war unfähig, mich zu bewegen.

Cole trat vor mich. »Was zur Hölle …?«

Mein Mund war voller Asche.

ICH STAND AUF dem Dach eines Apartmentkomplexes in Brooklyn, sah in den Himmel und flüchtete mich in eine Erinnerung, die so lange zurücklag, dass ich mit großer Anstrengung für ein paar Augenblicke vergessen konnte, dass meine Schwester eines Tages ihren Lebensmittelpunkt Tausende Kilometer von mir entfernt aufgebaut hatte. Also dachte ich an früher und dann an den Spruch *Früher war alles besser.*

Als Marie in der neunten Klasse war, nahm sie sich vor, ihre Haare zu färben. Elian, ein französischer Austauschstudent mit schwarzem Lockenkopf und müdem Blick, stand nämlich angeblich auf Rothaarige. Ich sagte ihr, dass es total bescheuert wäre, ganz zufällig mit gefärbtem Haar in der Schule aufzutauchen. Doch Marie ignorierte meinen Kommentar und bat mich, die Farbe aufzutragen. Die stank so beißend, dass ich das Fenster aufriss und mich weigerte weiterzumachen. Aus irgendeinem Grund, den ich mir heute nur mit Neid auf ihre Spontaneität und ihren Wagemut erklären konnte, machte ich mich über meine kleine Schwester lustig. Sie stieß mich zur Tür hinaus, ich stolperte und fiel hin. Danach sprachen wir für drei Tage kein Wort, nicht mal, als wir am Samstagabend auf der gleichen Party waren. Ihre erste überhaupt, zu der sie nur gehen durfte, weil ich ebenfalls dort war. Die Party fand in einem alten Bauwagen außerhalb eines Nachbardorfs statt. Eine zerfetzte Couchgarnitur und eine provisorische Bar aus leeren Bierkisten standen darin. Green Day, Foo Fighters und Rage Against the Machine liefen in Dauerschleife, in der Luft hingen blaue Rauchschwaden von den vielen Zigaretten. Marie knutschte mit Elian, obwohl ihr Haar orange und nicht rot war, und ich saß mit Max draußen am Lagerfeuer. Damals nannte ich ihn noch Maxi, und wir waren befreundet, mehr aber noch nicht, oder zumindest trauten wir uns nicht mehr zu, denn so eine Freundschaft zwischen Junge und Mädchen empfand ich zu der Zeit als etwas sehr Besonderes, und ich wusste, dass mich manche aus meiner Stufe um ihn beneideten und immer wieder munkelten, dass da mehr war.

Am Tag nach der Party war ich zum ersten Mal in meinem Leben verkatert. Ich lag auf dem Rasen im Garten und vermutete, dass es Marie ebenfalls schlecht ging, weil sie noch gar nicht ihr Zimmer verlassen hatte, obwohl das Mittagessen fast fertig war. Am Himmel zogen große Wolken ganz langsam über mich hinweg, und als ich dabei war, ihre Formen verschiedenen Tieren zuzuordnen, hörte ich, wie jemand die Verandatür öffnete und über das kurzgeschnittene Gras ging. Marie legte sich neben mich auf den Rücken.

»Was machst du?«

»Nichts«, sagte ich.

»Sieht aus wie ein Hase.«

»Ja.«

Sie drehte ihren Kopf zu mir, und ich tat es ihr gleich.

»Sorry, dass ich dich geschubst habe.«

»Sorry, dass ich so gemein war.«

Sie verzog keine Miene. Dann drehte sie wieder ihren Kopf und sah in den Himmel.

»Mir ist todesschlecht«, sagte ich.

»Ich trinke nie wieder Alkohol«, entgegnete sie.

Ein paar Augenblicke später rief unsere Mutter durch die angelehnte Verandatür, dass das Essen fertig sei, und wir wussten, dass wir keine Chance hatten, dem Braten zu entkommen. Da mussten wir durch, aber endlich wieder gemeinsam, denn die drei Tage Streit hatten sich wie drei Jahre angefühlt.

Ich richtete mich auf. »Hast du schon mal drüber nachgedacht, dass der Himmel überall derselbe ist, aber überall anders aussieht?«

»Der ist wie wir. Wir sind auch dasselbe, sehen aber unterschiedlich aus.«

»Quatsch.«

»Ist so. Wir haben dieselben Eltern. Aber ich hab jetzt rote Haare und du blonde.«

»Oh Mann, Marie …«

Ich stand auf. Kurz wurde mir schwarz vor Augen. Als das Kribbeln nachließ und ich meine blasse Schwester auf dem Rasen liegen sah, reichte ich ihr meine Hand und zog sie hoch. »Deine Haare sind orange, und sie sehen richtig kacke aus.«

»Schau ab und an nach oben«, schrieb ich ihr dann auch, als sie mit Adam nach Boston zog. »Weißt du noch? Schau dir den Himmel an. Dann schreib mir, wie er aussieht, und ich mache das Gleiche.«

»Hellblau. Durchzogen mit feinen, weißen Streifen, die sich langsam pink färben«, sagte ich leise. Das Bier in meiner Hand war eiskalt, doch ich trank es nicht. Ein sanfter Wind glitt über mich hinweg. »Bist du das?«, fragte ich.

Ich wünschte, sie wäre es. Der Wind über dem Dach. Die gefleckte Katze, die heute Morgen vor der Haustür gesessen und die ich noch nie zuvor gesehen hatte. Fionas Baby, das erst wenige Wochen alt war und das ich noch gar nicht gesehen hatte. Die frischen Wildblumen in dem kleinen Hochbeet auf dem Dach.

Irgendwann stand Cole neben mir. Vor dem Horizont türmte sich Manhattan auf, und ich fing an, die Gebäude zu zählen, um nicht an irgendeinen dunklen Ort abzudriften.

»Kann ich was sagen?«, fragte er.

Als Lynn und Andrea gegangen waren, hatte ich die wenigen Sekunden, bevor er begann, Fragen zu stellen, fiebrig überlegt, wie ich aus der Sache herauskommen konnte. Als ich ein paar Möglichkeiten in Erwägung zog, verließ mich meine Kraft. Ich fühlte mich elend. Wir setzten uns auf den Bordstein vor dem Hotdogrestaurant *Nathan's Famous.* Es war noch immer viel los auf den Straßen, aber sie waren nicht so voll wie an dem Wochenende, als ich zum ersten Mal in Coney Island gewesen war. Damals hatte das *Mermaid Festival* stattgefunden. Erwachsene und Kinder trugen knallenge, pastell- und neonfarbene Kostüme mit Schuppendruck. Manche hatten sich zusätzlich die Haare farbig angesprüht, fast alle trugen neonfarbiges Glitzer im Gesicht, viele hatten sich Perlmuttschuppen auf die Haut gemalt und die Augen mit grünen und blauen Kajalstiften umrandet. Coney Island, das sowieso bunt und wie aus der Zeit gefallen schien, hatte gewirkt, als wäre eine bunte Glitzertüte über all der Nostalgie geplatzt.

Ich erzählte Cole, dass meine Schwester tot war. Ich erzählte ihm, dass ich von Lynn wusste, wer er war, und ich ihn daraufhin lediglich hatte fragen wollen, wie meine Schwester in der Nacht drauf gewesen war. Worüber sie geredet hatten, ob sie in Kontakt hatten bleiben wollen. Warum ich stattdessen selbst mit ihm schlief, dafür gab es keine zufriedenstellende Antwort. Es war Ablenkung, Sehnsucht nach Nähe. Der Drang, wieder etwas anderes zu spüren als Trauer, Elend und Verzweiflung. Das Gegensätzliche von dem war, sich in jemand anderem zu vergraben, den Kopf auszuschalten und alle ekelhaften Gedanken rauszuvögeln. Mich selbst wieder zu spüren. Vielleicht wollte ich auch eine ganz neue Erinnerung kreieren, die, auch wenn sie so nah an Maries Leben pochte, doch nichts mit ihr zu tun hatte. Weil sie nach ihrem Tod entstanden war.

»Okay«, sagte Cole irgendwann. Und ich atmete aus.

»Ich möchte nicht zu der Party gehen. Ich mag die Leute, aber niemand kann mit meiner Situation umgehen. Alle haben diesen mitleidigen Blick drauf.«

»Dann gehen wir nicht hin.«

Wir.

»Und was machen wir dann?«, hatte ich gefragt.

Noch mal wir.

»Wir gehen auf ein anderes Dach.«

Und hier standen wir nun. Cole wusste von dieser Dachterrasse mit dem unvergleichlichen Blick auf Manhattan, weil ein Kumpel von ihm in dem Apartmentkomplex wohnte. Unter welch seltsamen Umständen sich Menschen annähern konnten. Cole hatte Marie kennengelernt, danach mich, und jetzt blickten wir vom Dach eines Hauses in Williamsburg auf Manhattan, weil ich zwar nicht allein, aber genauso wenig unter vielen Menschen sein wollte.

»Ich habe ein paar Fragen.« Er zog für mich einen Plastikstuhl heran und setzte sich selbst auf den Rand des Hochbeets.

Ich zog das nasse Etikett von der Bierflasche. Dann setzte ich mich.

»Deine Schwester hieß Marie, oder?«

Ich nickte.

»Sie war kleiner als du. Auch blond. Ich habe ein Foto von ihr und Lynn gemacht, richtig?«

Ich sah ihn an. »Sag mal, wie viele One-Night-Stands mit gleichaltrigen, blonden Frauen hast du innerhalb von vier Wochen?«

Cole stand auf und stecke die Hände in die Taschen. »Keinen. Das ist es ja. Ich hab nicht mit deiner Schwester geschlafen.«

Die rotierenden Blätter eines Helikopters, der über den East River flog, zerschnitten für einen Augenblick unser Gespräch.

»Wie meinst du das?«

»Sie hat mit mir geflirtet, als gäb's kein Morgen. Wir haben in ihrem Treppenhaus geknutscht, da hatte sie schon ihre Hand in meiner Hose. Wir sind in ihre Wohnung gestolpert, sie hat sich ausgezogen und aufs Bett gelegt. Ich bin nur schnell ins Bad, und als ich zurückkam, war sie wie ausgewechselt.«

Ich hörte ihn ausatmen, dann sagte er: »Plötzlich wollte sie nicht mehr. Sie fing an zu weinen, und ich war komplett überfordert. Sie hat dann immerzu gesagt, wie peinlich ihr das alles wäre, aber dass sie sich vorgenommen hatte, eine ganze Weile nicht zu daten und dass sie das aber in der Bar einfach verdrängt haben musste. Sie hat sich dann tausendfach entschuldigt, und ich meinte nur, dass ich auch kein Date möchte, sondern einfach nur –« Er sah mich an. »Sorry.«

»Und dann?«

»Sie meinte, dass das auch nicht geht.«

»Was hat sie geantwortet?«

Er wirkte plötzlich, als fiele es ihm gerade erst wieder ein. Ein Windhauch zwischen uns.

»Sie hat das Gleiche gesagt wie du neulich: Sie wollte nicht allein sein.«

Die Minuten, die daraufhin vergingen, zerflossen zu einer Masse, die unangenehm klebte. Wie die Sonnenmilch, nach der meine Arme noch immer rochen. Ich hatte kein Gefühl mehr für Raum und Zeit, ich war wieder im Flugmodus. Abgeschaltet, nicht mehr empfangsbereit. Ein Dämmerschlaf, in den ich mich zurückzog, wenn ich keine Kraft mehr hatte, weitere Reize zu verarbeiten oder auf Gesagtes zu reagieren. Irgendwann begann ich erneut damit, die Wolkenkratzer Manhattans zu zählen, und vergaß dabei, dass Cole noch da war.

Dann spürte ich eine Bewegung neben mir. Er ging, und ich zählte weiter. Ich dachte, er sei längst weg, als ich meinen Namen hörte. Ich drehte mich um, und er sagte: »Ich hatte Mitleid mit ihr und bin geblieben. Wir haben uns noch 'ne Weile unterhalten, aber nur über belangloses Zeug. Sie hat mir 'nen Kaffee gemacht. Als es draußen hell wurde, bin ich gegangen.«

Ich nickte ihm zu, ein stummes Danke. Dann zog er die Tür zum Treppenhaus auf und verschwand.

MARIE

AN EINEM SAMSTAG Anfang Juni wälze ich mich in den frühen Morgenstunden im Bett. Es ist so schwül, dass meine Oberschenkel aneinanderkleben, und das Laken zwischen ihnen fühlt sich unangenehm klamm an. Ich stehe auf, drehe meine Haare zu einem Dutt und fächere mir Luft in den Nacken. Ich wasche mein Gesicht und koche einen Kaffee. Während ich warte, dass das Wasser kocht, wandere ich mit der Zahnbürste im Mund durch meine Wohnung. Im dunklen Flur bleibe ich vor meiner Magnetwand stehen und betrachte ein Foto mit vergilbten Rändern. Es zeigt Karla und mich am Küchentisch, zwischen uns aufgebaut ist *Looping Louie,* ein Kinderspiel. Wir lachen in die Kamera. Und dann fällt es mir plötzlich wieder ein. Dass wir dieses Spiel viele Jahre später herausgekramt und mit Max und Adam gespielt haben. Ein Abend, auf den ich mit gemischten Gefühlen zurückblicke.

Ich war vierundzwanzig und gemeinsam mit Adam bei meiner Schwester und Max zu Besuch. Wir waren zu dem Zeitpunkt anderthalb Jahre zusammen, und ich mochte es noch immer, zu entdecken, wie vieles er nicht kannte, womit ich aufgewachsen war. Vielleicht war es das, was mich so anzog. Alles war plötzlich neu, und nicht nur der Mann neben mir, sondern mein ganzes Leben, das er auf den Kopf stellte, und ja, ich natürlich auch seines.

Ich musste häufig schmunzeln. Unter der Dusche, im Auto, an der Supermarktkasse. Ich musste sogar schmunzeln, als Adam beim Sex billige Handschellen hinter seinem Bett hervorzog, und er sagte, er müsse mich festhalten. Überhaupt lächelte ich nun irrsinnig viel. Plötzlich entwickelte ich mich zu der fröhlichen Erscheinung, die mir schon immer aufgedrängt worden war, beispielsweise von meinem Onkel, der mich so oft daran erinnerte, zu lächeln, oder von den ganzen Idioten, die mir schon als Minderjährige auf den Straßen von Bamberg oder Würzburg hinterhergepfiffen hatten.

Aber für Adam lachte ich jetzt. Und mit ihm und vor allem wegen ihm.

Er kannte *Looping Louie* nicht, obwohl das Spiel von einer amerikanischen Firma hergestellt wurde. Mich begleitete es schon mein ganzes Leben. Als Kleinkinder hatten wir es von unseren Eltern geschenkt bekommen, als Jugendliche in ein Trinkspiel umgewandelt, und nun kramte es Karla aus dem hintersten Eck ihrer Abstellkammer wieder hervor. Wir saßen in der Küche von Karlas und Max' Wohnung, und Adam hatte mir ein halbes Jahr zuvor einen Antrag gemacht – glücklicherweise nicht in den USA, sondern in Unteroberheim.

Ein frischer, sonniger Herbsttag, ich saß auf der Schaukel im Garten und sah auf meiner Kamera die Bilder der letzten Tage durch: Adam beim Spaziergang um den Waldsee, Adam in einem Café in Würzburg, Adam mit meinen Eltern auf der Eckbank, vor ihnen auf dem Tisch ein aufgeschlagenes Fotoalbum. Da kam er zu mir nach draußen, sagte nichts, ging einfach auf die Knie und zog den Ring aus der Jackentasche. Ich liebte ihn noch ein bisschen mehr dafür, dass er mir den Antrag zu Hause machte, so dass ich unsere Verlobung mit

Karla und meinen Eltern teilen und vor allem Mama und Papa in ihre verblüfften Gesichter sehen konnte. Natürlich versicherte ich ihnen, dass ich trotz meines Plans, mit Adam nach Boston zu ziehen, regelmäßig zu Besuch kommen würde – und dass ich unglaublich glücklich war. Es erleichterte mich zu sehen, dass ihnen das reichte. Von meinem Glück zu wissen und es mir anzusehen.

»*Looping Louie* ist ein Kinderspiel, aber als Trinkspiel macht es Spaß«, sagte ich zu Adam, als Karla es auspackte.

»Geht nicht. Fastenzeit.« Karla nickte in Max' Richtung. Ich hatte vergessen, dass Max jedes Jahr von Aschermittwoch bis Karfreitag keinen Alkohol trank.

»Aber ich habe eine andere Idee. Das wäre die erwachsene Variante«, sagte Max. »Wer eine Runde verliert, muss eine Frage hieraus beantworten.« Er stand auf und nahm ein dünnes Buch von der Küchenanrichte. »*100 Fragen an dich und dein Leben*«, las ich laut vor und übersetzte gleichzeitig für Adam. »*Eine Spurensuche nach den eigenen Werten.*«

»Der Titel ist ein bisschen schwierig«, sagte Karla und grinste. »Aber es sind wirklich spannende Fragen.«

Ich kann mich noch gut daran erinnern, wie egal es mir in diesem Moment war, irgendwelche Fragen zu beantworten. Wie egal es mir war, seit Tagen das kleine Bett in meinem Kinderzimmer mit meinem Verlobten zu teilen, weswegen ich vollkommen verspannt war. Wie egal es mir war, dass Mama verdrängt hatte, dass ich kein Fleisch mehr aß, so dass ich am Vorabend nur Kartoffelsalat und Radieschen hatte essen können. Seit Wochen lief ich auf Wolken, und nun gesellte sich zu meiner Liebe auch noch die Vorfreude auf unser neues und gemeinsames Leben hinzu, Tausende Kilometer von zu Hause entfernt. Ich sagte ja zu allem, solange Adam neben mir saß und mich festhielt. Auch wenn ich dieser Tage ganz bewusst den Abschiedsschmerz von Karla wegschieben musste.

Die erste Runde verlor Karla. Max blätterte in dem Buch. »Okay, ich hab eine: ›Du bekommst eine Million frei zur Verfügung gestellt – was machst du damit?‹«

»In der Größenordnung habe ich noch nie gedacht.«

»Ich wüsste, was mein Vater dazu sagen würde«, warf Adam ein. »Er würde sich über seine Bartstoppeln streichen und fragen: ›Ist das alles?‹«

Karla legte die Stirn in Falten, Max und ich lachten. Ich hatte Adams Vater Matthew ein Jahr zuvor kennengelernt, und auch wenn ich von den Spannungen zwischen den beiden wusste, sagte ich mir, dass Adam diesbezüglich sicherlich übertrieb.

Matthew Hayden war Schönheitschirurg und hatte eine Frau an seiner Seite, die an mehreren Stellen ihres Körpers ganz gruselig operiert war. Adams Vater war sein Geld, Ansehen und vor allem die eigene Kunstsammlung so wichtig wie anderen ihre Gesundheit. Ich mochte allerdings seinen schwarzen Humor und wie viel Wert er auf Gastfreundschaft legte. Und er mochte mich. Seine Liebe zur Kunst war die Verbindung zu meiner Fotografie, und bei einer Familienfeier hatte er mir leicht angetrunken versichert, demnächst eines meiner Bilder zu kaufen.

Karla überlegte noch immer. Schließlich sagte sie: »Ich könnte mir vorstellen, eine alte Villa zu renovieren. Einen Teil der Räume stelle ich kostenfrei zur Verfügung, zum Beispiel für Künstlerstipendien ... oder für alleinerziehende Mütter mit schwachem oder gar keinem Einkommen ... oder ...«

Sie schwieg einen Moment, dann nickte sie ihre Entscheidung ab. »Oh Mann, jetzt will ich das wirklich machen. Bekomme ich jetzt die Million?«

Max strich ihr übers Haar. »Ich erlasse dir die fünfzig Euro, die du mir schuldest.«

»Was würdet ihr mit der Kohle machen?«, fragte sie.

»Ich würde in Baufirmen finanzieren, die ausschließlich mit nachhaltigen Materialien arbeiten und den Menschen erklären, wie giftig und beschissen Beton ist«, sagte Max.

Adam legte die Stirn in Falten. »Habt ihr euch abgesprochen? Ihr habt echt sehr selbstlose Antworten parat.«

»Na ja«, sagte Max, »ich brenne einfach für mein Thema. Und ich finde, dass so viel Geld 'ne Form von Verantwortung mit sich bringt.«

»Ich würde im ersten Schritt mindestens die Hälfte in meine Altersvorsorge investieren«, sagte ich. »Gerade als Frau ergibt das am meisten Sinn für mich. Über den Rest würde ich mir dann Gedanken machen.«

Adam überlegte lang. Erst erklärte er, dass er in seiner Jugend den Bezug zu Geld vollkommen verloren hatte, weil es immer im Überfluss da gewesen war, doch vor anderthalb Jahren, als er mich in München kennengelernt und seinen Rückflug hatte verstreichen lassen, hatte Matthew Hayden ihm den Geldhahn zugedreht.

»Ich glaube tatsächlich«, sagte Adam schließlich, »dass ich ausrechnen würde, was ich meinen Vater seit dem Ende der Schulzeit gekostet habe und ihm dann den Betrag zurückerstatten. Dafür reicht eine Million aber nicht.«

Niemand lachte. Ich fuhr ihm durchs Haar.

»Ich würde es nicht wegen des Geldes machen. Es hätte eine symbolische Bedeutung für mich«, meinte er.

Eine Runde später verlor Adam. Karla nahm das Buch und entschied sich für die Frage: »Welches Kompliment möchtest du deinem Gegenüber machen? Sei ehrlich.«

Ich sagte, dass er allen ein Kompliment machen müsse.

»Max, ich fange mit dir an. Wir kennen uns noch nicht so gut, deshalb spreche ich dir eins über deine Arbeit aus. *I love your work, man.* Ich finde, du hast richtig was drauf. Und vor allem mag ich deinen Blick fürs Detail.«

»Danke«, sagte Max, reichte seine Hand über den Tisch, und Adam schlug ein. Dann deutete er auf Karla. »Du!«

»Ich?«

»Du hast immer ein Auge auf mich«, sagte er, und Karla lächelte amüsiert. Da spürte ich eine leichte Anspannung von mir weichen. Seit unserer Verlobung bemühte sie sich immer mehr, mir zu zeigen, dass sie Adam mochte. Vielleicht war sie nur anfangs skeptisch gewesen, weil sich diese Beziehung so schnell entwickelt hatte.

»Das ist kein Kompliment, Adam«, sagte sie dann.

»Stimmt, aber es hängt damit zusammen, was ich jetzt sage. Ich schätze deinen Beschützerinstinkt. Du liebst Marie, und du würdest sie verteidigen wie eine Löwin, immer und ohne Ausnahme. Ich finde es gut, dass du mich im Auge behältst.«

Eine leichte Rötung bildete sich auf ihren Wangen.

»Und zu guter Letzt ...«, Adam sah mich an, »das größte Geschenk meines Lebens.«

Max sagte auf Deutsch »Schmalzalarm«, was ich nicht übersetzte.

»Ich könnte dir tausend Komplimente machen, aber das wäre dann nur dahingesagt, und du weißt sowieso, was ich an dir liebe.«

Weil ich seltsam nervös wurde, löste ich meinen Blick von ihm und trank einen Schluck Wasser.

»Okay, ich hab's. Du bist eine Granate im Bett. Großartig. Feuerwerk! Was du draufhast, davon können andere –« Der Rest ging in schallendem Gelächter unter, während ich versuchte, ihm den Mund zuzuhalten, und dabei mein Glas umstieß.

Wir spielten viele Runden. Und wir beantworteten viele Fragen. Irgendwann rückte das Spiel in den Hintergrund, und wir diskutierten über manche Fragen ausführlich und warfen eigene Antworten in die Runde, obwohl wir selbst gar nicht dran waren. Vieles, worüber wir an diesem Abend sprachen, waren Themen, über die wir uns alle schon in irgendeiner Form Gedanken gemacht hatten, aber manches war nie ausgesprochen worden. Bis jetzt.

Eine Frage und die damit verbundenen Antworten blieben mir ganz besonders in Erinnerung. Weil wir danach so lange schwiegen und weil sie meinen Blick auf meine Beziehung nachhaltig veränderte. Ich suchte die Frage aus, und zwar mit den Worten: »Also gut, was Leichtes und Schönes für zwischendurch. Wie riecht eure schönste Kindheitserinnerung?«

»Das ist schwierig, es sind so viele«, sagte Max. Alle überlegten.

»Meine riecht nach diesem süßen Badezusatz, den Mama immer verwendet hat, als wir klein waren. Samstags wurden wir zusammen in die Badewanne gesteckt, und wenn ich dann im Bett lag, habe ich oft meine Nase in meiner Armbeuge vergraben, weil ich da den Vanilleduft am stärksten riechen konnte. Vielleicht nicht die schönste Erinnerung, aber eine, die mich total zufrieden stimmt, auch nach so langer Zeit. Wir hatten eine gute Kindheit, oder, Karli?«

Sie nickte. »Kannst du dich noch erinnern, als Mama auf Kur war?«

»Das ist deine schönste Erinnerung?«, fragte Max.

Karla schubste ihn, so dass er fast das Gleichgewicht verlor und vom Stuhl fiel.

»Wir müssen acht oder neun gewesen sein, und Mama war

mehrere Wochen weg. Sie hatte Essen vorgekocht und eingefroren, und als das zur Neige ging, sollte Tante Hildegard mittags für Papa und uns kochen.«

Ich wusste, worauf Karla hinauswollte. Sie wandte sich an Max und Adam: »Papa hat das allerdings abgelehnt, stattdessen ist er mittags für eine Stunde heimgekommen und hat selbst was gekocht. Drei Gerichte konnte er: Spiegeleier mit Speck, Ofenkartoffel mit Kaisergemüse aus dem Gefrierfach und ...?«

»Bratwürste!«, sagte ich.

»Genau. Am häufigsten gab es Eier mit Speck. Beides mag ich nicht mehr besonders, wahrscheinlich, weil wir es drei Wochen lang fast ununterbrochen gegessen haben. Aber egal, wo ich bin – wenn ich Speck und Eier rieche, sehe ich das Bild vor mir, wie wir mit unseren Schulranzen auf dem Rücken in die Küche kommen, Papa am Herd steht und sich sogar eine von Mamas Schürzen umgebunden hat.«

Mit dieser Erinnerung geht es mir bis heute anders als Karla. Wenn ich Eier mit Speck rieche, denke ich zwar auch zuerst an unseren Vater, der versuchte, uns ein anständiges Mittagessen zuzubereiten, doch ich sehe auch gleichzeitig Mama vor mir, wie sie von der Kur eine Woche früher als geplant nach Hause kam. Papa holte sie am Vormittag ab, und als Karla und ich nach der Schule in die Küche kamen, sprach er kein Wort zu uns. Mama war kreidebleich, sie lag auf dem Sofa und starrte an die Decke. Wir hatten sie endlich zurück und doch irgendwie nicht. Karla und ich gingen zögerlich, beinahe ängstlich, auf sie zu, und ich war mir nicht sicher, ob sie noch Bandscheibenschmerzen hatte oder ob sie uns einfach nicht mehr mochte. Weil sie sich nicht freute, uns zu sehen. Alles, was unsere Mutter daraufhin tat, war, dass sie für einen Moment unsere Hände nahm und an sich drückte. Dann begann sie zu weinen, und unser Vater rief uns in die Küche, um ihm zu helfen. Diesen Tag habe ich nie ganz verstanden, ihn nie wirklich einordnen können. Er fühlt sich auch heute noch an wie eine Bestrafung für etwas, das wir nie getan haben. Über die Jahre hinweg verblasste er zwar in meiner Erinnerung und auch in Karlas, doch die Enttäuschung darüber, dass Mama sich nicht freute, uns wiederzusehen, und die Sorge, dass etwas mit ihr nicht stimmte, rüttelt noch immer an mir, wenn ich Eier mit Speck rieche.

Max war dran. »Eine meiner besten Erinnerungen ist nicht direkt aus der Kindheit. Ich war fünfzehn. Zählt, oder? Die besten Sommerferien, die ich je hatte, mit den Jungs – Bobby, Jonas und den beiden Sebastians. Wir sind nach Südfrankreich geradelt, haben dort auf Campingplätzen gezeltet und sind nach vier Wochen mit dem Zug wieder nach Hause. Allerbester Urlaub meines Lebens. Sorry, Karli. Und dieser ganze Urlaub riecht noch immer nach den ... was heißt Kiefer auf Englisch?«

»*Pine*«, sagte ich.

»Wenn ich morgens aus dem Zelt gekrabbelt bin, und die Luft an manchen Tagen noch frisch war, hab ich als Erstes die Kiefern gerochen.«

»Gott sei Dank«, sagte ich. »Ich dachte schon, du erzählst uns jetzt, wie krass ein Zelt stinkt, wenn fünf vollpubertäre Jungs aufeinanderhocken.«

Max griff in eine Schale mit Chips und warf ein paar Stücke über den Tisch. »Wir haben nicht alle in einem Zelt gepennt, du Schlaumeierin.«

Fehlte nur noch Adam. Er rieb sich das Kinn. »Meine schönste Erinnerung – beziehungsweise ihr Geruch – ist auch mit meiner schlimmsten verknüpft. Na ja, irgendwie zumindest.«

Ich legte ihm meine Hand in den Nacken. Ich wollte ihm sagen, dass er die Frage auslassen konnte, doch da begann er schon zu erzählen.

»Es ist so lange her. Ich war vier.« Adam räusperte sich. Ein Tick. Er hat sich immer geräuspert, wenn er nach Worten suchte.

»Es war Weihnachten. Der Morgen des fünfundzwanzigsten. Ich saß vor unserem großen Weihnachtsbaum – du kennst ihn ja, Marie, er steht in der Eingangshalle und ist echt riesig, und ich weiß noch, wie er mich als kleines Kind beeindruckt hat. Ich musste immer den Kopf in den Nacken legen, um die goldene Spitze sehen zu können. Jedenfalls hab ich da gewartet, dass meine Eltern aufstehen, aber die haben ausgeschlafen. Mein Bruder, er war zwei Jahre älter als ich, ist die Treppen hoch zu ihrem Schlafzimmer gestapft und hat Terror gemacht.« Adam lachte und schüttelte den Kopf. Während ich verstand, dass ich etwas erfuhr, wovon ich nichts wusste, wirkte er, als müsste er sich versichern, dass diese Geschichte wirklich stimmte.

»Zu dritt sind sie dann irgendwann nach unten gekommen, und wir durften unsere Geschenke auspacken. Irgendwann tauchte meine Mutter aus der Küche mit einem Teller warmer Cookies auf. Die durften wir an Weihnachten schon morgens essen. Zimt und geschmolzene Schokolade. Alles ist ziemlich verschwommen, aber der Duft geht mir bis ins Mark.«

An diesem Abend, ein Tag zwischen Winter und Frühling, als die Erinnerungen an das vergangene Weihnachten noch frisch waren, konnte ich bei Adams Erzählung den Zimt fast riechen. Der Duft zog herein, legte sich über uns. Die zuckersüße Untermalung eines sich anbahnenden Gesprächs, auf das wir alle nicht vorbereitet waren.

»Adam, warum hast du mir nie erzählt, dass du einen Bruder hast?«, fragte ich.

Es war so still in der Küche, dass ich das Schleudern der Waschmaschine hinter der verschlossenen Abstellkammer am Ende des Flures hörte.

»Gute Frage. Ich habe keine gute Antwort darauf. Mein Bruder ist ein halbes Jahr später an Leukämie gestorben. Er ist immer da gewesen. Und dann war er plötzlich weg.«

Ich hatte unendlich viele Fragen. Und auch Angst. Ich hatte mir eingebildet, meinen Verlobten zu kennen, und doch wusste ich nichts von der schlimmsten Tragödie seines Lebens. Wenn sie das überhaupt war. Wir hatten uns einmal geschworen, uns alles zu erzählen.

Karla und Max tauschten Blicke aus. Adam fiel aus seiner Starre, streckte sich und sagte: »*That's life, I guess.* Auf die guten Zeiten folgen die schlechten.«

Jeder murmelte irgendwas. Meine Hand kribbelte, sie lag noch immer in Adams Nacken. Ich zog sie zurück und legte sie in meinen Schoß. Selten in meinem Leben bin ich sprachlos gewesen. Jetzt fühlte ich mich entblößt in meiner Unwissenheit vor den Augen meiner Schwester und ihrem Freund, die eine Einheit waren, wie man sie sich kaum vorstellen konnte. Danach spielten wir nicht weiter, und auch das Buch blieb umgedreht aufgeschlagen vor mir liegen. Ich hatte die letzte Frage gestellt. Das konnte man als Ironie sehen. Oder als Hinweis, dass man die richtigen Fragen stellen musste, um zu jemandem wirklich durchzudringen.

Als wir an dem Abend in meinem Kinderbett lagen, sagte ich ihm, dass er mir so große Ereignisse aus seinem Leben nicht verschweigen sollte, doch er antwortete nur, dass er es mir doch jetzt erzählt hätte und es keine weiteren Geheimnisse gäbe. Er wollte nicht reden, also schliefen wir miteinander. Als er mittendrin nach den Handschellen in seiner Reisetasche neben dem Bett fummelte, fragte ich ihn, ob das heute, jetzt, sein musste. Ich war herausgefallen aus meinem unbeschwerten Ich. Mein altes Kinderzimmer wirkte plötzlich erdrückend, und mir war es peinlich, mich an dieses Bett fesseln zu lassen. Doch Sex bedeutete für Adam nicht nur Leidenschaft und körperliche Nähe, sondern auch Übersprunghandlung. Wenn es ihm schlecht ging, zog er mich an sich, egal wo. Ich fand das aufregend. Wie sehr er mich begehrte, und ich ja auch ihn. Wie er ganz genau wusste, was er wollte, nämlich die Oberhand behalten, und wie es unser persönliches Spiel war, dass ich mich dagegen aufbäumte. In dieser Nacht, nach diesem Gespräch, hatte ich kein Verlangen, keine Phantasien, und ich wollte auch keine Spielchen spielen. Doch da schnappten die Handschellen bereits zu.

Am nächsten Tag ertastete ich zwei blaue Flecken an meinem Steißbein. Ich verbuchte den Sex als mentalen Stressabbau, weshalb ich, als ich meinen Rücken im Spiegel betrachtete, Mitleid statt Ärger empfand.

Ich stehe noch immer im Flur, als die Zahnpasta auf den Boden tropft und ich das Wasser in der Bialetti blubbern höre.

Wenn ich dieser Tage an Adam denke, lässt er sich schwerer abschütteln als in den Wochen und Monaten zuvor. Das letzte Jahr unserer Ehe und vor allem das Jahr unserer Trennung, an dessen Ende die Scheidung stand, sind mir gut in Erinnerung geblieben. Vieles davon hätte ich gern längst vergessen.

Doch seitdem ich in das Privatleben des Paares gegenüber eindringe, treten auch Szenen aus der ersten gemeinsamen Zeit zurück in mein Bewusstsein. Die schönen, die leichten, die schmerzhaften und auch die bittersüßen, wie dieser

Abend in Karlas und Max' Wohnung. Zwischen Abschiedsschmerz und Vorfreude, überschattet von dem Wissen, dass Adam etwas mit sich herumtrug, was plötzlich so vieles erklärte. Warum seine Mutter allein in einem Haus an der Küste Connecticuts wohnte, mit zwei Hunden und einer starken Depression, die sie vollkommen von Adam entfremdet hatte. Und warum es, so reime ich es mir bis heute zusammen, seinem Vater so wichtig ist, dass es sein nunmehr einziger Sohn zu etwas bringt. Das Bild einer weitgehend intakten, erfolgreichen und wohlhabenden Familie muss aufrechterhalten werden. Ich vermute, dass sich in den letzten Jahren nichts daran geändert hat.

Ich gieße mir dampfenden Espresso in eine Tasse und frage mich, was in unserer Familie passieren würde, falls Karla sterben sollte. Ich bin mir sicher, dass meine Eltern auf mich keinen Druck ausüben würden – wozu auch? Wir würden mit Trauern beschäftigt sein, einer gemeinsamen Ohnmacht und dann, irgendwann, vielleicht so etwas wie einen Abschluss finden. Es gibt kein Bild von uns, das nach außen hin kommuniziert wird und das man von der Wahrheit lösen kann wie ein Abziehbild. Es gibt unsere Familie, und die kennt jeder im Dorf. Man mag uns oder nicht, man redet über uns oder eben nicht. Erst jetzt, als ich an diesen Spieleabend zurückdenke, gestehe ich mir ein, dass das vieles leicht macht. Doch lange Zeit war es für mich selbstverständlich.

Ich trinke einen Schluck und lasse meinen Blick vom Schreibtisch über das Sofa hin zu dem Paravent mit meinem ungemachten Bett streifen. Unsere Stadtvilla in Boston habe ich geliebt, auch wenn sie nicht so hell war wie mein Apartment hier oben im vierten Stock, weil vor dem Erker im Erdgeschoss ein großer Magnolienbaum stand. Als die ersten butterweichen Wochen unserer Ehe vorbeigezogen waren, begann Adam zu strampeln. Erst im Schlaf, und dann fiel es mir auch im Alltag auf. Er war oft müde, dann schnell überdreht, eine kratzende Rastlosigkeit lag unter allem – egal ob wir zu zweit essen waren, mit Freunden am Wochenende segeln gingen oder Zeit zu Hause verbrachten – ich zwischen zwei Aufträgen, Adam ohne Job, Tage verplempernd. Einmal waren wir bei seinem Vater und seiner Mutter, Cynthia, zum Abendessen eingeladen. Wir wollten gerade aufbrechen, als ich aus dem Badezimmer hörte, wie sich Adam und sein Vater in der Lobby mit angestrengt gesenkten Stimmen unterhielten. Wobei ich Adam gar nicht hörte, sondern nur einen Satz von Matthew, der bis zu mir durchdrang. »Ich bin von Jahr zu Jahr enttäuschter von dir.«

Ich öffne beide Fenster und stelle mich in die Mitte des Raumes. Ein zarter Lufthauch streicht über mich hinweg. Meine Gedanken an Adam ... würden sie doch genauso über mich hinwegziehen. Einfach zu duschen und mich zum Essen zu zwingen, bis der Appetit zurückkommt, hilft schon lange nicht mehr. Ein Teil bleibt immer an mir haften. Es sind nun auch meine Spuren. Manchmal ist es mir möglich, Adam mit anderen Augen zu sehen. So wie in der Nacht in meinem Kinderzimmer. Doch meistens macht mich mein aufkommendes Verständnis für sein Verhalten nur wütend. Ich weiß, dass ich Erklärungen suche, die die Komplikationen des Lebens einfach herunterbrechen. Die mir helfen, das, was uns passierte, herunterzuspielen und in Vergessenheit geraten zu lassen. Und dann suche ich einen grünen Knopf, den ich drücken kann. Neustart.

Ich schaue über den Hof hinweg nach drüben. Das ist es, was mich so wütend macht: dass ich dieses Kapitel vielleicht nie allein schließen kann.

»Zeit allein heilt gar nichts«, meinte Karla nach ihrer Trennung von Max, als wir an ihrem ersten Abend in ihrer neuen Wohnung telefonierten. »Aber ich weiß auch nicht, was ich mit dem schlauen Satz jetzt anstellen soll«, fügte sie hinzu, und dann lachten wir kurz.

Time heals nothing by itself. So nenne ich mal irgendeinen Bilderzyklus. Vielleicht sogar ein Selbstbildnis. Eine allerletzte Ausstellung, wenn ich alt und grau bin. Der Gedanke tröstet mich. Wenn Zeit allein wirklich keine Wunden heilt, dann haben wir ja glücklicherweise genügend davon, um es zumindest auszuprobieren. Zerbrochenes mit allem, was uns guttut, aufzufüllen. All die verdammt guten Momente sammeln und von dieser allgemeinen Fabelhaftigkeit ein Bild schießen.

Ich trete neben das Sofa und blicke noch einmal nach drüben. Nichts. Dann lasse ich die Jalousie nach unten.

EINE WOCHE LANG habe ich Alison und ihren Mann ignoriert. Und es war eine phantastische Woche. Außerdem habe ich nur ein paar Stunden am Tag gearbeitet und mich stattdessen mit Freundinnen getroffen, die ich vernachlässigt hatte. Zweimal war ich beim Yoga und gestern Abend mit Lynn auf einer Vernissage in Brooklyn, um anschließend bei ihr zu übernachten.

Nachdem wir den Vormittag mit Quatschen und Kaffeetrinken verbracht haben, raffe ich mich am Nachmittag auf, um nach Hause zu fahren. Ich fühle mich auf der Rückfahrt nach Manhattan so ausgeruht und entspannt, dass mich die seltene Lust überkommt, den Abend damit zu verbringen, mein Bildbearbeitungsprogramm aufzuräumen, um mein Portfolio zu aktualisieren. Ich biege in meine Straße ein und überlege, was ich mir dazu kochen könnte, anstatt wie so oft Take out zu bestellen, als plötzlich mein Herz stehenbleibt. So fühlt es sich an. Auf den Stufen zu meiner Eingangstür sitzt Adam. Als er mich erblickt, steht er auf. Ich verharre wie ein Reh im Scheinwerferlicht. Ich will mich täuschen, so sehr, doch er ist es wirklich.

»Adam.«

»Marie.«

Trotz der Sommertemperaturen trägt er schwarze Jeans, ein schwarzes T-Shirt und schwere Lederboots, das immer gleiche Modell. Sein dunkles Haar ist kürzer geschnitten als früher, und die Kilos des letzten Ehejahres hat er wieder verloren. Und noch einige mehr. Er ist beinahe dünn.

»Du kannst nicht hier sein«, sage ich so leise, dass ich mir nicht sicher bin, ob ich es nur für mich murmele.

Er tritt auf den Gehweg. »Ich bin beruflich hier. Nur heute. Ich musste dich sehen.«

Ich verstehe nicht. Wie kann das sein? Wie kann er plötzlich einfach so vor mir stehen?

»Lass uns was trinken gehen«, sagt er.

Neugier spielt eine Rolle. Vor allem jedoch der Wunsch, ihm weh zu tun. Mir geht es gut, und ich weiß, dass er mir das ansieht. Ich will, dass er sieht, was er verloren hat. Ich fühle mich wie sechzehn. Jung, verletzt und rachsüchtig.

»*It's been a while*«, sagt er, als ich meinen Eistee umrühre. Das Klirren der Eiswürfel lasse ich als Antwort stehen. Adam umschließt seine Kaffeetasse mit beiden Händen und hält sie fest, ohne daraus zu trinken.

»Ich hab eine Therapie gemacht, Marie.«

»Besser spät als nie, was?« Ich verschränke die Arme und lehne mich zurück.

»Hasst du mich denn so sehr?«

Ich will sagen, dass er mir gleichgültig ist. Dass mir für Hass die nötige Motivation fehlt und dass ich niemanden hasse, weil ich weiß – falsch, weil ich es in einem Ratgeber gelesen habe –, dass sich so ein starkes, negatives Gefühl vor allem auf mich selbst auswirkt. Und auch wenn ich ihn nicht hasse, ist er mir ebenso wenig gleichgültig.

»Wie geht's deinem Vater?«, frage ich, um ihn zu ärgern.

Er lacht leise auf. Er kennt mich, in guten wie in schlechten Zeiten. »Cynthia hat ihn betrogen.«

»Das tut mir leid. Bestell ihm gerne Grüße von mir.«

Ich weiß, wo ich ihn treffe. Er würde seinem Vater nie erzählen, dass er bei mir aufgetaucht ist. Als ich die Scheidung eingereicht habe, rief Matthew mich ein paar Tage später an und sagte: »Ich habe mich von Anfang an gefragt, was du von Adam willst.« Ich habe nichts darauf geantwortet, weil Matthew den wahren Grund für die Scheidung nicht kannte, und weil ich trotz allem, was passiert war, die Abneigung seinem eigenen Sohn gegenüber nicht zusätzlich befeuern wollte.

»Du siehst toll aus«, holt mich Adam zurück.

»Ich weiß«, sage ich.

»Ich google dich manchmal.«

Ich verziehe den Mund.

»Deine Bilder werden besser und besser, das kann man sich kaum vorstellen.«

»Das passiert, wenn man an sich arbeitet«, antworte ich.

Adam nickt. »Ich will dich zurück, Marie.« Er räuspert sich. »Ich wünsche mir, dass du zu mir zurückkommst und wir von vorn beginnen.«

»Nein.«

Er schiebt die Kaffeetasse beiseite und lehnt sich über den Tisch. »Warum nicht?«

»Meinst du das ernst?«, zische ich und lasse meinen Blick durch das volle Café schweifen.

»Zu hundert Prozent.«

Ich beuge mich über meinen Eistee und sage: »*Fuck you!*«

Er weicht meinem Blick aus. »Ich weiß, ich habe viel kaputt gemacht –«

»Du hast alles kaputt gemacht! Du hast …«, beginne ich.

Hol dir das nicht zurück.

Hol dir das nicht zurück.

Ich atme aus. »Weißt du, was? Vergiss es. Du warst selbst dabei. Du weißt, was du getan hast.«

»Ja.« Er senkt den Kopf.

Meine Unterlippe zittert, weil der Mann, den ich einmal liebte, nun hervortritt. Ich sehe den kleinen Jungen, der seinen Bruder verloren hat. Ich sehe den aufsässigen Teenager, der ohne Mutter und mit einem herrischen Vater aufgewachsen ist. Ich sehe den jungen Mann, der nach Europa geflogen ist, um sein Leben auf die Reihe zu kriegen. Und dann sehe ich Adam, wie er an der Galerie vorbeiläuft und ich ihn anspreche. Diesen großen Mann mit den starken Armen und dem klugen Blick, der seine Tiefe und manchmal auch seine Verletzungen preisgibt.

Ich warte. Wahrscheinlich auf eine lauwarme Entschuldigung. Adam starrt weiterhin in seine Tasse, vielleicht ist er auf der Suche nach dem Kaffeesatz, der ihm versichert, dass er sich auf dem richtigen Weg befindet. Ich warte darauf, ihm sagen zu können, dass er sich irrt.

Als ich bemerke, dass auch meine Hände zittern, schiebe ich sie unter die Oberschenkel. Nichts passiert, außer dass meine Wut zu schäumen beginnt.

Und dann halte ich es plötzlich keine Sekunde länger aus in seiner Gegenwart. Ich kippe den Eistee hinunter und verschlucke mich dabei. Ich lege ein paar Dollar auf den Tisch und stürme nach draußen.

Ich laufe nach Hause, meineHöhlemeineHöhlemeineHöhle. Ich nehme den Hörer von der Sprechanlage und lasse ihn baumeln, weil ich die Klingel nicht anders ausstellen kann.

Die Sonnenstrahlen scheinen dünn durch die heruntergelassene Jalousie im Wohnzimmer am Ende des Flurs. Ein Bild, das mich an Urlaub erinnert. An Sicherheit, ans Atmen. An den einzigen Sommerurlaub außerhalb Deutschlands, den meine Eltern mit Karla und mir als Kinder gemacht haben. Wir flogen für zehn Tage nach Andalusien in eine Clubanlage mit allem Drum und Dran: Animationsprogramme für Kinder, All-inclusive-Verpflegung, Golfplatz, mehrere Pools und ein verglaster Aufzug in der riesigen Lobby des Hotels, aus dem man auf einen künstlich angelegten Wasserfall blicken konnte. Wenn ich mittags vor kindlicher Erschöpfung auf einer Liegefläche unter einem Sonnenschirm aus Bast lag, fielen die Sonnenstrahlen hindurch, und ich fuhr mit den Augen so lange die Linien entlang, bis ich einschlief.

In der Küche schenke ich mir ein Glas Wasser ein und wähle Karlas Nummer. Gehrangehrangehverdammtnochmalran.

»Warte kurz«, sagt sie zur Begrüßung, und dann höre ich das Klappern von Geschirr.

»Perfektes Timing, sie sind gerade gegangen.«

»Wer?«

»Na, ich hab doch den Jungesellinnen-Brunch für Eva ausgerichtet. Emil, der Kleine von Sabrina, hat die letzte halbe Stunde nur geschrien, oh Mann, ich sag's dir, das war vielleicht anstrengend. Jetzt sind alle weg, wir treffen uns dann in ein paar Stunden wieder, gehen Abendessen und danach tanzen.«

»Aha, okay …« Ich reibe mir die Augen.

»Du klingst seltsam.«

Adam hat mich aus meiner phantastischen Woche geworfen. Ich habe ganz vergessen, dass meine Schwester einen Junggesellinnenabschied ausrichtet. Einen mit Pause zwischendurch. Ich zögere, ihr von Adam zu erzählen, doch dann kann ich es nicht zurückhalten. Dass er plötzlich vor der Haustür saß, dass wir was trinken waren und ich gegangen bin, als er mich bat, zu ihm zurückzukommen. Ich spüre die Verkrampfungen meiner Muskeln, meine eiskalten Hände trotz der Hitze.

»Sitzt er jetzt wieder vor der Haustür?«, fragt Karla nur.

Mein Puls rennt los. Ich gehe zum Fenster, unter dem mein Schreibtisch steht, beuge mich darüber hinweg und sehe nach unten auf die Straße. Der Hauseingang ist nicht in meinem Sichtfeld, aber der Gehweg und die erste Stufe.

»Ich sehe ihn nicht.«

»Vielleicht sitzt er ja vor der Wohnungstür.«

»Karla!«

»Sorry«, sagt sie und lacht. »Ich bin ein bisschen angetrunken, wir hatten Sekt.«

»Toll. Ich ruf dich morgen an.«

»Jetzt warte! Mich hat das gerade total überfordert. Drei Stunden lang hab ich mir Gespräche über die Vorteile von Waldkindergärten angehört und wer wann das zweite oder dritte Kind will und warum Jens, der Mann von Astrid, seit der Geburt von ihrer Tochter – Bella heißt sie übrigens, weil du letztens gefragt hast – nicht mehr mit ihr schläft. Und dann rufst du an und erzählst mir, dass Adam plötzlich vor deiner Haustür auftaucht.«

»Trink mal einen Kaffee aus deiner Supermaschine«, versuche ich einen lahmen Witz. Ich setze mich und stecke meine Kopfhörer ans Handy, damit ich meine Hände wieder unter die Oberschenkel schieben kann.

»Ich hab schon drei getrunken.«

»Kannst du nicht kommen und meine Hand halten?« Ich sage es nicht so ernst, wie ich es meine.

Karla stellt Geschirr aufeinander. »Marie? Du willst doch nicht zu ihm zurück, oder?«

»Nein! Es hat mich nur vollkommen aus der Bahn geworfen, ihn zu sehen.«

»Hast du Angst, dass er dir auflauert? Ich meine, wir reden hier von Adam. Er hat zwar lange gebraucht, um die Scheidung zu akzeptieren, aber er ist ja kein Stalker oder so.«

Ich schließe die Augen, doch zu viele Szenen schießen durch meinen Kopf.

»Aber verrückt ist das schon. Was macht er denn beruflich in New York? Oder meinst du, das stimmt gar nicht?«

Darauf habe ich keine Antwort. Der Adam, den ich geliebt habe, ist in der Lage, auf die Beine zu kommen. Er ist intelligent und charmant und könnte viele Jobs annehmen. Aber ich kenne auch den Adam, der lügt. Der mich bloßstellt und mich verletzt.

»Ich weiß es nicht«, sage ich dann. »Er wirkte ausgezehrt, und er hat anders geredet. Vielleicht kenne ich ihn gar nicht mehr.«

Wir sprechen noch eine Weile über ihn, dann über den Brunch, und dann sagt Karla, dass sie sich kurz hinlegen müsse, um für den Abend wieder fit zu sein.

»Entweder bist du ein kleines Baby oder eine alte Frau«, sage ich. Durch den Stoff meines Rocks kann ich spüren, wie sich meine Hände langsam aufwärmen.

»Ist mir egal«, sagt sie.

Wir schweigen kurz, dann fügt sie hinzu. »Nimm es ihm

nicht übel. Er hat's halt noch mal probiert. Das war die große, amerikanische Geste. Wenn er wirklich an sich gearbeitet hat und sogar einen Job hat, dann kann ich schon verstehen, dass er dich damit beeindrucken wollte.«

Ich ziehe die Jalousie nach oben und luge über den Hof nach drüben. Die Wohnung liegt im Dunkeln. Dann öffne ich das Doppelfenster. Die Abendluft zieht herein, und ich bleibe eine Weile mit geschlossenen Augen stehen.

Es gelingt mir nicht, mich zu beruhigen. Ich schaffe es einfach nicht. Ich hasse es, dass ich meiner Schwester so viel verschwiegen habe. Alles, was nun zwischen uns steht. Wie soll ich daran anknüpfen, wie soll ich sagen: Es gibt so vieles, was du nicht weißt. Unzählige Male habe ich zu meinem Handy gegriffen, um ein Geständnis abzulegen. Doch die Angst, Karla würde mich danach nie wieder so ansehen wie bisher, ist viel größer als der Wunsch, sie endlich alles wissen zu lassen.

Wieder schaue ich nach drüben. Ich sollte umziehen. Nach Brooklyn vielleicht. Oder zumindest in ein Haus ohne Hof. Und die Bilder löschen. Doch ich könnte sie vorher an die Polizei übergeben, anonym. Kümmert sich dann wirklich jemand darum? Interessiert es den Vermieter, wenn er weiß, wer in seinem Haus wohnt? Wahrscheinlich nicht. Alle schauen weg. Ich könnte alle Bilder löschen und alles vergessen, ich könnte sie in mein Bankschließfach legen und sie dem Schicksal überlassen. Ich könnte aber auch so weitermachen wie bisher. Das Paar dokumentieren.

Ich habe eine Wahl. Alison auch, aber ihre ist schwerer. Ich kann versuchen, sie kennenzulernen, sie rauszuholen. Aber: Ist das meine Aufgabe? Oder ist es sogar meine Pflicht?

Ich trete gegen den Wohnzimmertisch. Der Schmerz

schießt zeitverzögert durch meinen großen Zeh, und ich halte die Luft an.

»Karla, ich muss dir was sagen«, sage ich in den Raum hinein. »Aber du musst mir versprechen, dass wir danach nie wieder drüber reden und dass du mich so ansiehst wie bisher. Wie meine große Schwester, die stolz ist auf mich. Die glaubt, dass ich ein guter Mensch bin. Und dass ich stark bin, auch wenn ich eigentlich schwach bin. Versprichst du mir das?«

Und dann setze ich mich vor das Sofa auf den Boden und ziehe meine Beine an die Brust. Ich halte sie fest an mich gedrückt und lege die Stirn auf meine Knie. Fürs Erste fühlt sich diese Position ganz gut an.

Dann beginne ich zu sprechen. Wort für Wort fügt sich das zusammen, was ich meiner Schwester nie erzählt habe. Als ich mich durch das stechende Dickicht meiner Erinnerungen schlage, streife ich Momente, von denen ich einmal geglaubt habe, ich würde sie ganz vergessen können. Adam, wie er mich zum ersten Mal am Arm packt und durch den Flur schleudert. Adam, wie er mich über Nacht in unseren begehbaren Kleiderschrank einsperrt. Adam, wie er mich ohrfeigt, so dass ich mich danach zwei Tage nicht unter Menschen traue, weil meine Wange erst glüht und dann anschwillt. Und Adam, wie er beim Sex weinend über mir zusammenbricht, weil ich betrunken genug bin, um ihm zu sagen, dass ich ihn verlassen werde.

Ich ziehe die Beine noch fester an mich, doch mein Körper bebt, und meine Hände rutschen immer wieder ab. Alles kommt in Wellen. Nun auch das. Die Bilder unserer Ehe, die sich in mir aufbäumen und abschwellen, sind noch hässlicher, die Gefühle noch intensiver, der Ekel noch widerlicher, der Schmerz noch metallischer, die Scham so heftig, dass ich nach Luft schnappe. Wer bin ich? Bin ich einzig mein

Schmerzkörper, und was lässt er von mir übrig? Alle Empfindungen sind wieder hier, kriechen in mich hinein, strecken sich aus, machten es sich bequem, *willkommen zu Hause.* Und ich bibbere mich hindurch wie auf Tablettenentzug.

Sanft schaukle ich vor und zurück und presse meine Augenlider aufeinander. Ich höre mich leise brabbeln, »das ist die Büchse der Pandora, die ich geöffnet habe«, und dann entfährt mir ein erstickter Laut. Ich lache mich aus für das Klischee. Doch es stimmt. Alles offen. Aufgebrochen liege ich da. Siehst du mich? Kennst du das, was du siehst? Denn ich kann mich nicht mehr verstecken.

KARLA

ICH VERSUCHTE EIN paar Tage lang, eine Routine, irgendeine Form von Normalität, in mein neues Leben zu bringen, das so neu gar nicht mehr war, weil ich mittlerweile bereits vier Wochen in New York war. Ich konnte die Stadt nicht verlassen, bevor ich nicht Maries Wohnung ausgeräumt hatte und bevor ich nicht wusste, was ich mit den Bildern auf dem Laptop anstellen sollte. Mehrmals war mir der Gedanke gekommen, den Ordner ›A‹ einfach zu löschen, doch heutzutage ließ sich nichts mehr einfach so löschen, und alle Daten konnten aus sämtlichen Untiefen hervorgeholt werden. Genauso verhielt es sich mit meinen ganz eigenen. Ich rief meine Eltern an, erzählte ihnen von der drückenden Schwüle, die über der Stadt hing, dem Telefonat mit Maries Anwalt, das ich ganz vergessen hatte zu erwähnen, und dass ich mit dem Packen weiterhin nur langsam vorankam, weil ich auf viele Erinnerungen stieß, die mich dann stundenlang beschäftigten. Wenigstens hatte ich mittlerweile einen Karton zusammengebaut und angefangen, ein paar Dinge, zu denen ich wenig Bezug spürte oder die ich gar nicht kannte, hineinzulegen. Doch nach ein paar Minuten überkam mich jedes Mal eine bohrende Müdigkeit, und ich legte mich aufs Sofa, schaltete den Fernseher ein und döste. Manchmal schlief ich ein, dann rannte ich durch wirre Träume. Ein paar Mal fiel ich in einen so tiefen Schlaf, dass ich bei Einbruch der Dunkelheit hochschreckte und für einen Moment glaubte, alles sei nur ein Traum gewesen.

Deshalb griff ich noch immer sofort nach meinem Handy. Der Name meiner Schwester stand nie auf dem Display. Stattdessen leuchtete Papa oder Lynn auf, manchmal, aber immer seltener Max oder Irmi, eine Freundin und Kollegin, die einen Teil meiner Arbeit beim *Seekirchener Boten* übernahm und mir in regelmäßigen Abständen schrieb, dass ich mir keine Sorgen um meinen Job machen müsse. Ich schrieb ihr nicht zurück, dass ich mir die sowieso nicht machte. Nach wie vor befand ich mich in dem Stadium, in dem mir alles scheißegal war. Glücklicherweise hatte ich genügend Geld gespart, um noch ein paar Wochen mehr unbezahlten Urlaub zu nehmen. Die einzigen regelmäßigen, größeren Ausgaben in den letzten Jahren waren meine Urlaube in New York gewesen. Ich erinnerte mich an ein Gespräch mit Marie, das nur wenige Monate zurücklag. Ich öffnete Whatsapp und suchte unseren Verlauf. Er rutschte immer weiter nach unten. Manchmal überlegte ich, ihr noch mal eine Nachricht zu schicken. Und dann noch eine und noch eine, einzig, um den Gesprächsverlauf weit oben in der App anzeigen zu lassen. Doch hinter meinen Worten würde dann ein einzelnes Häkchen angezeigt werden, da ich ihr Handy ausgeschaltet hatte. Und außerdem war die allerletzte Nachricht zwischen uns von ihr: zwei Emojis. Ein Einhorn und ein Blitz auf die Frage, wie das Fotoshooting tags zuvor gelaufen war. Kurz danach war sie zum letzten Mal joggen gegangen.

Irgendwann fand ich den Link zu einem Artikel des New Yorker, den ich gesucht hatte. ›Traurig, lustig und wahr‹ stand dazu von ihr geschrieben, und ich las zum wiederholten Male den fiktiven und ziemlich amüsanten *Letzten Willen eines armen New Yorkers*. Beim ersten Abschnitt musste ich immer lachen:

Mein klitzekleiner Raum mit seinem winzigen, verschmutzten Fenster, das auf eine Ziegelmauer zeigt, sollte an eine ahnungslose, optimistische Frau gehen, die nach New York City zieht, um ›ihre Träume zu verwirklichen‹. Ich war einmal du. Willkommen in meinem Zimmer und willkommen in der Stadt, die dich nie schlafen lässt, denn dein stressiges Leben hier wird unüberwindbar schwierig sein, auch wegen des Babys, das nie aufhört zu weinen.

Marie hatte kurz zuvor eine Mieterhöhung erhalten, während für mich die Preise, die sie in New York zahlte, sowieso gänzlich unvorstellbar waren. Für ihre (wenn auch gut geschnittene) Ein-Zimmer-Wohnung ging in manchen Monaten mehr als die Hälfte ihres Einkommens drauf, weshalb sie kaum etwas sparte.

»Das werde ich später machen«, hatte sie immer gesagt, denn wenn man schon hier lebte, sollte man das Geld auch ausgeben, und zwar in überteuerten Frühstückslokalen, für Drinks, Theaterkarten und in den kleinen Läden im East Village und in Nolita, die Marie zu unterstützen versuchte. »Ich liebe die Gegend, und sie ist praktisch für meine Arbeit. Aber wenn ich nicht bald reich und berühmt werde, muss ich zu Lynn nach Bushwick ziehen.«

»Oder du heiratest reich. Also, noch mal.«

Daraufhin hatte sie mir ein GIF geschickt, das eine Frau zeigte, die gegen eine Glaswand lief.

»Noch sechs Jahre, dann bist du offiziell New Yorkerin«, sagte ich, um sie aufzumuntern. Gleichzeitig überwies ich ihr zum Spaß fünf Euro per PayPal.

Dann las sie mir ihren Lieblingspunkt aus dem Artikel vor.

Die halb aufgebrauchte Box Cookie-Dough-Eiscreme in meinem Gefrierschrank soll an meinen besten Freund gehen, der an meiner Seite blieb während der Höhen (von denen es nur wenige gab) und Tiefen (von denen es viele gab). Es ist Ben und Jerry's, was bedeutet, dass es sechs Dollar kostete, was bedeutet, dass es dem am nächsten kommt, was ich als Investition bezeichne. Dieses Dessert ist ein Gewinn und sollte so lange wie möglich aufbewahrt werden, damit es wachsen kann (Gefrierbrand).

Ich lächelte noch immer, als es an der Tür klingelte. Ich hasste unangekündigten Besuch. Wenn mir das zu Hause in Seekirch passierte, sah ich immer aus dem Fenster und entschied dann, ob ich öffnete oder nicht. Meine Freundinnen wussten das jedoch und standen dann schon bereit, um mir zu winken.

Ich hoffte, dass es Lynn war, obwohl ich keine Lust hatte, mich ihr zu erklären, weil sie mich so bloßgestellt hatte. Viel weniger wollte ich jedoch mit irgendeinem Bekannten von Marie sprechen, dem ich erklären musste, dass Marie nicht mehr lebte. Oder war es die Polizei, die meinen Notruf nun doch als wichtig einstufte?

Es war Lynn.

»Ich dache, ich komme einfach mal vorbei und schaue, wie es dir geht.« An Lynns kleinen Händen klebten bunte Farbreste, und als sie mich umarmte, sagte sie: »Ich habe eine gute Phase. Sogar eine kreative. Davon will ich dir was abgeben.«

Sie ging an mir vorbei und setzte sich im Wohnzimmer auf das Sofa.

»Hier riecht es nicht besonders gut.«

»Draußen auch nicht.«

Ihr Blick fiel auf den Karton, der vor dem alten Holzschrank stand. »Hast du angefangen? Kann ich dir jetzt dabei helfen?«

Ich fragte mich, ob sie vorhatte, das ganze Thema zu ignorieren. »Lynn, ich –«

Sie unterbrach mich. »Es tut mir leid. Was ich gesagt habe. Das war scheiße und unfair, und auch wenn ich's nicht verstehe – es geht mich wahrscheinlich nichts an.«

Ich bedankte mich für ihre Entschuldigung und erzählte ihr alles.

»Ich glaube nicht, dass Cole und ich uns wiedersehen. Er denkt sicherlich, ich bin verrückt. Was sowieso der Status quo ist.«

»Du bist nicht verrückter als alle anderen auch.« Sie fischte ihre Sonnenbrille aus dem Haar und putzte die Gläser an ihrem bauchfreien Top.

Es klingelte wieder an der Tür. Lynn warf mir einen fragenden Blick zu. »*Three's a party*«, sagte sie und stand auf.

»Warte, ich weiß nicht, wer das ist!«

Ich lief ihr hinterher. Sie nahm den Hörer ab, und ich beobachtete ihren Hinterkopf. Ihr schwarzes, glänzendes Haar bewegte sich keinen Millimeter. Dann drehte sie sich zu mir um. Sie wirkte ehrlich überrascht. »Da ist jemand, der sagt, er sei Adam.«

Noch so ein beschissenes Sprichwort: *Man sieht sich immer zweimal im Leben.* Da ich mein Leben in vor Maries Tod und nach Maries Tod einteilte, traf es zu. Ich lehnte mich an die Wand im Flur.

»Kennen wir einen anderen Adam?«, fragte Lynn. Ihre Hand lag noch immer über der Sprechmuschel.

»Ich kenne nur einen.«

Sie überlegte. »Soll ich nach seinem Nachnamen fragen?«

»Nein. Ich weiß nur nicht, ob ich ihn reinlassen will.«

»Ich find's richtig daneben, dass er unangekündigt vor der Tür steht.« Und dann, bevor ich etwas erwidern konnte, sagte sie in die Sprechanlage: »Wir kommen runter.«

Schon lange vor Maries Tod hatte ich mir versucht einzureden, dass Adam nicht existierte. Marie erzählte ich nie davon, weil ich sie glücklich sehen wollte, doch nachdem er ihr den Antrag gemacht hatte und sie beschlossen, gemeinsam nach Boston zu ziehen, da stellte ich mir Adam als Erinnerung vor. Als jemanden, der weit entfernt von meinem Leben seins lebte, der einmal meine Schwester gekannt hatte, was jedoch lange her war. Damals war ich Mitte zwanzig und gestattete mir diese egozentrische Spielerei, bis die beiden heirateten. Ich sah, dass Maries neues Leben in Boston war – auch wenn ich mir nicht sicher war, ob sie einen Platz in dieser fragwürdigen Ostküsten-High-Society finden würde. Doch die Art, wie Adam sie ansah, machte mir Hoffnung. Also ließ ich meine Schwester gehen. Mir blieb schließlich nichts anderes übrig.

Darauf folgten drei Jahre Ehe. Aus meiner Sicht sehr harmonische erste Wochen, doch dann begann Adams Unruhe, für die Marie, für die wir alle Verständnis aufbrachten. Wir kannten seine Geschichte, wir konnten uns kaum vorstellen, was er erlebt hatte. Ich konnte nachvollziehen, dass er schlecht schlief, konnte auch irgendwo in mir Verständnis für ihn finden, wenn Marie mir andeutete, dass er manchmal laut wurde oder betrunken nach Hause kam und dann weinte. Doch wir – Marie, Max und ich – wir waren die Behüteten. Wir hatten Eltern, die gemeinsam viel erreicht hatten und daran gewachsen waren, die noch immer verheiratet waren und uns Werte mitgegeben hatten, für die wir nur dankbar sein konnten. Ich konnte also nachvollziehen, warum Adam durch sein Leben wankte, doch ich hoffte gleichzeitig, dass meine Schwester ihm nun endlich der nötige Anker war. Doch die Ehe langsam daran zerbrechen zu sehen, war eine der traurigsten Erfahrungen meines Lebens, und in manchen Momenten beschlich mich das Gefühl, dass Marie mir nicht alles erzählte, damit ich mir nicht noch mehr Sorgen machte.

Und so wurde Adam dann doch zu einer Erinnerung. Ich bekam mit, wie schwierig das Trennungsjahr war und wie schließlich die Scheidung über die Bühne ging, doch ich sah ihn nicht mehr. Anfangs schrieb er mir manchmal, versuchte, sich zu erklären und Marie mit meiner Hilfe zurückzugewinnen, aber ich hielt mich weitestgehend heraus und gab ihr nur Ratschläge, wenn sie mich darum bat. Seltsam war, wie aus meinem alten Wunsch plötzlich Realität wurde. Adam verschwand, und was blieb, war ein Polaroid, das sich rückwärts entwickelte, das verblasste, fast vollständig. Und das hatte mir über viele Monate hinweg unendlich leidgetan. Für beide.

Ich lief barfuß die Treppe hinunter, weil ich vergessen hatte, Schuhe anzuziehen. Lynn zog die Tür hinter sich zu. Ich wusste, warum Adam gekommen war. Vor allem wusste ich auch, dass er zu Recht sauer war.

Ich öffnete die Tür und blinzelte. Die Nachmittagssonne schien mir direkt ins Gesicht. Adam stand auf der zweiten Stufe und lehnte am Geländer. Er kaute an seinem Daumennagel, und als er mich sah, verschränkte er die Arme vor der Brust. Da fiel mir plötzlich wieder ein, dass er Ende Juni einfach so vor Maries Tür gestanden und sie sogar gebeten hatte, zu ihm zurückzukehren. Sie hatte sich ein paar Tage lang unwohl gefühlt, doch er war danach nicht mehr aufgetaucht.

Jetzt stand er vor mir. Seine Augen lagen hinter einer dunklen Sonnenbrille verborgen. »Warum hast du mich nicht angerufen, Karla?«

Ich ging ein paar Schritte auf ihn zu, dann lehnte ich mich ebenfalls an das Geländer, weil meine Beine weich wurden. »Hi Adam.«

Ich brachte den fast hageren Mann kaum mit dem (zumindest körperlich) stark wirkenden Adam zusammen, an den ich mich erinnerte.

»Es tut mir leid. Ich konnte einfach nicht«, sagte ich leise und setzte mich auf die Steintreppe.

»Ich war ihr Ehemann!« Er schrie beinahe.

Im Augenwinkel nahm ich wahr, wie Lynn an der Haustür stand, und dann spürte ich, wie sich Adam etwas entspannte. Er setzte sich ebenfalls und sah über ein paar Stufen hinweg zu mir. »Mein Vater hat mir deinen beschissenen Nachruf in irgendeinem Kunstmagazin auf den Tisch geknallt.«

»Ich hab wenig hinbekommen in den letzten Wochen und war nicht ich selbst. Bin's immer noch nicht. Deshalb kann ich mich nur entschuldigen. Willst du ... irgendwas wissen?«

Er knetete sich den Nasenrücken. »Wer war der Scheißkerl? Hat man ihn gefasst?«

Ich fragte mich, wie oft ich diese Geschichte noch erzählen musste. »Ihn trifft wohl keine Schuld. Seine Ampel war grün. Es wurde kein Verfahren eingeleitet.« Ich seufzte, wollte etwas hinzusetzen, doch ich wusste nicht, was.

»Kennst du ihn?«

»Nein. Er hat allerdings Maries Anwältin angerufen und ausrichten lassen, dass er sich mit mir treffen möchte.«

»Was?«, fragte Lynn, und wir sahen beide zu ihr hoch. Sie stand noch immer in der offenen Haustür.

»Ich habe gesagt, dass ich das nicht möchte. Wozu auch?

Er wird traumatisiert sein, wie wir alle, wenn auch auf eine andere Weise.«

Adam schwieg.

»Du weißt, dass ich sie im Juni gesehen habe, oder?«

»Ja.«

Er schüttelte den Kopf. »Wie könntest du auch nicht.«

»Adam, ich …« Doch mir fehlten die Worte. »Es war zu viel. Es ist immer noch alles zu viel. Ich weiß nicht, wie ich das überleben soll.«

Da stand er auf. Ich tat es ihm gleich.

»Ich hab sie auch geliebt, nicht nur du«, sagte er.

»Ich weiß.«

Er trat auf den Gehweg und entfernte sich.

»Adam!«, rief ich, »wohnst du jetzt in New York?«

Ein altes Ehepaar spazierte ganz langsam Arm in Arm an uns vorbei.

»Lass gut sein, Karla.«

Und damit ging er die Straße entlang, warf seine Hand zu einem letzten stummen Gruß in die Luft und bog ums Eck.

LYNN BLIEB NOCH eine Weile. Sie kochte Nudeln mit Tomatensoße und würzte sie so stark mit Pfeffer und getrockneten Chilischoten, dass mir beim ersten Bissen die Tränen kamen. Sie erzählte mir von Andrea, mit der sie nun drei Monate zusammen und noch nicht gelangweilt war. Als ich ihr zuhörte, fiel mir eine Erinnerung an Marie ein.

»Kurz bevor ich mit Max zusammenkam, gab es da einen Typen, der auf Marie stand. Christopher hieß er. Ein Nick Carter für Arme. Und er trug ganz weite Baggy Pants.« Ich schmunzelte bei der Erinnerung daran, wie er die Gänge zwischen den Klassenzimmern entlangschlurfte und meine Lateinlehrerin – Frau Rösch, die sommers wie winters immer große Schweißflecken unter den Achseln hatte – ihn dazu ermahnte, die Füße zu heben und anständig zu laufen.

»Er hat Marie in jeder Pause umkreist, und einmal ist er sogar an der Bushaltestelle in Unteroberheim ausgestiegen, obwohl er zwei Dörfer weiter wohnte. Er hat sie gefragt, ob sie ihm nicht ihr Zimmer zeigen will.«

»Wow«, sagte Lynn, »das war ein Stalker!«

Ich nickte. Eingebettet in der unschuldigen Dorfatmosphäre und angesichts unseres pubertären Verhaltens hatte ich das so noch nie gesehen.

»Er ließ nicht locker, obwohl sie kein Interesse hatte. Hat ihr ziemlich eklige Liebesbriefe geschrieben und ständig bei uns angerufen. Und dann in der Schuldisco hat er sie den ganzen Abend angetanzt. Es war so peinlich.«

»Ugh.«

Ich erzählte weiter, dass Marie damals in einer Phase steckte, in der sie glaubte, lesbisch zu sein. Sie schmachtete ein Mädchen an, das zwei Stufen über ihr war. Die beiden standen am Rande der Tanzfläche und unterhielten sich, doch seine Tanzeinlagen irritierten das Gespräch so sehr, dass das Mädchen Marie irgendwann einfach stehen ließ.

»Eure Jugend war ein extrem schlechter Teenie-Film«, kommentierte Lynn.

»So ziemlich.«

»Marie war so genervt, dass sie Christophers Arm gepackt, ihn nach draußen gezogen und ihm erklärt hat, dass sie auf Frauen steht und er auf jeden Fall eine Geschlechtsumwandlung machen müsste, um von ihr einen Kuss zu bekommen.«

Lynn lachte laut.

»Da ist er knallrot angelaufen, und zehn Minuten später hat er sich an mich rangeschmissen.«

Lynn drehte ihre Spaghetti auf eine Gabel und schüttelte den Kopf. »Scheißkerl.«

Das war die erste Geschichte, die ich seit Maries Tod erzählte, ohne mich sofort unendlich traurig zu fühlen. »Ich hatte das Gefühl, dass mir meine Individualität abgesprochen wurde. Er ging ja nur zu mir über, weil Marie nichts von ihm wollte. Dabei hatte er keine Ahnung, wer ich war, weißt du? Was ich mochte und wie ich tickte.«

Lynn stellte ihren Teller ab und wischte sich mit dem Handrücken über den Mund.

»Wie war denn deine Jugend?«, fragte ich sie.

»Anstrengend. Wie das Erwachsenwerden wohl zu sein hat, oder? Du weißt nicht, wer du bist, da packen dich alle anderen schon in ihre Schubladen.«

Ich nickte.

»Ich kann mich an eine Zeit gut erinnern, da war ich vierzehn ... vielleicht fünfzehn. Da habe ich angefangen, Dinge zu sammeln, die auf der Straße herumlagen. Münzen, Visitenkarten, einzelne Handschuhe, Schlüssel ...«

»Zigarettenstummel?«

»Nichts Ekliges.«

Ich grinste, doch Lynn blieb ernst. »Ich hab mir Geschichten zu den Fundstücken ausgedacht. Und im Kunstunterricht als Projekt eine Ausstellung dazu gemacht. Von da an war ich für alle nur noch die Durchgeknallte. Aber ich wusste für mich: Das will ich machen. Sachen erfinden. Was mit den Händen machen. Altes neu zusammensetzen ...«

Ich fragte sie, woran sie gerade arbeitete, und sie lachte auf.

»*Back to the roots!* An einer neuen Schmuckkollektion. Ich

kombiniere altes Zeug und Fundstücke wie einzelne Perlen oder Federn mit filigranem Goldschmuck.«

Sie zeigte mir ein paar Bilder auf ihrem Handy.

»Die sehen phantastisch aus. Du bist wahnsinnig kreativ, Lynn.«

Sie zuckte die Achseln. »Das macht die Stadt. Ich war neulich in einem Pfandbüro in Brooklyn und habe mich umgeschaut. Irre, was es da alles gibt.«

»Wohnst du deshalb in New York? Wegen der Inspiration?«

Sie drehte ein paar Nudeln auf ihre Gabel und nickte dabei. »Auch, ja. Es ist einfach ein spannendes Leben hier, weißt du? Job, Wohnung, Taxi, Waschmaschine – alles ist ein Kampf, er treibt jeden an die Front. Und gleichzeitig liegt über alledem diese Golightly-Leichtigkeit. Die Möglichkeit, alles sein zu dürfen, über nichts definiert zu werden, sich neu erfinden zu können.«

Ich wusste, was sie meinte. Irgendwann probierte ich noch einmal die Pasta. Als ich auf ein Stück einer Chilischote biss, musste ich husten und schob den Teller von mir weg.

»Sorry«, sagte sie, und wir beide fingen an zu lachen.

Nachdem Lynn gegangen war, nahm ich Maries Bildbände vom Regal und stapelte sie in den offenen Umzugskarton. Ich schaffe das, ich schaffe das, ich schaffe das, sagte ich vor mich hin, während ich mir eine Ausgabe von Peter Lindberghs *A Different Vision of Fashion Photography* an die Brust presste und damit im Wohnzimmer auf und ab ging.

Dicke Wolken zogen über Manhattan, ein Sommergewitter lag über der Stadt. Innerhalb weniger Minuten wurde es draußen dunkel. Plötzlich fiel ein schwacher Lichtstrahl in den Hof. Gegenüber hatte jemand das Licht angeschaltet. Ich legte das Buch weg und trat näher ans Fenster. Licht im Flur und in der Küche. Licht im Wohnzimmer. Licht im Schlafzimmer. Dann sah ich *sie*. Ich warf einen Blick auf mein Handy. Es war zwanzig nach sieben. Oliver MacKinnon würde wahrscheinlich erst in ein bis zwei Stunden zu Hause sein, zumindest wäre das seine übliche Zeit. Ich ging in den Flur und schlüpfte in meine Sandalen. Ich versuchte, nicht zu überlegen. Dann nahm ich den zusammengefalteten Zettel, den ich vor ein paar Tagen an die Magnetwand gepinnt hatte, und griff nach dem Schlüssel.

Zwölf lange Minuten dauerte es, bis jemand die Eingangstür von innen öffnete und ich lächelnd an ihm vorbeischlüpfte, um ins Haus zu gelangen. Ich hatte die ganze Zeit Angst gehabt, erneut Oliver MacKinnon in die Arme zu laufen, doch ich hatte Glück. Mit dem Aufzug fuhr ich in den dritten Stock, stieg aus und ging auf die Wohnungstür zu. Ich gab mir drei lange Atemzüge, um mich zu beruhigen. Dann klopfte ich. Absätze auf dem Parkett. Die Tür wurde aufgerissen. Sie hielt einen Lippenstift in der Hand und roch nach Parfüm. Etwas Blumiges, Frisches. Ihr dunkelbraunes Haar fiel in sanften Wellen bis knapp unter ihre Schultern. Sie zog die Augenbrauen hoch, und ich bemerkte eine feine Narbe an ihrer linken Schläfe.

»Ja?«

»Entschuldigung, dass ich einfach so klingele. Ich bin eine Nachbarin.«

»Ich bin gerade auf dem Sprung.« Sie sagte es freundlich, aber bestimmt.

»Ah. Ich wollte nur fragen, ob Sie zufällig ein Ei haben? Ich backe gerade, und mir ist eins runtergefallen.«

Sie lächelte. »Tut mir leid, mein Kühlschrank ist leer.«

»Oh. Okay.«

»Versuchen Sie es doch bei *Russo's*. Die verkaufen zwar keine, aber da kriegen Sie bestimmt eins geschenkt.« Sie meinte den kleinen italienischen Laden eine Straße weiter, der hausgemachte Pasta und Delikatessen verkaufte.

»Ja. Danke, gute Idee«, sagte ich abwesend und drehte den Zettel in meiner feuchten Hand hin und her.

»Okay dann …«, sagte sie und schob die Tür zu.

»Moment. Hier.« Ich gab ihr den Zettel, den sie zögerlich entgegennahm, verabschiedete mich und ging.

Als ich das Gebäude wieder verließ, regnete es in Strömen. In der Ferne hörte ich einen Donner. Ich rannte die wenigen Meter, schloss die Tür auf und nahm zwei Stufen gleichzeitig. Vielleicht war ich doch spontaner, als ich dachte. Marie galt immer als die selbstbewusstere und impulsivere, doch das waren Charaktereigenschaften, die unser Familien- und Bekanntenkreis auf ihren kreativen Job bezogen und darauf, dass sie ein Leben führte, wie es sich in Unteroberheim kaum jemand vorstellen konnte: auszuwandern und nach der Scheidung auch dort zu bleiben, allein, in einem fremden Land, in einer Stadt, die über die Bildschirme flirrte, deren Lebensader jedoch weit weg von der Unterfrankens pulsierte.

Doch ich, Max und Maries Freunde kannten auch ihre anderen Facetten. Dass sie manchmal nur deswegen ins Wagnis sprang, weil sie ihre Unsicherheit nicht ertrug und ein ungeduldiger Mensch war. Dass sie vieles mit sich selbst ausmachte, weil sie sich nicht traute, ihre tiefsten Sorgen zu teilen.

Menschen neigten dazu, sich gegenseitig in Schubladen zu stecken, einzig, um sich gegenseitig besser greifen zu können. Ich hatte nie widersprochen, wenn bei Familienfeiern Marie als »der Wildfang« und ich als »die Ruhige« bezeichnet wurden. Wir wussten, wie unterschiedlich unsere Charaktere waren, und wir wussten besser als jeder andere, was wir gemeinsam hatten.

Den Zettel zu schreiben war mir deshalb leichtgefallen, weil ich davon ausgegangen war, dass sich die Situation, ihn ihr tatsächlich in die Hand zu drücken, nie ergeben würde. Ihn in den Briefkasten zu werfen oder unter der Tür durchzuschieben war aber nicht in Frage gekommen, weil ich nicht hatte riskieren wollen, dass ihr Mann ihn fand.

Hallo! Ich bin eine Nachbarin, und ich weiß, was Sie durchmachen. Wenn Sie Hilfe brauchen oder einfach nur reden möchten:

Und dann setzte ich meine Handynummer darunter. Meinen Namen behielt ich vorerst für mich.

In den ersten Minuten nach unserem kurzen Gespräch an ihrer Wohnungstür checkte ich ständig meine Nachrichten. Doch das Handy blieb stumm. Als ich wieder in Maries Wohnung war und einen Blick über den Hof wagte, lag das Apartment der MacKinnons bereits im Dunkeln. Ein paar Stunden später ging ich ins Bett.

Als ich um sechs Uhr aufwachte und nicht mehr einschlafen konnte, leuchtete lediglich eine Nachricht von Max auf, in der stand, dass er sich freuen würde, wenn ich was von mir hören ließ. Ich schrieb ihm zurück und fragte, ob er noch wach sei. Dann stand ich auf und befüllte Maries Bialetti mit Kaffeepulver. Als das Wasser kochte, klingelte mein Telefon.

»Guten Morgen«, sagte ich und goss den heißen Kaffee in eine Tasse.

»Guten Abend. Ich geh gerade ins Bett.«

Es war sofort wieder wie früher. Natürlich erinnerte ich mich an die Unbeholfenheit zwischen uns, als wir uns das erste Mal geküsst und uns eingestanden hatten, dass wir nun Freundschaft gegen Liebe tauschten und das auch nach hinten losgehen konnte. Doch wir glitten so schnell hinein in eine funktionierende und für mich damals vollkommene Beziehung, dass vor allem dieses Gefühl meine heutige Verbundenheit zu ihm ausmachte. Der Mann, der so lange an meiner Seite war und mich acht Monate nach unserer Trennung noch immer anrief. Keine Ahnung, ob das normal war. Maries Tod hatte meine langsam aufkeimende Vorfreude auf einen Neuanfang tiefschwarz übermalt. Dass ich Max niemals auf allen Ebenen verlieren wollte, daran hatte sich jedoch nichts geändert.

»Wie geht's dir?«, fragte er.

Ich trank einen Schluck und verbrannte mir die Zunge. »Tageweise geht's bergauf. Aber ich frage mich schon, ob ich jemals wieder ›gut‹ antworten werde.«

»Das wirst du«, sagte er.

Max holte mich mit seinem Anruf aus der Stadt heraus und setzte mich neben sich aufs Bett. Das tat gut. Das war etwas, was ich kannte. Ich stellte mir vor, wie er unter die Bettdecke kroch. Wie er das Handy an sein Ohr hielt und dann die Augen schloss.

»Max«, begann ich, »ich traue mich einfach nicht, ihre Sachen wegzupacken. Ich kann nicht alles nach Deutschland schicken lassen, ich muss mich von so vielem trennen, aber ich weiß nicht von was. Und wenn ich anfange – und ich hab schon damit angefangen, aber nicht so richtig –, also wenn ich richtig anfange, dann gibt es kein Zurück mehr, und was ist, wenn der Moment gekommen ist, an dem jeder wieder einfach sein Leben lebt und jemand anderes in dieser Wohnung wohnt? Dann gibt es nur noch unsere Erinnerungen, und auch die verblassen. Wir sind noch so jung. Ich hab Angst, dass ich irgendwann, wenn ich alt bin, vergessen werde, dass ich mal eine Schwester hatte. Wenn auch nur für einen Moment, aber dieser Moment wird vielleicht wirklich kommen, und er fängt doch schon da an, wo ich ihre Sachen zusammenpacke und ... wegwerfe.«

Ich weinte.

»Karli, hör mir zu«, sagte er mit seiner sanften Max-Stimme, die nie beunruhigt klang, sondern immer so, als hätte er zu jederzeit alles unter Kontrolle. »Atme. Beruhige dich.«

Ich schnappte nach Luft.

»Du bist nicht allein, es geht uns allen so. Und du wirst nie allein sein mit dem Schmerz. Es wird besser werden, und trotzdem wirst du sie nie vergessen. Auch nicht für einen Moment. Niemand wird sie vergessen.«

Ich wischte mir über die nassen Wangen.

»Du weißt, dass ich zu dir kommen kann. Ich hab das deutlich gemacht, oder? Ich räume die Wohnung in einem Tag aus, und du fährst ans Meer oder so.«

»Ich weiß. Danke. Aber ich glaube, das wäre dann noch schwieriger für mich. Ich will es ja selbst machen und alles ganz bewusst entscheiden. Man kann es mir nicht recht machen, ich bin ein absolutes Desaster.«

»Weißt du was von Harry? Wie lange bist du noch freigestellt?«

Ich putzte mir die Nase mit einem Stück Klopapier und mied den Blick in den Badezimmerspiegel. »Ich hab unbezahlten Urlaub. Das geht schon klar.«

Ich hörte, dass er die Bettdecke zurückschlug und wünschte mir, mich neben ihn legen zu können. Doch ich konnte nicht sagen, ob es dabei um ihn ging oder ob ich einfach von irgendwem gehalten werden wollte.

»Max, ich wollte dir noch was sagen.«

»Was?«, fragte er.

»Ich will, dass du weißt, dass du ... dass ich auch eine Weile ohne dich klarkomme. Ich will unsere Freundschaft, oder was auch immer wir nun haben, nicht ausnutzen, weil es mir schlecht geht.«

Er atmete laut ein und aus. Jetzt würde ich zurechtgewiesen werden.

»Ich kann's nicht mehr hören, Karli. Hör bitte auf, dir um mich Sorgen zu machen.« Er hielt kurz inne. »Scheiß drauf, ich sag es dir jetzt einfach. Ich hab jemanden kennengelernt. Es ist weit entfernt von was Festem, und das wird's auch nie werden. Aber wenn ich kein Teil deines Lebens mehr sein wollte, Herrgott noch mal, dann wär ich es auch nicht.«

Ich hatte geahnt, dass da jemand Neues war. Er wurde schon immer umschwärmt wie von Motten das Licht, bereits in der Schule, später auf Partys, unabhängig davon, ob ich dabei war oder nicht. Und Max war der Einzige, der es nie bemerkte. Es überraschte mich, wie sehr es mich traf, dass da nun jemand anderes war.

»Ich habe auch beschissene Trauerschübe, Karli. Aber das verbindet eben. Ich will für dich da sein, und das hilft auch mir.«

»Okay«, sagte ich. Und dann: »Kenne ich sie?«

Er wartete einen Moment. »Nein.« Und als ich nichts sagte, fügte er hinzu. »Ich bin traurig, Karli. Ich hab so viel verloren innerhalb von sechs Monaten. Sie hat was Ähnliches erlebt. Wir lenken uns einfach ab.«

Ich fühlte mich schlecht. »Ich muss jetzt auflegen, Max.«

»Was machst du heute?«

Ich biss mir auf meine pelzige Zungenspitze. Der Kaffee war noch warm. Da fiel mir alles wieder ein. *Sie*. Und der Zettel.

»Ich weiß es nicht«, sagte ich.

MARIE

ICH GEHE GERN zu Fuß, schon immer. Und bin in ein Land gezogen, in dem kaum jemand zu Fuß geht.

Glücklicherweise hat es mich nicht nach Los Angeles verschlagen, wo absolut nichts fußläufig ist und das Leben ausschließlich an den Fenstern des eigenen SUVs vorbeizieht, sondern nach New York, wo zwar alle im Stechschritt unterwegs sind, aber viele verstehen, warum ich lieber ein paar Blocks laufe, anstatt aus einem runtergekühlten U-Bahn-Waggon auf eine heiße, stickige Plattform gespuckt zu werden. Für viele, die mich nicht näher kennen, bin ich die Deutsche, die meist eine Kamera schultert und läuft, läuft, läuft. Wenn ich verabredet bin und die Zeit dazu habe, dann fahre ich ein bis zwei Stunden früher zum Treffpunkt und mache einen Spaziergang in der Gegend.

An diesem Abend bin ich zu einer Rooftop-Party in Brooklyn eingeladen. Es ist das erste Mal, dass ich nach meinem Zusammenbruch vor zwei Tagen unter Leute gehe, und ich bin nervös. Deshalb fahre ich mit der U-Bahn ein paar Stationen weiter, um dann von South Williamsburg Richtung Norden zu laufen. Mein unschuldiger Gedanke – ein bisschen Spazierengehen und Fotografieren könnte mich etwas entspannen.

Alle paar Blocks wechselt das Stadtbild. Afroamerikanische Communitys gehen in jüdisch-orthodox geprägte Straßenblocks über, wo man Männer mit Schläfenlocken und langen Bärten sieht. Ich erinnere mich daran, dass ich einmal eine junge Frau fotografierte, die dem Chassidismus angehörte, einer sehr strengen jüdischen Glaubensgemeinschaft, die mitten in Williamsburg und gleichzeitig abgekapselt von der Welt um sie herum lebt. Ein Journalist schrieb eine Reportage über sie, und ich machte Fotos von ihr, während sie ihr langes Haar gemäß ihrem Glauben direkt nach der Hochzeit abschneiden ließ, um ihr Leben lang eine Perücke zu tragen. Bei der Erinnerung fasse ich mir unbewusst ins Haar und frage mich, wie es der jungen Frau wohl geht.

Matt und Fiona habe ich vor drei Jahren über Lynn kennengelernt. Matt studierte wie sie an der NYU und arbeitet mittlerweile als Pressereferent bei UNICEF. Fiona ist Buchhändlerin und im achten Monat schwanger. Sie hat Lynn und ihren besten Freundinnen verboten, eine Babyshower für sie auszurichten, stattdessen laden sie den gemeinsamen Freundeskreis auf die Dachterrasse des Apartmentkomplexes ein.

Als ich durch die Tür des Treppenhauses nach draußen trete, klemme ich mein Geschenk, eine Schallplatte von Destiny's Child, unter den Arm. Es war die Idee von Fionas Schwester, dass wir alle dem Baby ein Album schenken, das uns einmal besonders wichtig war oder noch immer ist. Dazu hat jeder von uns ein paar Zeilen in ein dickes, in Leder gebundenes Buch geschrieben, was Matts und Fionas Tochter überreicht wird, sobald sie lesen kann. Ich habe mich für Destiny's Child entschieden, weil ich die Band mit fünfzehn rauf und runter gehört habe und ich den Gedanken schön fand, die Kleine würde es irgendwann ebenfalls tun. Ich hoffe, mir von ihr in einigen Jahren erklären lassen zu können, welche Bands vergleichbar sind mit den Girlgroups der frühen Zweitausender, von deren Selbstbewusstsein ich mich damals beeindrucken ließ.

»Du siehst phantastisch aus«, sage ich, als Fiona plötzlich neben mir steht.

Sie trägt ein langes, geblümtes Kleid, das nach einem Vintage-Fund aussieht und weich über ihren Bauch fällt. In ihrem roten Haar steckt ein Blumenkranz. Sie winkt mein Kompliment ab, und ich trinke einen Schluck eiskalten Cranberrysaft, den Fiona mit einem Schuss Orange und frischer Minze als Drink des Abends gewählt hat. Sie besteht darauf, dass niemand Alkohol trinkt, weil sie sich selbst so sehr nach einem Glas Weißwein sehnt, also haben wir nur Softdrinks zur Party mitgebracht.

»Ich freu mich riesig für euch«, sage ich, meine es ernst und spüre doch, wie sehr ich um jedes meiner Worte kämpfen muss. Sieht man mir an, wie schlecht es mir geht? Sieht man es mir nicht an? Und was ist mir eigentlich lieber?

»Und wie geht's dir?«, fragt Fiona. Wir stehen etwas abseits und blicken Richtung Südwesten auf die Williamsburg Bridge.

»Mir?« Ich höre Lynn lachen und drehe mich zu den anderen um. Sie hat einen Arm um Andrea gelegt und unterhält sich mit einem Mann, den ich nicht kenne.

»Geht's dir gut? Du machst einen etwas abwesenden Eindruck.«

Ich hole mich zurück. »Ja – ja, mir geht's gut. Es ist nur …«

Sie schaut mich fragend an.

»Ich bin ein bisschen durch den Wind. Ich stelle gerade einiges in Frage. Manchmal habe ich diese Phasen. Das letzte Mal, als ich so drauf war, habe ich mich scheiden lassen, also bleibt es wohl spannend, was diesmal passiert.« Ich lächle, doch es ist nicht echt.

Fiona streicht sich über den Bauch. »Ich kenne das. Mich begleiteten diese Phasen schon meine ganze Schwangerschaft.«

»Wirklich? Du wirkst auf mich so angekommen und glücklich.«

»Jetzt ja.« Sie zieht eine Grimasse, und dann wenden wir unseren Blick wieder der Brücke zu. Vereinzelt kann ich Jogger erkennen, viele Spaziergänger, die meisten vermutlich Touristen, die für den Sonnenuntergang gekommen sind.

»Willst du Kinder?«

Eigentlich mag ich diese Frage nicht, weil ich sie als zu intim empfinde. Doch in diesem Moment – und vielleicht liegt es daran, dass Fiona nicht meine Mutter oder eine nervende Tante, sondern eine schwangere Freundin ist – verspüre ich Dankbarkeit, dass mich jemand nach meiner Zukunft fragt. Manchmal geht es vielleicht weniger um die Frage, sondern vielmehr um die Person, die sie stellt. Ich trinke einen Schluck und hoffe, dass ich meine eigene Antwort erfahre, sobald ich meinen Mund öffne.

»Früher wollte ich keine. Ich wollte raus aus meinem Nest, losziehen und Abenteuer erleben.« Ich mache einen abfälligen Laut.

»Hat doch geklappt.«

»Ja. Ich konnte mir nie ein Leben mit Kindern vorstellen. Weil ich immer dachte, ich würde unterwegs sein – heute hier, morgen dort.« Ich schwenke mein Glas, und die Eiswürfel klirren. »Aber jetzt«, sage ich und kenne das Ende des Satzes nicht, »... vielleicht schon. Ich spüre ein seltsames Verlangen nach Sesshaftigkeit.«

Ich lache, und Fiona lacht auch. »Wenn du Sesshaftigkeit sagst, hört sich das sehr spießig an.«

Doch so ist es nicht gemeint.

»Warst du mit Adam nicht sesshaft?«

Ich umschließe mein Glas fester, betrachte vor meinem inneren Auge unser Haus in Boston. Ich wage es nicht, hineinzugehen. »Wir waren gemeinsam an einem Ort, ja. Und verheiratet. Das war der Rahmen. Aber innendrin sah es anders aus. Ich war oft in New York für Aufträge, und Adam hatte mit sich und seinem Leben zu kämpfen. Ich schätze, wir haben viel zu früh geheiratet.«

Sie nickt, und ich versuche, Abstand von Adam zu gewinnen.

»In letzter Zeit, wenn ich spätabends vor meinem Laptop sitze, dann frage ich mich plötzlich, wofür ich das alles mache. Ob meine Arbeit Sinn ergibt, ob die Welt meine Bilder wirklich braucht.« Das ist die Wahrheit, die Fiona mir entlockt. Sie legt die Stirn in Falten.

»Sorry, das ist alles ziemlicher Quatsch«, schiebe ich nach. »Ich war schon immer frühreif, die Midlife-Crisis kommt bei mir also schon Anfang dreißig. Ich bewundere dich. Und Matt. Ihr habt euch gefunden, ihr wisst beide, was ihr wollt, und baut euch das gemeinsam auf. Darum geht's doch, oder?«

Wieder streicht sie über ihren Bauch. »Marie, das ist nur ein Beispiel, wie das Leben aussehen könnte. Manche Frauen entscheiden sich gegen ein Kind, und das ist vollkommen okay. Andere wollen eins, haben aber keinen Partner, also ziehen sie es alleine durch. Und manche haben halt eine Krise mit Anfang dreißig.« Wir lachen noch einmal, jetzt klingt es etwas befreiter. »Du hast dir Raum genommen für deine Kunst. Das ist doch erst mal das Wichtigste: dass du dich selbst siehst. Was haben wir denn vom schönen Leben, wenn wir's nicht sehen, wenn wir's nicht wagen, es auszufüllen?«

Ich gehe einen Schritt auf sie zu und umarme sie.

»Du bist echt gut«, sage ich dann.

»Hey Fiona!«, ruft jemand, und wir drehen uns um.

»Komme!«

Ihre hellgrünen Augen suchen meine Bestätigung, dass alles in Ordnung ist. Ich nicke ihr zu, dann gehen wir zurück zu den anderen. Ablenkung, denke ich mir. Was ich brauche, ist Ablenkung, und zwar schnell.

»Ist eigentlich irgendein Mann hier, der Single ist und den du guten Gewissens vorstellen würdest?«, sage ich vorsichtig grinsend. »Frage für eine Freundin.« Ich lasse meinen Blick über die Gäste schweifen, die sich unter bunten Lampions ziemlich steif und ziemlich nüchtern im Takt von *All night long* bewegen.

ICH GING MIT der Telefonnummer von Dr. Ramirez nach Hause. Sie hatte sich mir als Angela vorgestellt, und dann sprachen wir erst über den New Yorker Sommer, dann über unsere Verbindungen zu Matt und Fiona.

Angela oder Dr. Ramirez, ich kann mich nach unserem Gespräch nicht entscheiden, wie ich sie nennen soll, ist die Lebensgefährtin von Matts Vater. Eine kleine Frau Mitte fünfzig, mit rundem Gesicht und einem Vorderzahn, der leicht über dem anderen steht. Wir verstanden uns auf Anhieb. Sie erzählte mir, wie ihr Vater sie mit zehn Jahren an der mexikanischen Grenze in einen Bus setzte und sie in Houston von ihrer Tante abgeholt wurde. Von den sieben Jahren, die es brauchte, um eine permanente Aufenthaltsgenehmigung zu bekommen, und wie sie mit Hilfe einer engagierten Lehrerin ein Stipendium für Migrantinnen in Anspruch nehmen durfte. Ich versank in ihrer Lebensgeschichte. Irgendwann fragte ich sie, ob ich sie einmal fotografieren dürfe, wodurch wir auf mich zu sprechen kamen. Auf meinen Lebensweg. Und während ich ihr erzählte, woher ich kam und warum ich in New York lebte, stellte ich fest, wie spannend es war, sich selbst beim Zusammenfassen der eigenen Lebensgeschichte zuzuhören. Manches ließ ich aus, manches schmückte ich aus – die Gründe dafür waren mir nicht immer klar. Ich erzählte ihr auch von Adam, doch ich erwähnte ihn lediglich als Bindeglied zwischen meiner Vergangenheit und Gegenwart, zwischen meinem deutschen Leben und dem amerikanischen, das ich nun seit vier Jahren neu zusammensetzte. Ich spürte, wie heikel es war, seinen Namen auszusprechen, denn es öffnete sich dabei ein Minenfeld aus Tränen, Blutergüssen, Blumensträußen und Versöhnungssex, fliegenden Gegenständen und Umarmungen, die mich zu ersticken drohten. Angela / Dr. Ramirez und ich saßen irgendwann allein an der mit frischen Hortensien dekorierten Tafel, und wenn ich etwas von mir offenbarte, legte sie den Kopf schief.

»Kann man das ablegen? Psychotherapeutin zu sein?«

Sie lachte. »Ich kann privat sein, das muss ich auch. Aber ich kann's nicht lassen, Menschen zuzuhören und ihnen Raum zu geben.«

»Was für eine schreckliche Angewohnheit«, sagte ich, und wir lachten beide.

»Hast du mich denn schon durchleuchtet? An welchem Punkt ist bei mir alles schiefgelaufen?« *Bitte sag's mir. Sag mir, was ich falsch gemacht habe, und dann sag mir, dass alles wieder ganz schnell gut wird.*

Sie legte einen Arm über ihre Stuhllehne und wirkte dabei so lässig und vertrauenswürdig, dass ich wusste, warum sie den Job macht. Sie kann ihn einfach.

»Ich glaube nicht, dass ich jemanden durchleuchte. Ich höre zu und hake nach. Das ist ein Prozess, der dauert. Ich zeige den Weg auf, um dort hinzugelangen, wo die Menschen selbst Antworten finden. Wir haben dann oft gleichzeitig einen Aha-Moment.«

»Stößt man dann gemeinsam an? Gibt es eine Minibar in der Praxis?«

Sie schmunzelte. »Du weißt schon, dass du Humor als Abwehrmechanismus und Selbstschutz benutzt, oder?«

»Ich weiß. Ich bin Chandler.«

Sie runzelte die Stirn.

»*Friends?*«

»Ah. Nie gesehen.«

Und dann zog ich Angela / Dr. Ramirez damit auf, dass sie *die* New Yorker Serie nie gesehen hat, und breitete die Erzählstränge und Figuren vor ihr aus. Nach einer Weile unterbrach sie mich und sagte: »Also, Moment. So wie ich das sehe, bist du eher eine Mischung aus Phoebe und Monica. Phoebe ist selbstbewusst und hat es zu ihrer Identität gemacht, anders zu sein und aufzufallen. Monica ist klug und weiß ganz genau, was sie will, aber sie kennt ihren Wert nicht und macht deshalb einige Umwege.«

Ich war baff. »Und wer bist du?«

Da griff sie nach ihrem alkoholfreien Bier, grinste und schwieg.

Ihre Karte liegt jetzt in meiner Schreibtischschublade.

»Wenn du mal einen Kaffee trinken magst«, hat sie gesagt. »Oder reden möchtest.«

Und da wusste ich nicht mehr, ob sie Angela oder Dr. Ramirez für mich ist. Ich wusste nicht, ob mit dieser Einladung eine Therapiestunde oder ein Gespräch unter Freundinnen gemeint war. Plötzlich schüchtern und auch etwas verlegen habe ich die Karte entgegengenommen und sie zum Abschied umarmt. Jetzt stehe ich vor der offenen Schublade und frage mich: Habe ich zu viel von mir erzählt?

Ich schließe die Schublade und greife nach meinem Handy. Es ist kurz vor Mitternacht, und ich bin zu aufgekratzt, um ins Bett zu gehen. Ich überlege, Benji zu schreiben, tue es aber nicht. Durch Adams Auftauchen vor einer Woche ist etwas in meinem Leben verrutscht. Bei den letzten Shootings war ich unkonzentriert. Ich sehe ihn ständig auf der Straße, obwohl er es nicht ist, ich checke mein Handy, ich checke mein Türschloss, vor allem jedoch habe ich gecheckt, dass es so nicht mehr weitergeht.

Doch Adam, vielmehr die Bilder von Adam, kleben fest. Er schaut mich an, durch mich hindurch, er sagt, ›ich kenne dich besser als alle anderen‹, und ich will nicht, dass das stimmt. Ich bekomme den Mann, der mir vor kurzem im Café gegenübersaß, nicht mit dem zusammen, den ich geheiratet habe, und erst recht nicht mit dem, von dem ich mich habe scheiden lassen.

Lange habe ich mich gefragt, wie es mir gehen würde, wenn ich ihn wiedersehe. Jetzt ist es passiert, und ich fühle mich unvollständig. Nicht, weil ich mich nach ihm sehne, sondern weil er mir eine Lücke aufzeigt, die ich nicht zu füllen weiß.

›Reiß dich zusammen‹, denke ich und lasse mich aufs Sofa fallen. ›Sinnkrise mit Anfang dreißig, obwohl du alles hast. Du verhältst dich wie ein kleines, privilegiertes Arschloch.‹

Und dann muss ich lachen. Es ist alles in Ordnung. Es ist alles okay. Die Gedanken an Adam werden wieder verschwinden. Und danach werde ich das Leben weiterleben, das ich mir aufgebaut habe, mit wunderbaren Freunden, unbezahlbaren Erfahrungen, einem Job, der schon oft mein Rettungsanker war, und einer Familie, die mich liebt.

Wieder greife ich zum Handy. Ich schicke Karla eine

Sprachnachricht, dass ich etwas verändern wolle, aber nicht wüsste, was. »Wenn du im August wieder bei mir bist, startet Projekt Marie 2.0. Ich habe keine Ahnung, was ich damit meine, aber ich hab da so 'ne Ahnung, dass du es wissen könntest. Hab dich lieb, bis dann.«

Danach drehe ich mir einen Joint und schicke Benji ein Foto davon mit dem Satz, dass er mir noch immer fünfzig Dollar schuldet, weil er meinen Vorrat geklaut hat. Ich drehe ein altes Album von Lauryn Hill auf, klettere auf die Feuerleiter und schaue in den Himmel. Er ist dunkelblau. So pechschwarz wie auf dem fränkischen Land wird er nie über dieser Stadt. Zu viele Lichter, zu viele Leben. Dunkelblau ist das New Yorker Schwarz. Ich ziehe an meinem Joint und hörte Karla sagen, dass das einer von vielen Nachteilen an Großstädten ist. Dass man sich die Sterne vorstellen muss. Ich kneife die Augen zusammen und kann ein paar winzige, leuchtende Punkte ausmachen. Vielleicht sind es aber nur Flugzeuge.

In den letzten Jahren saß ich viele Male hier draußen. Ich dachte an alles und manchmal an gar nichts, ich bekam vieles von meinen Nachbarn mit, das meiste interessierte mich nicht, doch so ist das Leben in Großstädten. Alle geben vor, die Anonymität zu lieben, und doch wissen wir so viel übereinander, manchmal sogar genau das, was wir so mühevoll voreinander verstecken wollen. Wir drängen uns auf dem allerkleinsten Raum zusammen – Manhattan ist das beste Beispiel dafür – und liegen wach im Bett, weil jemand um drei Uhr morgens Klavier spielt, weil irgendjemand immer streitet, weil manche Wände so dünn sind, dass man komplette Telefongespräche mitbekommt, weil jemand – ich – um Mitternacht Musik aufdreht und weil im Sommer alle bei offenen Fenstern Sex haben, nicht nur das Paar von gegenüber.

Die Wohnung von Alison und ihrem Mann liegt im Dunkeln. Seitdem ich die heftigen Auseinandersetzungen zwischen den beiden immer öfter mitbekomme und teilweise dokumentiere, sitze ich nie entspannt hier draußen. Ich weiß, dass das, was ich tue, falsch ist, wenn ich nicht so schnell wie möglich die nötigen Konsequenzen ziehe. Manchmal stelle ich mir vor, jemand findet die Fotos auf meinem Laptop, ohne einen Kontext dazu zu haben. Ich würde wie eine Psychopathin wirken. Und manchmal stelle ich mir vor, dieser Jemand ist meine Schwester. Die würde mich nämlich fragen, was zur Hölle mit mir los ist, und mich zwingen, die Bilder zu erklären, und dann würde ich ihr alles sagen müssen, und obwohl ich bei dem Gedanken eine Gänsehaut bekomme, wünsche ich mir manchmal genau das.

Ich nehme noch einen Zug und sehne mich nach einem Glas fruchtigen Rosé, doch ich habe keinen da, und nach draußen gehe ich nicht noch mal. In unruhigen Nächten wie heute spüre ich den Schutzmantel, der meine Wohnung ist. Was für ein riesiges Glück, die eigene Wohnungstür von innen schließen zu können und ein Dach über dem Kopf zu haben. Für ein Projekt mit einer Hilfsorganisation habe ich letztes Jahr Obdachlose fotografiert, und eine Aussage ist mir besonders im Gedächtnis geblieben. Ein Mann Mitte fünfzig sagte zu mir: »Ich hasse es, keine Tür mehr hinter mir schließen zu können. Heute kann ich nur noch der Straße meinen Rücken zudrehen, aber viel mehr geht nicht. Die meisten Leute denken, wir bräuchten Essen und Drogen, um zu überleben. Aber an Privatsphäre denkt niemand.«

Als ich den Joint fertig geraucht habe, stehe ich auf und strecke mich. Ich klettere nach drinnen und sehe im Augenwinkel einen Lichtkegel in der Wohnung gegenüber. Eine Taschenlampe. Ich bin schon ziemlich benebelt, und mein Kopf stemmt sich gegen jeglichen Anflug von logischem Denken.

Doch dann schaffe ich es, mir bewusst zu machen, dass ich einen Einbruch beobachte. Ich taste nach meinem Handy. Ich finde es und umschließe es. Der Lichtstrahl bewegt sich von der Diele zum Wohnzimmer. Lediglich eine feine Silhouette dahinter kann ich erkennen. Mein Herz überschlägt sich. Das Gras habe ich geschenkt bekommen und hätte wohl erst mal eine kleinere Menge probieren sollen. In meiner Pubertät habe ich einmal mit heftigem Herzrasen auf Marihuana reagiert und dann jahrelang die Finger davon gelassen, bevor ich im Studium wieder angefangen habe.

Ich versuche, mich zu beruhigen, und fange an, tief zu atmen. Ich kann einfach einen Notruf absetzen und ins Bett gehen, schließlich ist es nur ein Einbruch. Doch gegenüber wird das Licht eingeschaltet. Im Wohnzimmer. Immer wieder verschwimmt der Lichtkegel vor meinen Augen, einzelne helle Flecken entstehen, tanzen, formen sich wieder zu einem grellen Punkt zusammen.

Als ich endlich die Situation verstehe, halte ich die Luft an und presse sie in meinen Brustkorb. In dem Sessel neben der Stehlampe sitzt *er*. Und die Person, die mit der Taschenlampe ihres Handys durch die Wohnung geht, ist Alison. Ihr Mann steht nicht auf. Sie bleibt im Türrahmen stehen. Ich glaube, sie reden, doch weil ich mein Objektiv nicht zur Hand habe, bin ich mir unsicher. Hat sie sich im Dunkeln in die Wohnung geschlichen, um ihn nicht zu wecken?

Meine Kamera liegt in der Tasche, die ich im Flur stehen gelassen habe. Mein Kopf arbeitet langsam, mein schneller Herzschlag macht mir Angst, ich bekomme die unterschiedlichen Geschwindigkeiten in meinem Körper nicht unter Kontrolle. Ich rühre mich nicht.

»Steh auf«, fordere ich mich laut auf, doch ich tue es nicht, »ruf endlich die Polizei«, sage ich, doch ich tue es nicht.

Irgendwas zieht mich weg, woandershin, obwohl ich mich nicht bewege.

Ich schließe die Augen, nur für einen Moment. Alles ordnen, Marie, einfach alles kurz sortieren, und dann ist's gleich wieder gut. Doch ich entferne mich immer mehr von der Situation. Das Gefühl von Schwerelosigkeit. Rauschen in meinen Ohren, wie unter Wasser, leicht, ganz ohne Halt und Form, und doch ist da gleichzeitig ein immenser Druck auf meinem Körper. Ich steige hinab in meine Tiefen.

Ich bin zurück in Boston. Adam ist auch da. So wie all die Male in meinem ersten Jahr in New York, als ich meine ganze Kraft dafür aufwenden musste, ihn aus meinen Träumen zu werfen. Und aus meinen Empfindungen. Der schwerste Kraftakt meines Lebens: mich schützen. Vor meiner Vergangenheit, vor meinem Exmann und auch vor mir selbst. Und jetzt steht er vor mir, nimmt sich ungefragt Raum und mit ihm meine Gedanken, meine Gefühle ... meinen Körper.

»Bitte, jetzt nicht«, flüstere ich.

Aber er bleibt. Er sitzt am Küchentisch in unserem gemeinsamen Haus, ich komme gerade durch die Tür, die in das kleine Gartenstück führt, herein. Wo ich war, weiß ich nicht mehr. Am Vorabend haben wir uns gestritten, daran kann ich mich erinnern. Er ist gegangen und erst in den frühen Morgenstunden nach Hause gekommen. Vor ihm auf dem Tisch steht ein großer Blumenstrauß. Langstielige, rote Rosen. Habe ich schon immer gehasst, was er weiß, deshalb deute ich seine Geste als eine Ohrfeige, verpackt in einer Entschuldigung. Ich gehe an ihm vorbei und schenke mir ein Glas Wasser ein. *Die sind für dich*, sagt er, und ich glaube zu hören, wie ich mich bedanke, weil ich keine Kraft für einen Angriff habe. Und weil mich meine Angst davor beschützt.

Ich weiß, wie sehr es ihm leidtut. Es tut ihm immer alles leid. Seit Monaten läuft es nach dem gleichen Muster ab: Er wirft sich in eine Auseinandersetzung mit seinem Vater oder mit mir, dann beginnt er zu trinken, und dann spüre ich das Rütteln in seinem Inneren. Er ignoriert mich entweder oder hält mir vor, dass ich mich mit seinem Vater verbünden würde. Er sagt mir, es sei ein Fehler gewesen, mich zu heiraten, und manchmal bricht er danach weinend zusammen und bittet mich, ihn niemals zu verlassen. Doch in letzter Zeit weicht seine Verzweiflung dann erneut einer Wut. Er richtet sie gegen sich, indem er behauptet, nichts wert zu sein und nichts zu können. Und dann richtet er sie gegen mich.

Vor drei Wochen hat er mich im Kleiderschrank eingeschlossen, als ich am Abend mit einer Freundin verabredet war und er mir vorgeworfen hat, ein Date zu haben. Ein paar Tage später hat er mich zum ersten Mal gegen die Wand geschubst, als ich gerade am Telefon mit einem Kunden gesprochen habe. Mir ist das Handy aus der Hand geflogen. Vor einer Woche hat er mich zum ersten Mal geohrfeigt, nachdem er betrunken nach Hause gekommen ist und ich ihm nichts vom Abendessen aufgehoben habe. Als er am nächsten Tag den kleinen roten Fleck auf meiner Wange gesehen hat, hat er wieder geweint. Ich habe seine Schlüssel an mich genommen und ihn für ein paar Tage aus dem Haus geschmissen.

Mein Herz beruhigt sich nicht. In meinem Ohr sticht ein spitzer Pfeifton. Ich versuche, Boston, unser Haus, die Küche, die Rosen und vor allem Adam abzuschütteln, doch ich kann dem Bild nicht entwischen. Ich bleibe darin stehen, regungslos, schutzlos, nackt.

Ich starre auf die Blumen.

Warum machst du uns kaputt?, höre ich mich fragen.

Adam steht vom Tisch auf und sieht mich an. Ich spüre, wie ich zu weinen beginne, jetzt und auch in meiner Erinnerung.

Es tut mir so leid, sagt er.

Mach eine Therapie, sage ich.

Ich liebe dich.

Warum bist du dann so wütend auf mich? Warum tust du mir weh?

Meine Frage, nicht mehr als ein Flüstern.

Wieder bricht in ihm auf, was er glaubt, fest vernäht zu haben. Ich kann es über den Tisch hinweg spüren. Er hält die Wahrheit selten aus. Früher verließ er meist das Zimmer, wenn wir uns gestritten hatten, und anfangs brachte ich viel Verständnis dafür auf. Er braucht Harmonie, um zu funktionieren, er hat sie nie von zu Hause mitbekommen. Kein väterlicher Rückhalt, keine mütterliche Fürsorge. Manchmal glaube ich, er würde mich verwechseln. Er lehnt sich an, sucht Halt, will verstanden und gewiegt werden. Doch wenn ich meinen eigenen Bedürfnissen nachgehe, wenn ich erfolgreich bin, wenn ich einen guten Tag habe, wenn ich verdammt noch mal einfach was mit Freundinnen unternehme, dann zuckt etwas durch ihn hindurch. Und es wird immer feindseliger.

Ich kann dir nicht mehr vertrauen. Du machst mir Angst, sage ich.

Er stemmt die Hände in die Hüften. *Ich mache dir Angst? Bist du ein kleines Kind? Ist dir das nicht peinlich, hm, Angst vor dem eigenen Ehemann?*

Damit entfesselt er meine Wut. Die Wut, die ich ihm zuliebe ganz tief in mir verstaut habe. Er beleidigt mich vor seiner Familie, sobald jemand wohlwollend über mich spricht. Er droht mir, er tut mir weh. Und jetzt zieht er meine tiefsten Empfindungen und Ängste in den Dreck. Ich umklammere mein Glas und gehe auf ihn zu. Ich stelle mich so nah vor ihn, dass sich unsere Nasenspitzen fast berühren. Er räuspert sich, und ich ziehe meine Kraft aus seiner Nervosität.

Wer ist hier ein kleines Kind?, zische ich. Ich spüre seinen Atem auf meinen Wangen. Es schmerzt mich, dass wir uns so nah sind, ohne uns nah zu sein. Früher hat Adam mir oft einen Kuss auf den Mund gegeben, und ich sagte *Noch mal*, und dann gab es einen auf die Stirn, dann auf beide Wangen, und dann hat er mich fest umarmt und ein paar Zentimeter vom Boden hochgehoben. Das ist vorbei. Das wird es niemals wieder geben.

Ein paar Augenblicke später dreht er sich um und geht durch die Verandatür nach draußen. Ich falle aus meiner Anspannung, meine Hände zittern. Ich fege die Rosen vom Tisch, die Vase zerschellt auf den Fliesen. Dann packt mich die Angst. Adam ist wütend, und ich habe seine Aufmerksamkeit wieder auf mich gezogen. Doch die Blumen widern mich an. Ich werde sie nicht aufsammeln, ich werde die Scherben nicht beseitigen. Stattdessen greife ich nach meinem Autoschlüssel und trete durch die Haustür auf die Straße.

Mit angezogenen Beinen sitze ich wimmernd auf dem Sofa. Heute weiß ich, dass es nach diesem Moment in der Küche noch lange nicht vorbei war, obwohl ich es mir immer und immer wieder geschworen habe.

Ein paar Monate später flogen wir zu unserem zweiten Hochzeitstag in einen Urlaub nach Kalifornien. Da stolperte er am frühen Nachmittag sturzbesoffen zur Poolanlage und schrie so laut nach mir, dass ein kleines Kind zu weinen begann. Es folgte auch der Abend, an dem ich nach einem langen Shooting nach Hause kam, er mich an den Haaren packte und mir drohte, sie abzuschneiden, damit den »verfickten Models endlich keiner mehr abgeht, wenn meine Frau sie fotografiert«. Und es folgte auch der Tag, an dem wir von unserer ersten und einzigen Stunde bei einer Paartherapeutin zurück nach Hause kamen, ich mich in die Badewanne legte, er dazukam und mir grinsend mitteilte, dass ich nicht das Unschuldslamm sei, für das ich mich bei der Ärztin ausgegeben hätte. Dann stieg er zu mir in die Wanne, versuchte, in mich einzudringen, obwohl ich ihn wegschob, und durch seine Küsse hindurch nuschelte er, dass wir auf körperlicher Ebene schon immer funktioniert hätten und er nur das befolgte, was in der Therapiestunde geraten worden war: »Finden Sie wieder zueinander, schenken Sie sich ein romantisches Ritual, spielen Sie wieder miteinander.« Also ließ ich ihn an mir spielen und unterdrückte meine Tränen, als er nicht merkte, dass ich es einfach über mich ergehen ließ. Als er kam, schwor ich mir, zu gehen. Und blieb doch noch so lange. Habe ihn ausgehalten, uns ausgehalten, und bin fast an meiner Scham zerbrochen.

Ich lege meine Handflächen auf den Sofabezug und fühle den festen Stoff. Zurück in der Realität. Ich schlucke einen metallischen Geschmack hinunter und starre geradeaus. Zum ersten Mal wage ich es nicht, nach Alison zu sehen. Ich habe keine Kraft für sie. Ich hatte sie noch nie, ich habe mir nur etwas vorgemacht. Das ist vielleicht das Einzige, was ich wirklich kann. Mir, meiner Familie und meinen Freunden irgendeine Scheiße vormachen.

Irgendwann lege ich mich hin und rolle mich zusammen. Schalte den Fernseher an, klicke schnell durch die Programme und drehe den Ton bei einer Sitcom auf, die ich nicht mag. Ich ziehe das Lachen des Publikums in mich hinein, bis ich einschlafe.

KARLA

AUGUST VOR EINEM Jahr. Marie, Max und ich hatten uns gemeinsam mit Lynn, ihrem Bruder Choi, der zu Besuch war, Matt, Fiona und deren Schwester Kate ein Ferienhaus an einem kleinen Strand in Connecticut gemietet. Ein Traumurlaub. Jeder ging seinem eigenen Rhythmus nach und genoss die Gesellschaft der anderen. Wir waren eine perfekte Reisegruppe. Ganz unverhofft wie füreinander gemacht. Wenn ich morgens aufwachte, duftete es im ganzen Haus nach frischem Kaffee. Irgendjemand war immer schon joggen gewesen oder hatte auf der Veranda gelesen oder war bereits zum Markt gefahren. Wir ließen uns treiben an trägen Strandtagen, wir kamen in der Küche zusammen und kochten gemeinsam, wir stellten überall Kerzen auf und spielten Backgammon, als ein schweres Gewitter über die Region zog und der Strom für ein paar Stunden ausfiel. Es war ein ruhiger, ein leiser Urlaub. Lynn machte Witze darüber und betitelte uns als Seniorenverein. Doch ich war mir sicher, dass es ihr dort genauso gefiel wie allen anderen. Max und ich lebten sowieso dieses ruhige Leben, in dem wenig passierte und bei dem ich immer das Gefühl hatte, irgendjemand würde irgendwann sagen, dass das als Leben einfach nicht reiche, und ich würde antworten, doch, genau so.

Am letzten Abend in dem Ferienhaus kochten wir gemeinsam drei Gänge und leerten ein paar Flaschen Wein. Wir stießen an.

»Auf uns, auf wen sonst!«, sagte Matt, und dann stand Marie auf und flüsterte vor Rührung: »Ich bin ehrlich dankbar, euch in meinem Leben zu haben. Und ich wünsche mir von Herzen, dass wir diesen Urlaub wiederholen.«

Max flog am nächsten Tag zurück nach Frankfurt, weil er zu viele Aufträge angenommen hatte, um sich länger als zehn Tage freizunehmen. Außerdem überforderte ihn generell das Konzept Urlaub. Als Kind war er mit seiner Familie jeden Sommer für drei Wochen an den Großen Brombachsee südlich von Nürnberg gefahren, später machte er oft Radtouren mit Achim und Freunden, doch insgesamt hielt sich die Zeit, die er sich freinahm, in Grenzen, und das bis heute.

Ich dagegen liebte das Konzept von Urlaub. Meine Überstunden, die ich regelmäßig samstags machte, legte ich obendrauf, um zweimal im Jahr für mehrere Wochen zu Marie fliegen zu können. Auch nach den Tagen in Connecticut blieb ich noch zwei Wochen bei ihr, und Max verpasste die beste Nacht, die Marie und ich jemals in New York erlebten. Das Schöne daran war, dass wir das damals nicht gewusst hatten. Wir wachten am nächsten Morgen auf, lachten über die vergangenen Stunden und sprachen davon, dass wir einen Glückslauf hatten. Dass auch diese Nacht unbedingt wiederholt werden musste. Darin lag jedoch die traurige Schönheit: dass solche Erlebnisse nur selten, manchmal nur ein einziges Mal passierten.

Der besagte Abend fügte sich also nahtlos an den vorangegangen Urlaub an. Nicht in seiner Ruhe, vielmehr in seiner Perfektion. Marie, Lynn, Choi und ich aßen in einem winzigen Restaurant in Chinatown zu Abend und marschierten dann einige Blocks zu *Madame X*, einer Mischung aus Bar und Club, mit dunklen, rot schimmernden Räumen und einer Einrichtung, die an ein Bordell aus den fünfziger Jahren erinnerte. Sofas mit bordeauxrotem Samtbezug, dazu nostalgische Lampenschirme mit langen Fransen und Quasten. Eine Freundin von Lynn legte R 'n' B aus den 90ern auf, und wir tanzten ein paar Stunden, bestellten unter kindischem Giggeln Drinks mit den Namen Hot Lips und Widowmaker, bis wir vollkommen erschöpft in eine abkühlende Sommernacht stolperten.

Vor dem Eingang des Clubs parkte eine schwarze Limousine. Eine Frau Ende vierzig lehnte an der Beifahrertür, sie trug einen Smoking und rauchte.

»Na, wie ist die Party?«, rief sie uns zu und lächelte.

»Party ist aus, wir geh'n nach Haus!«, rief Marie auf Deutsch und legte ihren Arm um mich.

»Kannst du uns nach Hause fahren?«, fragte Lynn, als sie zu uns aufschloss.

Die Frau überlegte einen Moment. »Klar. Wohin soll's gehen?«

»Im Ernst?«, fragte Lynn wieder.

»Ich werde dafür bezahlt, hier zu warten, und ich weiß ganz genau, dass die erst in ein paar Stunden rauskommen.« Sie nickte in Richtung der Eingangstür, warf ihre Zigarette auf den Asphalt und trat sie aus. »Ist ziemlich langweilig, hier herumzustehen.« Dabei zwinkerte sie uns zu, auf eine fast mütterlich-beschützende Art. Dann öffnete sie die Hintertür. »Ladys, wenn ich bitten darf.« Wir kreischten laut auf, und Rosie, das war ihr Name, verdrehte die Augen.

In der Limousine sah es aus wie in unserem Wohnzimmer zu Hause, als wir fünfzehn waren und sturmfrei hatten. Auf dem Boden lagen leere Bier- und Sektdosen, und als ich mich setzte, knirschten Chipsreste unter meinem Hintern. Wir fuhren zuerst zu Lynn nach Brooklyn. Es war kurz nach drei, und die leeren Straßen glänzten von einem Regenschauer, den wir im Club nicht mitbekommen hatten. Rosie fuhr die Houston Street Richtung Osten entlang und erzählte uns, dass sie am Wochenende für einen privaten Fahrdienst arbeitete, weil sie sparte, um ihre älteste Tochter auf die NYU Tisch School of the Arts schicken zu können. »Sie will Fotografin werden.«

Lynn quiekte. »Hier sitzt eine, hier sitzt eine«, rief sie nach vorn, und Rosie warf einen Blick in den Rückspiegel. Lynn hob Maries Arm nach oben, und ich lachte, weil sie so betrunken war.

Rosie bog in die schmale Suffolk Street, um dann auf die Williamsburg Bridge zu fahren, während sie Marie über ihren Job ausfragte und immer größere Augen bekam. Als wir auf die Brücke fuhren, drückte Lynn ein paar Knöpfe in ihrer Armkonsole, und die Dachluke schob sich auf. Sie stand auf und schmiss die Arme in die Nachtluft. »Ich habe einen Musikwunsch!«

»Was?«, rief ich, während Marie an Lynns Beinen vorbei weiterhin versuchte, sich mit Rosie zu unterhalten.

»Der Tunnel-Song!«

»Was für'n Ding?«, fragte ich.

»Na, *The Perks of being a Wallflower*! Das ist der Song, der im Radio läuft, wenn die Kids durch den Tunnel fahren und Emma Watson auf der Ladefläche des Pick-ups steht und ihre Arme ausbreitet. Rosie, kannst du mal *Heroes* spielen?«

»Bowie?«

»Ja.«

Rosie drehte auf, und das Gespräch zwischen ihr und Marie pausierte. Lynn schrie »*I, I will be king!*« in die Nacht, und

Rosie, Marie und ich sangen »... *and you, you would be queen!*«, und so fuhren wir über die Brücke.

Nach dem Song setzte sich Lynn wieder und gab Rosie ihre Adresse. Dann schrie sie unvermittelt auf. »Wir haben Choi vergessen!«

Wir hatten tatsächlich Choi vergessen.

»Ich dachte, er wollte noch bleiben. Du bist ja alleine rausgekommen«, sagte Marie.

»Weil ich euch hinterhergelaufen bin. Dachte, du rauchst was.«

Marie zog die Augenbrauen hoch.

»Ruf ihn an«, sagte ich, »er sucht uns wahrscheinlich überall.«

Ein paar Minuten später bog Rosie in die Wilson Avenue, und Lynn stieg aus. Dann fuhren wir zurück, und weil mit Lynn die Euphorie dieser Nacht ausgestiegen war, hatte die Rückfahrt etwas Melancholisches an sich. Das Ende der Party. Ich döste ein, bevor wir zurück auf der Brücke waren, und wachte erst wieder auf, als Marie mich weckte.

Ich stand auf dem Gehweg und starrte noch immer auf die geparkte Limousine vor mir, die mich auf einen Schlag in den Sommer des letzten Jahres katapultiert hatte. Nach ein paar Augenblicken riss ich mich los und ging weiter, die Bleecker Street entlang, das Herz des West Village, in das es mich an diesem Tag gezogen hatte.

In der *Magnolia Bakery* holte ich mir einen lächerlich teuren Cupcake. Draußen vor der Tür biss ich hinein und fühlte nichts. Ich biss noch mal hinein, ich verschlang ihn regelrecht, als ob ich irgendetwas suchte, das nicht in einem Dessert zu finden war. Während ich kaute, stand plötzlich eine Frau vor mir. Ich trat zur Seite, um ihr den Weg zur Tür freizumachen, und da sahen wir uns an. Ein langer Moment verstrich, und ich konnte nicht sagen, wer zuerst wen erkannte. Und dann dachte ich mir: Diese Frau passte viel besser hierher nach Greenwich mit seinen unbezahlbaren Brownstone-Villen, süßen Boutiquen und den sauberen Kopfsteinpflastern.

»Oh, hi.«

Ich schluckte schnell, um nicht mit vollem Mund zu sprechen. »Hi.«

Plötzlich musste ich daran denken, wie Lynn einmal gesagt hatte, dass sie es liebte, Menschen zu beobachten, die sich zufällig trafen – im Supermarkt, auf der Straße, im Urlaub –, sich allerdings lieber aus dem Weg gegangen wären. »Die Unfähigkeit, mit spontanen Aufeinandertreffen elegant umzugehen, ist mit das Beste, was Menschen an Unterhaltung bieten können.«

Sie legte ihre Hand auf den Türgriff und sah mich an. »Ist das ein Vanilla Cupcake mit Chocolate-Buttercream-Füllung?«

Ich nickte und fuhr mit meiner Zunge über die Zähne, weil ich befürchtete, gleich etwas erwidern zu müssen.

»Die mag ich am liebsten.«

Es irritierte mich, dass sie viel gelassener mit der Situation umging als ich. In ihrer Gegenwart kam ich mir plötzlich vor wie ein kleines Kind, das ihr ein paar Tage zuvor einen Klingelstreich gespielt hatte. Ich hatte das Bedürfnis, mich zu entschuldigen, wusste jedoch nicht, wofür.

»Wollen wir einen Kaffee trinken?«, fragte sie mich.

Ihr Name war Alison. Wir setzten uns mit den heißen Kaffeebechern auf eine Bank in dem kleinen Park direkt gegenüber. Ich war schon oft daran vorbeigelaufen und fand es immer schön, wenn jemand zwischen den gepflegten Blumenbeeten saß, Zeitung las oder ein Kreuzworträtsel löste. Doch nie war ich selbst reingegangen. Bis jetzt. Mit einer Frau, die ich nicht kannte, mit der ich jedoch in den letzten zehn Minuten Smalltalk geführt hatte, der mir irre schwerfiel, denn ich konnte die Tatsache nicht wegschieben, dass ich so viel von ihr wusste, und andererseits gar nichts. Alison trug dunkelblaue Slipper, auf die gerade ein Blatt segelte. Es war Ende August, und auch wenn der Sommer noch nicht vorüber war, war er doch so heiß gewesen, dass die Bäume bereits jetzt einige gelbgrüne Blätter warfen.

»Schön, eine Nachbarin hier zu treffen. Ich schätze es zwar, für mich sein zu können, aber ab und an sitze ich in meiner Wohnung und denke mir, dass es schon sehr kurios ist, ein Haus mit so vielen Menschen zu teilen und sich gar nicht zu kennen.«

Mein Kiefer spannte sich an, weil ich mich unwohl fühlte. »Ja, ich kann das gut verstehen. Das Dorf, aus dem ich stamme, hat nur ein paar hundert Einwohner. Das komplette Gegenteil ist manchmal genauso anstrengend. Jeder weiß alles über jeden.«

Sie trank einen Schluck, und ich hoffte, dass sie meine belanglosen Worte nicht als Anspielung darauf verstand, was ich über sie wusste – und ihr als Notizzettel in die Hand gedrückt hatte. Ich lenkte das Gespräch in eine andere Richtung.

»Sind Sie hier geboren?«

Sie winkte ab. »Oh, nein. Ich komme aus einem Nest in Rhode Island. Mein Vater ist Anwalt, ihm gehört eine große Kanzlei in der Stadt, und er ist meine ganze Kindheit über immer gependelt. Ich bin dann zum Studium in sein Apartment in New York gezogen.« Sie hielt inne. »Ich arbeite als Architektin.«

»Spannend.«

Sie stieß einen missbilligenden Ton aus. »Nicht ganz. Ich entwerfe Apartmentkomplexe. Wir haben kaum Freiheiten, uns auszuprobieren. Zu viele Vorgaben.«

Sie schlug die Beine übereinander und fuhr sich durch das braune Haar. Ihr Haarschnitt war perfekt, er schmeichelte ihrem schmalen Gesicht. Ihre hellbraune Stoffhose saß wie angegossen, das blaue T-Shirt war einfach und strahlte doch neben meinem verknitterten Baumwollkleid Eleganz aus. Auf den Lippen trug sie einen blassrosafarbenen Ton, ihre Wimpern waren leicht getuscht. Ich fragte mich, ob sie für ihr Erscheinungsbild zehn Minuten oder zwei Stunden brauchte. Und ob unter ihrer Erscheinung das kleine Mädchen aus Rhode Island steckte oder die Frau, die von ihrem Ehemann geschlagen wurde. Oder beide.

Sie erkundigte sich, wie mir die Stadt gefiel, und ich antwortete das Gleiche wie damals in meinem Gespräch mit Cole. Dann wollte sie wissen, was ich beruflich machte, und auch da erzählte ich die Wahrheit. Dass ich als Journalistin arbeitete, jedoch für deutsche Arbeitgeber, und lediglich vorübergehend in der Stadt war. Das reichte ihr als Erklärung. New Yorker waren es gewohnt, ständig auf Leute zu treffen, die für eine Weile in der Stadt ihre Zelte aufschlugen, die es hier probieren wollten – was auch immer das bedeutete –, und viele verschwanden irgendwann.

Ich hätte ihr viele Fragen stellen können, vor allem jetzt, nachdem sie auf mich zugekommen war und angeboten hatte, einen Kaffee zu trinken. Doch wir schlitterten gemeinsam über eine Oberfläche, und ich konnte nicht einschätzen, ob sie untertauchen wollte. Vielleicht war sie nur einsam und suchte ein bisschen Gesellschaft. Vielleicht war sie der Typ Mensch, der ein schlechtes Gewissen bekam, wenn er nicht innerhalb eines angemessenen Zeitraums auf eine Kontaktaufnahme, sei sie auch von einer fremden Person, reagierte. Ich beschloss, Alison das Gespräch lenken zu lassen.

»Ich war nur einmal in Europa. Während meines Studiums.« Ihr Blick verlor sich zwischen zwei jungen Mädchen, die ihre Köpfe über ein Smartphone zusammensteckten. »Mit zwei Freundinnen sechs Wochen durch Westeuropa. Madrid, Barcelona, Paris. Dann London, Berlin, Rom, Neapel und zum Abschluss Ischia. Unglaublich, wie die Zeit vergeht.«

»Hat es Ihnen gefallen?«

»Oh ja. Und nicht nur, was wir gesehen haben. Wir waren unzertrennlich. Ich glaube, das bleibt für immer die beste Reise meines Lebens.«

Ich bekam eine Gänsehaut, weil ich mich selbst vor wenigen Minuten in eine ähnlich bedeutsame Erinnerung geschlichen hatte. In meinen letzten perfekten Urlaub. Alison schüttelte sich zaghaft, als würde sie die Nostalgie freundlich bitten, die Gegenwart zu verlassen. Dann drehte sie sich mir zu.

»Ihr Zettel hat mich etwas irritiert«, sagte sie unvermittelt. »Aber ich möchte mich bedanken für die Aufmerksamkeit.« Sie zögerte kurz und sagte dann: »Nein, das ist das falsche Wort. Für die Zuwendung.«

Meine Kehle schmerzte sofort.

»Und natürlich möchte ich mich für die Unannehmlichkeiten entschuldigen. Oliver, mein Mann, steht beruflich unter großem Druck. Er arbeitet in der Kanzlei meines Vaters und ist seit Monaten für eine Fusionierung zuständig. Er wird schnell laut und – na ja, das sind dann wohl nicht die Höhepunkte unserer Ehe.« Sie trank einen Schluck und fügte dann lächelnd hinzu: »Wenn er weiterhin so gern streitet, müssen wir wohl alle paar Monate umziehen, sobald wir es uns wieder mit den Nachbarn verscherzt haben.«

Ich hatte mir vorgestellt, dass sie die Situation herunterspielen würde. Ich war sogar davon ausgegangen, als ich mit mir selbst darüber debattiert hatte, ihr den Zettel zuzuspielen oder nicht. Um mich sicherer zu fühlen, hatte ich verschiedene Möglichkeiten durchgespielt, bevor ich ihn geschrieben und dann tatsächlich übergeben hatte.

Und doch fehlten mir nun die Worte. Ihr Mann wurde nicht einfach nur laut, er wurde handgreiflich. Ich hatte es selbst gesehen. Und auch die Fotos erzählten diese Wahrheit. Was ich mich fragte, war, ob diese Frau die Abgründe ihrer Ehe nach außen hin verschleierte oder ob sie so tief in einer Beziehung steckte, dass sie vor der Wahrheit schon lange die Augen verschloss? Wie ließ sich so etwas aushalten?

Meine Gedanken fielen so schnell in sich zusammen, wie sie sich aufbauten. Ich überlegte fiebrig, was ich antworten sollte. Dann kam mir eine Idee.

»Ich wollte Ihnen wegen der Lautstärke auf keinen Fall ein schlechtes Gewissen machen. Aber um ehrlich zu sein, höre ich Sie seltener, als dass ich Sie ... sehe. Bitte nicht falsch verstehen.«

Meine Lippen zitterten sich zu einem Lächeln zusammen. »Seitdem ich hier bin, sitze ich gern draußen auf der Feuerleiter und schaue in den Hof. Da ist es manchmal einfach unmöglich, das Geschehen in den gegenüberliegenden Wohnungen zu übersehen.«

Ich spürte die Bewegung der Energie zwischen uns. Sie wusste, was sich mit meinem Eingeständnis nun nicht mehr leugnen ließ. Meine Finger verkrampften sich um den noch warmen Kaffeebecher.

»Sie haben die Polizei gerufen.«

Alison sah mich an, und wahrscheinlich konnte ich nur antworten, weil ich kein Urteil und keine Abneigung in ihrem Gesicht las. Einzig Verwunderung.

»Ich hatte Angst, und ich fühlte mich verpflichtet. Ich wollte nur helfen.«

Sie lehnte sich zurück und blickte in die Baumkrone über uns. Der Wind ging durch die Blätter, und es raschelte.

Sie atmete laut aus. »Ich habe es unter Kontrolle. Oliver war schon immer etwas unkontrolliert und aufbrausend, das ist nichts Neues für mich.«

Ich überflog ihr Profil, dann senkte ich den Blick. Ihr letzter Satz fühlte sich wie eine Zurückweisung an, wenn auch eine subtile. Wir saßen eine Weile schweigend da, und ich überlegte, was ich sagen sollte. Ob es hier für mich überhaupt etwas zu tun gab. Ich wollte mich ihr nicht aufdrängen, doch ich spürte auch eine spaltbreit geöffnete Tür zwischen uns, die mich ratlos zurückließ.

Dann begann sie, über den Wechsel der Jahreszeiten zu sprechen. Da lockerten sich meine Finger, die den Kaffeebecher umschlossen, und ich sah ein paar Blättern nach, die über den Asphalt wirbelten.

ALS COLE MICH anrief, zögerte ich, abzunehmen. Nach dem Gespräch mit Alison war mir aufgefallen, wie erschöpft ich war, und nicht nur aufgrund der unkontrollierbaren Trauerschübe, die mich tagsüber und nachts überfielen und deren Erholungsphasen manchmal direkt in den nächsten übergingen. Es lag auch daran, dass ich es nicht gewohnt war, Menschen, die ich kaum kannte, Facetten von mir zu zeigen, die sonst nur enge Freunde zu sehen bekamen. Doch Cole gegenüber empfand ich ein schlechtes Gewissen, seitdem wir uns das letzte Mal getroffen hatten. Also nahm ich ab.

Er klang normal, so wie ich ihn kannte, und das überraschte mich.

»Mir ist eine Idee gekommen. Bezüglich deines Apartments.«

»Okay ...?«

»Du hattest gesagt, dass es dir schwerfällt, alles auszuräumen. Dann kam mir ein Gedanke: Warum nicht andere machen lassen?«

Ich dachte an Max und dass er mir ein ähnlich klingendes Angebot gemacht hatte. Dass Cole sich nach unserem Abschied plötzlich wieder meldete und mir sogar helfen wollte, klang nach Mitleid.

»Lieb gemeint, aber danke. Du musst nicht alles ausräumen –«

Er unterbrach mich lachend. »Lass mich mal ausreden, ja? Ich rede nicht von mir. Ich rede von einem *open house*.«

»Ich soll einen Tag der offenen Tür veranstalten?«

»So ähnlich. Ein Kumpel von mir hat das mal gemacht, und es hat irre gut funktioniert. Du schaltest einfach eine Anzeige zur Wohnungsauflösung. Wenn du alles verschenkst, rennen die Leute dir innerhalb von Minuten die Bude ein. Aber du kannst natürlich auch verkaufen. Du kannst machen, was du willst, aber glaub mir: Wenn es irgendwo was günstig und schnell zu holen gibt, ist das Ding in einer halben Stunde leergeräumt.«

»Cole, ich ...«

»Ich weiß. Es hört sich einfach an und so, als wüsste ich nicht, worum es wirklich geht. Aber wenn ich es richtig verstanden habe, dann hängst du mittlerweile seit fünf Wochen in New York herum und hast nichts gemacht. Du steckst fest.«

Ich sagte nichts.

»Es ist in etwa so, wie ein Pflaster schnell abzuziehen. Und du kannst sagen, was verkäuflich ist und was nicht. Du kannst davor alles wegräumen, was du selbst mitnehmen willst. Am Ende des Tages … ist alles erledigt.«

»Schöne Metapher«, sagte ich.

Wir schwiegen.

»Ich konnte es nicht lassen und habe deine Schwester gegoogelt«, begann er dann. »Starke Arbeit, die sie da hinterlassen hat.«

Ich schloss die Augen.

»Ich hab auch ein Interview mit ihr gelesen, in dem sie über eine bestimmte Reihe spricht. Mir fällt gerade der Titel nicht ein. Die mit den Schussverletzungen.«

»*The (w)hole story.*«

Cole schnalzte mit der Zunge. »*Damn.* Und weißt du, was echt verrückt ist? Da hat's mir fast den Stecker gezogen. Ich kenne einen davon. Den weißen, dünnen Typen aus der Bronx, der die Schusswunde in der Backe hat? Der hat vor ein paar Jahren regelmäßig in einem Club aufgelegt, wo ich gearbeitet habe.«

Er wartete gar nicht erst eine Antwort von mir ab, ging nahtlos über zu: »Karla, ich muss auflegen. Überleg's dir mit dem *open house*. Ich komme vorbei und helfe dir, das ist mein Abschiedsgeschenk. Aber ich dränge mich nicht auf.«

Ich fand meine Sprache wieder, begann plötzlich in Deutsch, korrigierte mich. »Der Tag auf Coney Island … das war doch dein Abschiedsgeschenk.«

Er hielt inne. Ich konnte sein Lächeln hören, als er hinzufügte: »Dann gibt es eben zwei Geschenke. Ist ja nicht so, als hättest du gerade eine Glückssträhne.«

Wie ein Pflaster abziehen. Das hörte sich zu einfach an, gleichzeitig lag in dieser Schlichtheit etwas, das sich heilsam anfühlte.

Ich saß auf dem Boden und lehnte mich ans Sofa, ließ meinen Kopf in den Nacken fallen und schloss die Augen. Es wurde Zeit. Zeit zu gehen, ich wollte nicht länger hier sein. Ich wollte nach Hause. Es gab auch dort viele Orte, um weiterzutrauern, sogar viel mehr als hier. Die scheiß Schöne Aussicht zum Beispiel, auf der wir hinter einem Baum mit dreizehn unsere erste Zigarette gepafft hatten.

Ich richtete mich auf. Es gab genügend Minenfelder in Unterfranken, auf die ich ganz bewusst treten konnte, ohne zu wissen, ob sie mich zerreißen oder trösten würden. Oder beides, hintereinander. Mein Blick fiel auf den einzig auseinandergefalteten Umzugskarton, in den ich ein paar von Maries Büchern gelegt hatte, von denen ich mich zu trennen vermochte.

Man kann Trauer nicht einfach wegpacken, sagte ich in Gedanken, wütend.

Aber man kann Raum schaffen für alles andere, antwortete meine Schwester, sanft.

MARIE

DREIMAL DRÜCKE ICH die Toilettenspülung, bis das Weed in der Kanalisation verschwindet. Ich dusche kalt und reibe mir lange die brennenden Augen unter dem Wasserstrahl. Ich ziehe eine alte Levis und einen Kapuzenpulli an, dann stelle ich mich im Spiegel allem, was von der letzten Nacht übrig ist und nun verschwimmt. Meine Augenschatten kaschiere ich mit Concealer, dann setze ich eine weiße Yankees-Basecap auf, nehme meine Schlüssel und trete aus der Tür.

Es ist kurz vor sieben am Morgen, als ich in einem leeren Coffeeshop an der 14th Street einen doppelten Espresso bestelle, mit dem ich zur U-Bahn laufe. Am Columbus Circle steige ich aus. Als ich den Eingang zum Central Park vor mir liegen sehe, bleibe ich stehen. Alles würde ich dafür geben, mich ins Gras zu legen und die letzte Nacht vorbeiziehen zu lassen wie die kleinen Wolken über mir.

»Beweg dich, Blondi!«

Ein Mittfünfziger in einem dunkelblauen Anzug und karamellfarbenem Haar geht schnellen Schrittes an mir vorbei. Er rempelt mich an und schüttelt dann den Kopf. Ich rühre mich nicht und lege nur meine Hand auf die Schulter, die er gerade berührt hat. Ich fühle mich wie herausgeschnitten aus meiner Umwelt. Dann laufe ich ein paar Blocks Richtung Norden und biege in eine Seitenstraße ein. Vor dem

Haus aus grauen Backsteinen mit dem wuchtigen, zweiseitigen Treppenaufgang halte ich inne. Bis hierhin habe ich es schon mal geschafft. Ich setze mich vor die Haustür und warte.

Um kurz vor acht steht Dr. Ramirez am Treppenabsatz. Sie trägt einen tannengrünen Hosenanzug, in der einen Hand hält sie eine schwarze Handtasche, in der anderen einen bunt bemalten Mehrwegbecher. Ich stehe auf, und sie schiebt sich die Sonnenbrille ins dunkle Haar. Sie versucht, mich zuzuordnen. Dann lächelt sie. Es ist kein *Schön, dich so schnell wiederzusehen*-Lächeln, nicht wie bei einem verabredeten Lunch oder bei einer zufälligen Begegnung auf der Straße. Nein, dieses Lächeln sagt: *Ich wusste, dass du kommst. Ich dachte nur nicht, dass es so schnell passieren wird.*

Dr. Ramirez setzt sich an ihren Schreibtisch und zieht einen Laptop aus ihrer Handtasche. Sie bietet mir den Stuhl vor sich an, und ich löse den Blick von dem kleinen Sofa zu meiner Rechten.

»Das ist keine Sitzung. In einer halben Stunde kommt mein erster Patient«, sagt sie, und ich nicke. Ich balle meine Hände zu Fäusten und bohre die Fingernägel in die Innenflächen. Dr. Ramirez faltet die Hände in ihrem Schoß und schlägt die Beine übereinander. Sie ist in die Rolle der Therapeutin geschlüpft, ihr Lächeln, wenn auch ehrlich, ist dennoch ein ganz anderes als das, was ich von der Party kenne. Die Party. Ein kurzer Moment Ablenkung, eine schöne Erinnerung. Dann senke ich den Blick. Ich bin unendlich traurig. Jede Zelle meines Körpers weiß das.

»Was führt dich zu mir?«

Meine Angst, denke ich, doch das weiß sie vermutlich.

»Das habe ich noch niemandem erzählt.«

Sie nickt. »Was immer es ist, es wird diesen Raum nicht verlassen.«

Der Satz, der sich in meinem Kopf formt, fühlt sich unecht an. Ein zu spätes Geständnis. Eine Verjährung der Wahrheit, die längst in der Vergangenheit begraben liegt und eigentlich nie wieder hervorgeholt werden sollte. Doch ich habe sie hierhergeschleppt. Und jetzt spreche ich sie aus.

»Mein Ehemann war gewalttätig.«

Ihr Gesichtsausdruck bleibt neutral. »Inwiefern zeigte sich das?«

Die Bilder der letzten Nacht sind so frisch, dass sie sich nicht wie die alten Erinnerungen anfühlen, die sie sind. Die Angst, wieder unterzutauchen, übermannt mich, denn in ein paar Minuten wird jemand klingeln und ich werde gehen müssen. Ich kann nicht mehr mit meinem Schmerz allein sein. Tränen laufen über meine Wangen. Habe ich mich nicht in den letzten Stunden ausgeweint? Mein Gesicht ist nass, meine Haut spannt, meine Augen brennen, wie viel kann man weinen? Dr. Ramirez schiebt mir eine Metallbox mit Taschentüchern über den Tisch zu.

»Erst psychisch, dann physisch«, stoße ich irgendwann hervor. »Anfangs hat er seine Wut mit Beleidigungen an mir ausgelassen. Dann hat er mich eingeschlossen. Irgendwann fing er an, handgreiflich zu werden. Und mir weh zu tun.« Ich atme durch. Das war doch schon mal nicht schlecht.

»Warum glaubst du, war er so wütend?«

Ich erzähle ihr von Adams Kindheit, seiner Jugend und dass er, zumindest solange er in meinem Leben war, keinen Platz in seinem gefunden hat. Das kann ich gut zusammenfassen, es ist eine offizielle Version, aus der ich kein Geheimnis mache, weil er es selbst Jahr um Jahr weniger verleugnete.

Als ich fertig bin, fällt mir auf, dass Dr. Ramirez mich nicht unterbrochen und keine Notizen gemacht hat.

»Wie lange ist das alles her?«, fragt sie dann.

Ich schließe die Augen, um mich zu konzentrieren. »Wir sind seit drei Jahren geschieden. Verheiratet waren wir ebenfalls drei Jahre. Ausgezogen bin ich vor vier Jahren. Mehr als ein Jahr habe ich die physischen Übergriffe mitgemacht. Die psychischen wesentlich länger.«

Sie beugt sich nach vorn und faltet ihre Hände auf dem Tisch. »Marie, warum hast du mit niemandem darüber gesprochen?«

Wieder beginne ich zu weinen. Ich denke an Karla. Und ich denke an Mama.

»Weil ich mich schäme.«

Sie schweigt.

»Ich schäme mich, weil ich das alles so lange mit mir habe machen lassen. Dass ich bei den ersten Warnzeichen nicht gegangen bin. Ich dachte immer, ich wäre stark und unabhängig, ich wäre aufgeklärt und wüsste Bescheid, aber worüber? Wie konnte mir das passieren?«

Kaum wahrnehmbar schüttelt sie den Kopf.

»Und ich schäme mich, dass ich mir bis heute, bis zu diesem Moment keine Hilfe genommen habe und überhaupt ... dass mir das alles passiert ist.«

Sie wartet einen Moment, bevor sie sagt: »Ich kann die Verwirrung gut verstehen. All diese Gedanken dürfen im Moment da sein, damit wir sie Stück für Stück abbauen können.«

Ich nicke.

»Hast du Albträume?«

»Hin und wieder.«

»Flashbacks?«

Ich nehme die Basecap ab und fahre mir durchs Haar. »Letzte Nacht.«

»Nur letzte Nacht?«

Ich sortiere mich. »In den ersten Monaten nach der Trennung hatte ich öfter Flashbacks. Meistens nachts. Ich hab dann alles um mich herum nicht mehr richtig greifen können und war plötzlich wieder ... zurück.« Innehalten, atmen. Weiter. »Aber das hat sich nach der Zeit etwas gelegt. Nachts war ich viel unterwegs, habe mich abgelenkt, hatte Freundinnen zu Besuch ... meine Schwester. Habe ein paar Männer kennengelernt, die okay waren, also die mich nicht schlecht behandelt haben. Die Erinnerungen sind dadurch nicht verschwunden, aber alles wurde langsam besser. Irgendwie.«

»Okay«, sagt sie und lehnt sich wieder zurück. »Da wird gerade vieles an die Oberfläche gespült, was lange verdrängt wurde. Sagt dir PTBS etwas? Die posttraumatische Belastungsstörung?«

Ich nicke.

»Wir müssten auch herausfinden, was den neuen Flashback ausgelöst hat«, erklärt sie.

»Mein Exmann«, sage ich geradeheraus. »Der stand vor ein paar Tagen einfach so vor meiner Tür. Und meine Nachbarn.«

»Okay. Eins nach dem anderen.«

Ich erkläre ihr, wie schlecht es mir seit dem Gespräch mit Adam geht.

»Okay. Und was haben deine Nachbarn damit zu tun?«

Auch das spreche ich einfach aus. »Mein Nachbar schlägt seine Frau. Und ich mache Fotos davon.« Ich spüre die Hitze in mir aufsteigen. Es hört sich grauenvoller an, als ich es mir vorgestellt habe.

»Warum machst du Fotos davon?«

Ich weine wieder und zucke die Achseln. »Anfangs wollte ich es einfach festhalten. Ich dachte mir, dass ich ihn damit konfrontieren könnte, aber der Gedanke hat mir schnell Angst gemacht. Ich habe mich nie bemerkbar gemacht, ich habe einfach ... nichts getan, was ihr irgendwie hätte helfen können. Und gleichzeitig konnte ich es nicht lassen, ich dachte, warum schaut niemand hin, warum sieht das denn niemand? Aber ich habe hingeschaut. Und nichts getan, nichts ... ich bin Abschaum.«

»Ganz langsam. Du bist nicht hier, um dich selbst zu verurteilen. Und du bist zu belastet, um jemand anderem helfen zu können.« Sie atmet tief ein und aus. »Aber *ich* möchte dir helfen. Vieles da draußen kann dich triggern. Meinst du, du kannst dich dem stellen, mit mir gemeinsam?«

Ich putze mir die Nase. »Ich weiß nicht, ob ich es kann, aber ich kann so nicht mehr weitermachen. Das ist ...«

Dr. Ramirez lehnt sich über den Tisch und legt ihre Hand mit der Innenfläche nach oben darauf. Ich lege meine hinein, und sie drückt sie fest. Nach einer Weile nicke ich. Dann noch mal und noch mal, und dann sage ich: »Ich will's probieren.«

»Das reicht.« Sie lächelt, und ich kann mich zum ersten Mal etwas entspannen. Dann öffnet sie ihren Laptop und schlägt mir einen ersten Termin vor.

»Marie«, sagt sie, als wir nach draußen gehen, »hast du deinen Exmann damals angezeigt?«

Ich schüttele den Kopf.

»Warum nicht?«

Ich schaue sie an. »Würden Sie Ihren Mann anzeigen?«

Sie sagt nichts.

Während meiner Ehe ist mir der Gedanke gar nicht gekommen. Das war mein Mann, der da neben mir lag, das war unser privates Problem. Und als ich an einem sonnigen Vormittag im März drei Koffer packte, ins Auto stieg und erst wieder vor einem Airbnb in Brooklyn anhielt, als ich verstand, dass ich es getan hatte und dass es keinen Weg mehr zurück gab, dass ich *draußen* war, gesund und bei Verstand, da spürte ich, dass ich keine Kraft hatte außer für mich allein und für die nächste Stunde und für die darauffolgende.

»Du bist damit nicht allein. Mit dem, was du erlebt hast und wie du damit umgegangen bist«, sagt die Psychologin. Sie nickt mir zu, aufmunternd und auffangend, und doch blitzt ihr eigener Schmerz hindurch. Auch in Dr. Ramirez steckt die Frau, die ich überall sehen kann, wenn ich mich traue hinzuschauen. Bei Anbruch der Dunkelheit im Park, auf der Tanzfläche in einem Club, während der Überstunden mit einem Kollegen, hinter dem Schulgebäude mit dem eigentlich besten Freund, im Taxi auf dem Heimweg, zu Hause im eigenen Bett. »Mit den richtigen Menschen zu reden hilft sehr, Marie, auch neben einer Therapie. Lass sie rein, okay? Überleg es dir zumindest.«

In mir bricht ein Vulkan aus. Eine intensive Erleichterung füllt mich aus, nimmt sich Raum, die unendliche Weite in meiner Brust ist surreal. Dann stolpert mein Herzschlag, ich muss stehen bleiben und tief atmen. Das Gespräch mit Dr. Ramirez fühlt sich so überfällig an und ich mich gleichzeitig in ihrer Umgebung wie am richtigen Ort zur richtigen Zeit. So lange ist all das mein Geheimnis gewesen. Ich habe mich schuldig gefühlt, war beschämt, nicht nur wegen meiner gescheiterten Ehe, sondern auch wegen Alison.

All das endlich ausgesprochen zu haben schmerzt und befreit zugleich. Ein tiefer Schnitt in die Haut, der sich erst seltsam befriedigend anfühlt, nur um dann zeitverzögert einen irren Schmerz durch meinen Körper zu jagen. Der Vulkan spuckt seine Erkenntnis an die Oberfläche. Ich habe meine

Stimme wiedergefunden. Und kann meine Geschichte erzählen, meine Version. Ich werde mich hindurchwühlen, und Dr. Ramirez wird mir helfen, ganz sicher. Sie ist die Richtige, nur so kann es funktionieren. Die Tür ist geöffnet – und vielleicht ist es gut, dass mir endlich die Kraft fehlt, sie wieder zu schließen.

Als ich nach Hause komme, schalte ich mein Handy aus und lege mich ins Bett. Ich falle in einen tiefen, traumlosen Schlaf. Um die Mittagszeit wache ich auf. Meine Wangen glühen, ich stoße das Laken von mir. Mit einem Glas Wasser in der Hand setze ich mich an den Schreibtisch. Ich schalte den Ventilator an, er bläst mir lauwarme Luft ins Gesicht. Der Papierstapel neben mir flattert, und ich beginne, einen Rhythmus darin zu erkennen.

In den letzten Wochen bin ich gedanklich viel häufiger als sonst in meine Heimat geflohen. Normalerweise überkommt mich selten Sehnsucht nach Unterfranken, nach den Orten und Gepflogenheiten, nach dem fürchterlichen Dialekt. Sehnsucht habe ich fast ausschließlich nach meiner Schwester, nach meiner Mutter und auch nach meinem Vater. Nach ein paar Freunden, die übrig geblieben sind, die sich nach all den Jahren zumindest ab und an bei mir melden. Was ich weniger spüre, ist eine Verbindung zu Unteroberheim oder Seekirch. Der Region habe ich nie sonderlich hinterhergetrauert. Doch seit einer Weile hat sich zu der Sehnsucht nach meiner Familie auch die Sehnsucht nach der Umgebung gesellt.

Vielleicht ist es an der Zeit, ein paar Wochen zu Hause zu verbringen, anstatt Karla nach New York kommen zu lassen. Vielleicht wird es mir dort gelingen, ihr alles zu erzählen. Ich versuche mir vorzustellen, wie ich zusammengekuschelt mit Mama und Karla auf dem Sofa sitze und ihnen alles erkläre, während sie mich halten und ich sie nicht direkt ansehen muss, aber ihre Kraft spüren kann. Und Papa? Ich bezweifle, dass ich die Wahrheit mit ihm teilen kann. Fürs Erste will ich in den Schoß meiner Mutter krabbeln und Karlas beschützende Arme um mich spüren. Sie geben mir Halt. Dr. Ramirez, Karla, Mama. Diese Frauen werden mich auffangen. Dorthin zurück, wo ich die vergangene Nacht verbracht habe, will ich nie wieder, kann ich nie wieder. Als Karla anruft, treffe ich meine Entscheidung.

»Ich will nach Hause kommen. Für ein paar Wochen«, sage ich. Der Nebel ist verschwunden. Ich habe mich entschieden ohne jegliche Fremdbestimmung. Das ist es, was mich und mein Leben eigentlich immer ausgemacht hat. Ich schlage meinen Terminplaner auf und fühle mich mit jeder Seite, die ich umblättere, lebendiger.

»Du klingst anders«, sagt Karla.

»Anders als wann? Und gut anders oder schlecht anders?«

Sie lacht. »Du hörst dich sehr impulsiv an für einen Dienstagnachmittag am Schreibtisch. Ist alles okay?«

Ich lehne mich zurück. »Das wird es zumindest. Karli, ich habe mich heute Morgen dazu entschieden, eine Therapie zu machen.«

Im Hintergrund höre ich ihre Kaffeemaschine. Der Gedanke, in ein paar Wochen mit diesem alten Ding ganz furchtbaren Filterkaffee zu kochen und morgens mit meiner Schwester am Frühstückstisch zu sitzen, um Kornspitzweck mit Mirabellenmarmelade von Mama zu frühstücken, macht mich glücklicher als alles, was ich mir gerade vorstellen kann.

»Wegen Adam?«, fragt sie nach einer Pause.

Alles ist wegen Adam, will ich antworten.

»Ja, auch«, sage ich stattdessen. »Dass er einfach so hier aufgetaucht ist, hat mich aus der Bahn geworfen. Fuck.«

»So schlimm war's auch nicht. Du hast eine Sinnkrise, das ist alles.«

Ich lasse ihr den Gedanken. Ein paar Termine bei Dr. Ramirez liegen noch vor mir, bevor ich meine Schwester in die Arme schließen kann. Ich hoffe, sie wird mir die nötige Stabilität geben, ihr endlich alles zu erzählen.

»Marie? Tut mir leid. Ich wollte nichts herunterspielen. Ich weiß, dass es dir nicht besonders gut geht, und wer weiß, wofür eine Therapie gut ist. Kannst du dich dran erinnern, als wir im Scheidungsjahr darüber gesprochen haben, dass das vielleicht eine gute Idee wäre?«

Natürlich weiß ich es noch. Damals habe ich jede Hilfestellung von mir gestoßen. Ich war zu beschäftigt, mich gegen die rüttelnden Türen zu stemmen. Die Kraft, die ich habe aufwenden müssen, um mein Geheimnis zu wahren und meine Scham im Zaum zu halten, hat mir alles abverlangt.

»Ich komme Ende Juli, Karli. Jetzt rufe ich Mama an und bestelle Kartoffelsuppe.«

Dann legen wir auf, und in den folgenden Stunden arbeite ich in einem Rausch, der mich alles vergessen lässt.

»Auf dich! Weil du mutig bist und ich dich bewundere!«

Lynn stößt mit mir an, und wir trinken einen Schluck unserer Negroni. Er schmeckt im ersten Moment zu bitter, doch als ich den weichen Wermut auf meiner Zunge spüre, steigt Wärme in mir auf. Ich fühle mich gut. Nicht wie neu geboren, aber auf dem Weg dorthin.

Deshalb habe ich Lynn gebeten, mit mir auf einen Drink auszugehen, und als wir die Avenue B entlanggelaufen sind, um eigentlich *Mona's* anzusteuern, sind wir an einer Bar vorbeigekommen, die ich nicht kannte.

»Schau es dir an, dieses glattgeleckte Teil«, hat Lynn gesagt.

Ein Mann, nicht älter als Mitte zwanzig und mit zurückgegeltem Haar, hat die Tür zur Bar aufgezogen.

»Das sind diejenigen, die irgendwann *Mona's* schließen, um mit einem Architekturbüro im Erdgeschoss einzuziehen. Und dann heißt es plötzlich: ›*Mona's?* Dieses Loch, in dem nur Iren abhingen, mit dem Billardtisch und den vergilbten Postern an den Wänden?‹«

Ich habe Lynn in die neue Bar gezerrt und festgestellt, dass sie vermutlich recht behalten wird. *The High* ist tatsächlich nichts Besonderes. Es ist eine von vielen schnell hochgezogenen Bars mit austauschbarem Konzept. Dunkles, hochwertig wirkendes Design, ein breiter Tresen, der in goldenem Licht schimmert. Eine Bar, die gar keinen Hehl daraus macht, nicht ins ABC-Viertel zu passen. Zumindest nicht in meine Vorstellung des East Village. Doch heute ist mir das egal. Im *Mona's* haben Lynn und ich schon viele Abende verbracht, mit die besten, das muss ich zugeben, doch die Zeichen stehen auf Neubeginn. Auch Lynn erzähle ich von dem Therapieplan und, ähnlich wie Karla, die Hälfte der Wahrheit.

»Du musst mir nichts erklären oder dich rechtfertigen«, ist ihre Antwort darauf. »Alle machen eine Therapie. Selbst die Therapeuten haben Therapeuten.«

Lynn hat Adam nie kennengelernt, sie weiß lediglich, was ich ihr erzählt habe, und das war nicht besonders viel.

Wir bestellen eine zweite Runde Negroni. Der Kellner bringt die Drinks und stellt eine frische Schale Erdnüsse zwischen uns.

»Hi, ich bin Cole und euer Kellner für heute Abend.«

»Hi«, sage ich und grinse, weil wir den ersten Drink von seinem Kollegen bekommen haben.

»Passt bei euch alles?«

Er ist süß, doch das muss mir egal sein. Ich nicke und bedanke mich. Als wir wieder allein sind, greife ich in die Erdnüsse. »*No boys today.*«

Doch zwei Runden später bitte ich Cole, von Lynn und mir ein Bild zu machen, weil wir es selbst nicht hinbekommen, ein zufriedenstellendes Selfie zu schießen. Er lächelt mich an. Warm und nett und ... offensichtlich. Der Alkohol steigt mir zu Kopf, ich fühle mich noch befreiter als am Morgen nach meinem Gespräch mit Dr. Ramirez, und jetzt, im verblassenden Licht der Nacht, will ich mich von den zurückliegenden Stunden lösen. Ein bisschen ablenken. Mir bewusst machen, dass mit mir alles in Ordnung ist, dass das Leben weitergeht, dass ich kein gestörtes Verhältnis zu Männern aufgebaut habe. Ich ziehe Lynn mit an den Tresen, um Cole besser im Blick zu haben. Sie rät mir, die Finger von ihm zu lassen, versucht mich sogar dazu herauszufordern, ein halbes Jahr niemanden zu daten.

»Ich will auch gar nicht daten«, flüstere ich.

Ihr Gesicht bleibt ausdruckslos. »Für alles andere hast du Benji. Du wirst ganz schön gierig.«

Ich lache zu laut. »Der klaut mein Weed und bedient sich an meinem Kühlschrank. Benji ist raus!« Ich zwicke Lynn in den Oberarm, und da lacht sie auch. Irgendwann drückt sie mir einen Kuss auf die Stirn und geht. Erst da bemerke ich, dass die Bar fast leer ist.

»Kann ich dich später nach Hause bringen?«, fragt Cole und räumt mein leeres Glas weg.

»Kann ich dich mit nach Hause nehmen?«, frage ich und höre zu spät, wie bescheuert das klingt. Doch er lächelt wieder. Warm und nett und ... offensichtlich.

KARLA

WEIL ES REGNETE, trafen wir uns drinnen. Ich hatte vorgeschlagen, auf der High Line spazieren zu gehen. Jetzt im September hing die Wärme noch immer in den Gassen und wurde vom Teer zurückgeworfen, doch ich wollte es vermeiden, dass wir uns direkt ansehen müssten, deshalb schien ein Spaziergang eine gute Idee. Als es zu regnen begann, schlug Patrick Dawson eine *Starbucks*-Filiale an der Canal Street vor. Dass er die immer überlaufene und seelenlose Cafékette für so ein intimes und sensibles Gespräch wählte, verwirrte mich anfänglich. Aber vielleicht musste er den Trubel der Großstadt um sich haben, weil der so wahnsinnig gut Zwischentöne verschlucken konnte.

Patrick Dawson hatte seine Frau mitgebracht. Sie stellte sich als Shelly vor. Beide waren um die dreißig und zumindest optisch ein Paar, das auffiel. Patrick war groß und sehr dick, er trug eine Jeans, ein graues Shirt und darüber ein offenes Flanellhemd, obwohl die Straßen aufgrund des Regens dampften. Die Hitze des Spätsommers zischte noch mal so richtig über der Stadt auf.

Shelly Dawson war zwei Köpfe kleiner als ihr Mann und beinahe mager. Ihr dünner Körper steckte in einem gepunkteten Sommerkleid mit Spaghettiträgern. Beide wirkten nervös, als wir durch die laute Filiale in den hinteren Bereich gingen und uns an einen Tisch setzten, an dem gerade zwei Jugendliche aufgestanden waren.

»Ich hol die Getränke«, sagte Shelly und blieb stehen. »Das geht auf uns. Was willst du trinken?«, fragte sie an mich gerichtet und wirkte kindlich stolz auf diese Einladung.

»Danke, das ist nett. Ich nehme einen kleinen Cappuccino.«

Sie nickte und ging, ohne ihren Mann zu fragen, was er wollte. Wahrscheinlich war dieser Teil im Vorfeld abgesprochen worden. Patrick Dawson wischte sich mit seiner Hand über die Stirn. »Vielen Dank, dass es doch noch geklappt hat.«

Ich nickte. Auch ich war nervös. Ich wusste nicht, was er von mir wollte, und hatte keine Fragen an ihn. Doch in ein paar Tagen würde ich New York verlassen. Und ich hatte nicht vor zurückzukehren. Vielleicht empfand ich es deshalb als wichtig, mich doch mit ihm zu treffen. Ich hatte mich daran gehalten, was Joe mir geraten hatte: Dass ich mich mit dem Mann, der meine Schwester überfahren hatte, verabreden sollte, wenn er mir nicht aus dem Kopf ging. Vielleicht hatte er mir etwas Wichtiges zu sagen. Vielleicht half mir ein Gespräch.

Es fiel mir schwer, nicht wütend auf ihn zu sein, auch wenn ich ihn so oft vor anderen verteidigt hatte. Aus der Ferne hatte mein Verstand mich immer gerettet. Sobald ich begonnen hatte, die Fakten zu verdrängen, hatte ich noch einmal den Polizeibericht gelesen. Doch nun saß dieser Mann vor mir. Ein mir fremder Name hatte sich zu einem realen Menschen geformt.

Während wir auf seine Frau warteten, redeten wir über Banalitäten, die ich in dem Moment vergaß, in dem ich sie aussprach. Ich beobachtete seine Hände, die schwitzten. Das waren die Hände, die das Lenkrad umschlossen hatten. Shelly Dawson trug zwei Plastikbecher mit Iced Latte und einen Pappbehälter an den Tisch.

»Danke«, sagte ich, und dann atmete ich hörbar aus, um ein Zeichen zu geben, dass wir nun zum unangenehmen Teil unseres Treffens kommen konnten. Shelly stieß ihren knochigen Ellbogen sanft gegen den Arm ihres Mannes und rührte dann mit ihrem Strohhalm die Eiswürfel hin und her.

»Also, ja. Es ist schwer für mich, mit dieser Schuld zu leben. Ich weiß, dass mich im Prinzip keine trifft, ich hab nichts falsch gemacht, hab mich korrekt verhalten. Sogar mein ehemaliger Fahrlehrer hat mich angerufen, als er von der Sache gehört hat. Dem hab ich alles erklärt, und er meinte nur, dass er stolz auf mich ist.«

Darauf hatte ich keine Antwort. Alle wussten, dass Patrick Dawson keine Schuld traf. Aber den Gedankengang, in diesem Zusammenhang auf etwas stolz zu sein, konnte ich nicht nachvollziehen. Ein Mensch war gestorben. Meine Schwester.

»Na jedenfalls, also, Shells und ich, wir sind schon immer treue Kirchenmitglieder in unserer Gemeinde, aber seit dem Unfall engagieren wir uns so richtig.« Er suchte ihren Blick, und sie nickte ihm zu. »Wir treiben Spenden ein. Zum Beispiel.«

Ich kam kaum hinterher, doch als Patrick nichts hinzufügte, sagte ich: »Jeder geht anders mit so einer Situation um.«

Shelly lächelte mich an und stieß ihren Mann wieder in die Seite.

»Ich hab seit dem Unfall schlimme Rückenschmerzen«, sagte er. »Mir springen immer wieder drei Wirbel raus, und nachts hab ich Albträume, in denen ich deine Schwester und den Unfall sehe.«

Ich schloss die Augen und spürte meine Lider flackern. Ich

hörte mich sagen, dass mir das sehr leidtue. Patrick nickte. Seine Frau fuhr ihm mit der Hand über seinen Rücken.

»Wir glauben, dass du uns helfen könntest«, sagte sie dann.

»Was meint ihr?«

Shelly faltete die Hände vor sich auf dem Tisch. Mein Blick wanderte zum ersten Mal zu ihrem blondierten Haar, das strohig auf ihre Schultern fiel.

»Wir geben in unserem Glauben das zurück, was genommen wurde ...«

»*Was genommen wurde?*«

Beide nickten.

Verstand ich das alles richtig? Manchmal tat ich mich in Gesprächen auf Englisch mit fremden Menschen etwas schwer, aber die beiden sprachen in recht einfachen, kurzen Sätzen, so dass ich mir bisher sicher gewesen war, ihnen folgen zu können – wenn auch nicht dem, was sie tatsächlich sagten.

»Das hilft uns sehr. Aber Patrick sollte eine Therapie machen, findest du nicht auch? Und er sollte Physiotherapie bekommen. Leider können wir auf Dauer nicht mal seine Medikamente bezahlen.«

Shelly rührte wieder in ihrem Plastikbecher.

»Wir glauben, dass der Tod deiner Schwester uns mit dir verbunden hat. Nichts geschieht ohne Grund. Ich leide Schmerzen, für die ich nichts kann, noch dazu kann ich mir die Hilfe, die ich brauche, nicht leisten«, sagte Patrick.

»Wie gesagt, das tut mir leid, aber –«

»Wir segnen dich bis an dein Lebensende!«, rief Shelly, und ich warf einen Blick zu den Nachbartischen. Niemand hatte aufgesehen. Manchmal vergaß ich, dass den New Yorkern so ziemlich alles egal war, während jeder Cafébesucher in Seekirch längst die Ohren gespitzt hätte.

»Ihr meint, dass *ich* dafür aufkommen soll?«

Shelly legte ihre kalten Hände auf meinen Unterarm. »Natürlich nicht. Du kannst genauso wenig für den Schlamassel wie wir.« Nach einer kurzen Pause fügte sie dann hinzu: »Aber deine Schwester.«

Schlamassel? Ich zog meinen Arm zurück.

Patrick rutschte auf dem Stuhl hin und her. Ihm war die Situation wenigstens etwas unangenehm. »Bitte versteh uns nicht falsch. Wir sind uns deines Verlustes bewusst –«

»So bewusst!«, grätschte seine Frau ein.

»Doch wir – also, wir alle – müssen ja auch nach vorn schauen. Shells und ich, wir haben so viele Pläne. Und deine Schwester hatte doch Geld. Also, das haben wir gehört, sie war ja eine bekannte Fotografin, oder nicht? Und wir wollten nur sichergehen, dass mit ihrem Geld etwas Sinnvolles unterstützt wird.«

Ich starrte ihn an. Ich spürte, dass in meinem Körper gleich etwas passieren würde.

Bei Patrick schlich sich Scham in das Gesicht. Ich konnte nicht mehr. Mein Zwerchfell begann zu zittern, und ich fing an zu lachen. Zügellos, atemlos, eine Freiheit, wie ich sie gar nicht mehr gekannt hatte. So laut musste ich lachen, dass ich mein Gesicht in den Händen verbarg. Meine Augen tränten. Als ich mich langsam beruhigte, nahm ich die beiden wieder wahr. Shelly Dawson funkelte mich an.

Ich trank einen Schluck meines Cappuccinos. Dann stand ich auf, und Shelly tat es mir gleich.

»Deine Schwester ist schuld an allem.«

Da wollte ich sie ohrfeigen. Ich bohrte die Fingernägel in meine geballten Fäuste und ging.

Ich schleppte mich nach Hause und schaffte es gerade so die Treppen hoch und in die Wohnung. Die Zwischenräume in meinem Körper verengten sich. Meine Lunge fühlte sich an wie ein Ballon, aus dem alle Luft entwich. Sie zerfiel zu einer vertrockneten Zitrone. Ich riss die Fenster auf und atmete tief ein und aus. Nur langsam beruhigte sich mein Atem. Ich kannte diese Momente, in denen ich kaum Luft bekam, mittlerweile gut. Dann brauchte ich dringend irgendetwas von Marie. Ich musste sie hören oder sehen, am besten beides, also fischte ich mein Handy aus der Handtasche, doch es war leer. Ich zog die Schublade auf, in der Maries iPhone lag, und schaltete es an. Kurze Zeit später blinkten Dutzende Nachrichten auf. Ich wollte sie ignorieren und direkt auf ihren Video-Ordner zugreifen, als mir eine Sprachnachricht von Adam auffiel. Da konnte ich nicht anders und drückte auf Play:

Hey Marie, ich bin's, Adam. Also ich, ähm, melde mich bei dir, weil ich unbedingt mit dir sprechen will. Ich krieg unser Treffen Ende Juni einfach nicht aus dem Kopf. Ich denke jeden Tag an dich, und Scheiße, Mann, das ist echt schlecht gelaufen. Lass uns noch mal reden, ja? Was sagst du dazu? Ich bin nächste Woche wieder in der Stadt. Deswegen melde ich mich auch jetzt. Ich würde dich gern sehen. Ich muss dich sehen. Und ich will nicht noch mal so unangekündigt auftauchen. Shit. Ich weiß, dass ich dich allein gelassen habe. Scheiße, ich hab dir echt weh getan ... ob du es glaubst oder nicht, aber ich erinnere mich an vieles überhaupt nicht mehr. Was ich so gemacht habe ... und all das. Aber ich weiß, dass ich uns aufgegeben habe und nicht du. Lass uns ... – melde dich bitte bei mir. Ich muss dich wirklich sehen. Bis dann.

Ein paar Tage später hatte er geklingelt, und ich war nach unten gegangen, um mit ihm zu sprechen.

Mit voller Wucht schmiss ich das iPhone gegen die Wand und hörte das Glas endgültig brechen. Meine Gliedmaßen zitterten unter der Anspannung. Dann ging ich zum Bett und warf die Kissen und Bettdecke auf den Boden. Ich schob den Paravent zusammen und stieß ihn um. Ein schriller Blechsound zerschnitt den Raum. Ich riss den Holzschrank auf, schob die Klamottenstapel heraus und warf alles auf den Boden. Dann die Socken, die Unterwäsche. Die nächste Tür war dran. Kleider, Blusen, alles schmiss ich auf das Bett. Ich nahm die Kissen vom Boden und zerriss die Bezüge entlang der Nähte. Ich schleppte mich zu Maries Schreibtisch und fegte ihn mit einer Handbewegung leer. Das halbvolle Glas Wasser ging zu Boden. Wie ein Tier kroch ich unter den Schreibtisch und zog die Ordner mit den Steuerunterlagen und Verträgen hervor. Ich begann, Dokumentenstapel zu zerreißen, doch die Anstrengung stand in keinem Verhältnis zur Befriedigung, also ließ ich davon ab. Das Bücherregal mit den gerahmten Fotos. Perfekt. Lynn, unsere Eltern, Max, Fiona – alle Erinnerungen flogen, Glas zerschellte.

Inmitten der Scherben ließ ich mich zu Boden gleiten. Das Blut rauschte so laut in meinen Ohren, dass ich meinen Schrei mehr fühlte als hörte. Ich schrie ein einziges Mal, lange und laut. Dann musste ich husten, die Erschöpfung übernahm und ließ mich zusammensacken.

Nach der Ohnmacht kam die Wut. Ich war noch nie so wütend.

ICH GING INS Badezimmer und verschloss die Tür.

In den vergangenen drei Stunden hatte ich freundlich gelächelt, hatte mich mit »Miss, Miss!« anschreien lassen, Hände geschüttelt, mit mir verhandeln und mich am Arm herumzerren lassen, bis Cole dazwischengegangen war.

Eine halbe Stunde vor Beginn hatten die Ersten an der Tür geklingelt. Cole war noch gar nicht hier, also öffnete ich zögerlich und sah dabei zu, wie nach und nach Studentinnen, die noch wie Kinder aussahen, mehrere Paare und Familien, die ihre Kinder herumscheuchten, Maries Möbel aus der Wohnung trugen. Ein alter Mann in weiter Cordhose, Weste und einem Gehstock nahm sich Maries Schreibtischlampe und ging nickend an mir vorbei. Was ich verschenkte, war mit einem blauen Notizzettel versehen, was zu verkaufen war, mit einem gelben. Wovon ich mich niemals trennen würde, war in Boxen verstaut, die ich im Auge behielt, weil ich panisch war, jemand würde sich in dem ganzen Chaos auch daran bedienen.

Drei Stunden später war das Apartment praktisch leer geräumt, und nachdem ich zum Schluss den verzierten Bauernschrank des Vormieters für ein paar hundert Dollar verkauft hatte, bemerkte ich den Hall im Raum. Cole half den Käufern, einem Ehepaar aus Hoboken, gemeinsam mit zwei Nachbarn den Schrank nach unten zu tragen, während ich mich im Badezimmer einschloss.

Hier stellte ich mich für einen Moment selbst ab. Am Abend zuvor hatte ich die Wohnung verwüstet, daraufhin Stunden damit verbracht, sie aufzuräumen, um mich nur wenige Stunden später von allem darin und schließlich auch von den Wänden drum herum zu trennen. Es fühlte sich tatsächlich an wie das Abreißen eines Pflasters. Die Aktion rauschte an mir vorbei, und irgendwo fand ich ein Stückchen Dankbarkeit darüber, dass mir wildfremde Menschen die Entscheidungen abnahmen, wo ich die Möbel und den Kleinkram hinbringen sollte. Doch sobald ich innehielt, wurde mir schlecht. Die Wunde, die zum Vorschein kam, nässte. Und sie war weit entfernt von Heilung.

Im fensterlosen Bad war es stickig. Ich öffnete die Tür und lugte in den Flur. Er war leer, und auch das Magnetboard war längst mitgenommen worden. Ein verlassener Clip lag auf dem Boden.

Im Wohnbereich warf ich einen Blick in das Eck, in dem nur noch mein Koffer stand, daneben die Kartons mit Gegenständen, von denen ich mich nicht trennen wollte: die Keramiktasse, aus der sie ihren Kaffee trank. Ein paar Kleidungsstücke, der fast ausgelesene Roman, Fotobücher, eine Sonnenbrille mit Gläsern in Herzform, ihr Parfüm. Und die Notizbücher, in die Sätze von mir gekritzelt waren, aber auch kleine Zeichnungen von ihr, dazwischen Zeitungsausschnitte, Post-its, kreuz und quer geklebt. Erinnerungsfetzen.

Auf dem Boden lag die Bettwäsche, in der ich heute Morgen nach nur wenigen Stunden Schlaf aufgewacht war. Wollmäuse flogen über den Boden, als ich die Tür ganz aufstieß. Dann hörte ich Schritte auf der Treppe.

»Das war's!«

Cole schloss die Wohnungstür hinter sich und schob den Riegel vor.

»Wir sind fertig?«

Er nickte und ging ins Badezimmer. Dort drehte er den Wasserhahn auf und gab ein lautes Stöhnen von sich. Als er zurück im Flur erschien, wischte er sich über das nasse Gesicht und lächelte mich an.

Es war noch immer eine schöne Wohnung, wenn auch eine verlassene. Die Besitzerin war ausgezogen. Auf dem Boden standen eine Handvoll chinesische Take-away-Boxen, eine Flasche Shaoxing-Reiswein und zwei Gläser. Cole und ich saßen auf einer Luftmatratze, die er mitgebracht hatte, und weil die Stehlampe im Eck ebenfalls verkauft worden war, hatte ich ein paar Teelichter angezündet.

Das Fenster, unter dem noch vor ein paar Stunden Maries Schreibtisch gestanden hatte, war offen, es drangen wenige Geräusche herein außer den verlässlichen Sirenen sich entfernender oder sich nähernder Krankenwagen. Die süßlich-warme New Yorker Sommerluft vermischte sich mit dem Geruch von schwarzer Essigsoße in den kleinen Pappbechern vor uns. Ich hatte Cole gebeten, noch zu bleiben, doch weil so ein Essen für mein Verständnis gar nicht reichte, um mich für alles zu bedanken, hatte ich etwas vorbereitet, versteckt hinter meinem Koffer, das ich jetzt hervorholte.

»Was ist das?«, fragte Cole.

»Ein Dankeschön«, sagte ich und hielt das Bild umgedreht, so dass er es noch nicht sehen konnte.

»Aber es gab doch schon eins.«

»Vielleicht hast du ja eine Glückssträhne.«

Er lachte. Ich drehte das Bild um. Cole studierte es einen Augenblick, dann beugte er sich nach vorn. »Das ist …«

»… die Jamaica Avenue. Ich habe auf Maries Laptop ein paar Aufnahmen aus Queens gefunden. Die hier gefiel mir am besten. Es ist analog geschossen.«

Cole stand auf, griff das Bild am Rahmen und kniete sich davor. Es war eine dynamische Aufnahme, die Marie wohlmöglich im Gehen gemacht hatte. Im linken Bildhintergrund war die mit Graffiti überzogene Außenfassade des *Beverly Hills Furniture* zu sehen, im rechten Bildvordergrund ging ein junges Paar über die Straße. Sie hielten sich an den Händen, die Frau lachte, der Mann hatte ihr das Gesicht zugewandt.

»Ich kenne jeden Zentimeter dieser Straße«, sagte Cole. »Genau da an der Ecke vor dem *Beverly Hills Furniture* hat mich meine Mutter mal angeschrien, weil sie mich im Laden daneben dabei erwischt hat, wie ich eine Packung Bonbons klauen wollte.« Irgendwann nahm er das Bild und stellte es an eine der nackten Wände. Dann drehte er sich zu mir um. Ich ging auf ihn zu und küsste ihn. Nicht, weil ich verliebt gewesen wäre, nicht weil er so gut roch, nicht, weil ich einen Gedanken an Marie verdrängen wollte. Ich küsste ihn, weil ich zum ersten Mal nach langer Zeit spürte, dass ich etwas ganz bewusst wollte, genau jetzt, in diesem Moment brauchte. Ich kostete seine Zuneigung aus. Und ich liebte jede Sekunde, während ich mit ihm schlief, weil ich auch darin eine Vergänglichkeit spürte. Jedoch eine, die mich zum allerersten Mal seit langem lebendig werden ließ.

In den frühen Morgenstunden stand ich auf. Mein Nacken war verspannt. Cole schlief noch auf der Luftmatratze, als ich in die Küche ging, um mir einen Kaffee zu machen. Die Bialetti hatte ich ebenfalls behalten, ich würde sie zu Hause neben meine alte Kaffeemaschine stellen, als Erinnerung daran, wie Marie mich damit aufgezogen hatte, dass ich guten Kaffee nicht von schlechtem unterscheiden konnte.

Ich schaltete die Herdplatte ein und streckte mich. Mit der heißen Tasse ging ich zurück ins Wohnzimmer und zog die Jalousie nach oben. Cole murmelte etwas im Schlaf und drehte sich weg vom Fenster. Er würde genauso verspannt aufwachen wie ich.

Barfuß stieg ich nach draußen auf die Feuerleiter, setzte mich und nippte am Kaffee. Die Sonne stand noch tief, in ein paar Minuten würde sie hinter der steinernen Hausecke hervorkommen und mir direkt ins Gesicht scheinen. Zum ersten Mal seit langer Zeit saß ich ansatzweise entspannt hier draußen. Ein schüchterner Anflug von Zufriedenheit überkam mich. Ich versuchte, an den Fenstern der Nachbarwohnung vorbeizusehen. Mich mit Gedanken an Alltägliches abzulenken, bis mein Blick dann doch nach drüben fiel und ich mich nur noch mit all den Fragen zu diesen beiden Menschen beschäftigte, die gar kein Teil meines Lebens waren und nun irgendwie doch.

Die Wohnung lag im Halbdunkel, die Sonnenstrahlen erhellten immer erst am frühen Abend all die Details. Mein Mitgefühl für Alison hatte sich nicht verringert. Seit unserem Gespräch dachte ich noch öfter an sie als zuvor, sie war eine mysteriöse Erscheinung in meinem Leben, und nun klang auch ihre Sprache in meinem Ohr, eine schnörkellose Melodie, von der ich nicht wusste, ob sie in Rhode Island verwurzelt war oder einfach zu Alison gehörte.

Ich fragte mich, wie lange sie bereits die Gewaltausbrüche ihres Mannes ertrug. Vielleicht so lange, dass sich die Möglichkeit, ihn zu verlassen, nicht mehr wie eine tatsächliche, eine machbare Möglichkeit anfühlte? Ich hatte keine Ahnung, doch ich konnte es mir vorstellen und auch nur so erklären. Das, was sie erlebte, war eine Verschiebung von Liebe, hinein in einen Bereich, der sie wahrscheinlich mit seiner ganzen Wucht übermannte. Vielleicht hatte diese Beziehung tatsächlich als etwas Außergewöhnliches, Liebevolles begonnen. Vielleicht war Oliver einmal ein anderer Mensch gewesen. Wie verließ man jemanden, den man einmal geliebt hatte? Den man vielleicht immer noch liebte, oder zumindest die Vorstellung davon? Der sich jedoch radikal verändert hatte und somit zur Bedrohung wurde? Woher wusste man, dass sich die Person nie wieder in diejenige zurückverwandeln würde, die sie einmal gewesen war? Woher wusste man, wer der Mensch wirklich war?

Wann musste man gehen, um sich selbst zu schützen – und sollte man auch nur einen Tag bleiben, für den Menschen, der nicht nur einen selbst, sondern auch sich selbst zerstörte?

Ich trank einen Schluck Kaffee, als ich in Alisons Wohnung Bewegungen wahrnahm. Die Spiegelung der geschlossenen Fenster schob sich zwischen das, was geschah, und das, was ich glaubte auszumachen. Plötzlich fröstelte es mich. Konnte das sein? Ich beugte mich nach vorn, um besser sehen zu können, auch wenn die wenigen Zentimeter nicht halfen. Doch dann war ich mir sicher. Zwischen dem Schlafzimmer und der Diele gingen zwei Menschen hin und her, die weder Alison noch Oliver waren. Von den beiden keine Spur.

Zwei Männer, die dunkle, kurzärmelige Hemden trugen. Auf Höhe der Oberarme blitzte etwas Goldenes. Abzeichen?

Uniformen.

In Flipflops, Shorts und dem Shirt, in dem ich geschlafen hatte, trat ich auf die Straße. Ich sah den Krankenwagen sofort. Ich begann zu rennen, obwohl es nur wenige Schritte waren. Und obwohl ich wusste, dass ich nichts ändern konnte, hatte ich den Drang, keine Zeit zu verlieren.

Die Eingangstür stand offen. Es war das dritte Mal, dass ich dieses Haus betrat, und jedes Mal hatte ich mich unwohl gefühlt, mich gefragt, was ich hier tat, und mich trotzdem angeschoben, den nächsten Schritt zu gehen. Der Aufzug hing im dritten Stock. Ich legte meine schweißnassen Hände in den Nacken. Sie waren eiskalt. Er hatte Alison krankenhausreif geschlagen, und ich hatte die ganze Zeit tief in meinem Inneren gewusst, dass es jederzeit dazu kommen konnte. Ich drückte die Tür zum Treppenhaus auf und nahm immer zwei Stufen. Im dritten Stock stieß ich die Tür zum Flur auf.

Alles schwarz vor Augen.

Mein Kreislauf funktionierte am frühen Morgen nicht mit einem Puls auf Anschlag. *Stehen bleiben. Atmen.* Ein schwacher Lichtstrahl fiel in den Gang aus der einzigen Tür, die halb offenstand. Mir wurde schlecht. Ich setzte einen Fuß vor den anderen und sah bereits vor mir, was ich in den kommenden Stunden tun würde: Den beiden Sanitätern würde ich von meinem Notruf erzählen. Davon, dass er nicht ernst genommen worden war und dass ich daraufhin das Gespräch mit Alison gesucht hatte. Bei der Polizei würde ich eine Aussage machen, und ich würde Alisons Einverständnis dazu nicht einholen.

Aus der Wohnung der MacKinnons vernahm ich mehrere Stimmen.

Klopf an und warte. Klopf an und warte.

Doch ich schob die Tür ganz auf, blickte in das kleine Foyer, an das sich die Küche anschloss. Einen Moment lang passierte gar nichts. Die leeren Anrichten strahlten eine sterile Ungemütlichkeit aus. Hatte hier jemals irgendwer gekocht? In der Mitte die kleine Insel mit einer Arbeitsplatte aus Marmor – vom ersten Tag an hatte ich sie darum beneidet. Damals, als Marie und ich auf der Feuerleiter gesessen und Alison und Oliver beim Einzug zugesehen hatten. Auf dem polierten Marmor stand eine weiße Tasse, in der ein Teebeutel hing, und auf einem der Barhocker saß sie. Alison. Unversehrt? Ihr paralysierter Blick fiel einfach durch mich hindurch. Sie trug einen zweiteiligen, cremefarbenen Pyjama, ihr Haar war ungekämmt.

»Alison ... ist alles in Ordnung hier?«

Als ich einen Schritt auf sie zuging, kam ein kleiner, untersetzter Mann aus Richtung des Schlafzimmers auf mich zu, und ich schreckte zurück. Alison wandte den Blick von uns ab.

»Kann ich helfen?« Er trug eine blaue Stoffhose, einen schwarzen Gürtel und ein blaues Hemd, darauf war der Schriftzug *FDNY* gestickt, rechts das Wort *Paramedic.* Sanitäter.

Ich stammelte, und der Mann wurde unruhig.

Schließlich forderte er mich auf, den Weg freizumachen, drängte mich hinaus, und dann schob ein anderer Mann, von dem ich lediglich die Umrisse wahrnahm, einen weißen Leichensack auf einer Rollbahre an mir vorbei.

DIE BETREFFENDE SEITE war mit einem pinkfarbenen Post-it markiert, das ich zwischen meinem Zeigefinger und Daumen rieb. Ich schlug das Magazin auf. Marie war gebeten worden, fünf Porträtaufnahmen von aufstrebenden Künstlern – vier Männer, eine Frau – für einen Artikel zu schießen. Ich blätterte durch die Seiten. Auf der letzten war eine kleine Anmerkung der Redaktion gedruckt.

> Wir trauern um unsere Kollegin, die brillante Marie Staub, die diese Fotostrecke für das *T Magazine* geschossen hat. Es war unsere erste Zusammenarbeit, und wir wünschten, es wäre nicht die letzte gewesen. Marie war ein wundervoller Mensch, sie hatte ihre Umwelt immer im Blick und rückte die Menschen vor ihrer Kamera ins richtige Licht.
> Marie, du fehlst.
> Deiner Familie und deinen Freunden wünschen wir viel Kraft.

Ich klappte das Magazin zu und legte es auf den Stapel der anderen. Mein Rückflug ging in drei Tagen. Cole und Lynn hatten mir angeboten, mich zum Flughafen zu bringen und dort zu verabschieden. Ich sehnte mich schon nach der Weite der Landschaft, nach einem Blick bis zum Horizont. Dachte an Mama, deren Lächeln ich gehört und deren Tränen ich gefühlt hatte, als ich sie bat, am Tag meiner Ankunft Kartoffelsuppe zu kochen und Apfelkuchen zu backen.

Es war vier Uhr nachmittags, und lediglich an der langgezogenen Theke im vorderen Bereich von *Tompkins Square Bagels* standen ein paar Menschen, die auf ihre Bestellungen warteten. Als ich mich einreihte, bekam ich eine Textnachricht von Alison. Sie fragte, ob wir uns treffen können, und ich antwortete, dass ich mich ebenfalls freuen würde, sie noch einmal zu sehen, um mich zu verabschieden. Weil der Laden nur einen Katzensprung von unseren Wohnungen entfernt lag, schlug ich vor, hier auf sie zu warten. Im hinteren Bereich von *Tompkins Square Bagels* war wenig los. Zumindest in dieser Filiale, denn in die an der 2nd Avenue war ich nicht mehr gegangen, seitdem Marie nur ein paar Meter entfernt verunglückt war.

Ich sah Alison schon beim Betreten des Ladens. Sie trug ein schlichtes, blaues Baumwollkleid, ihr Haar war zusammengebunden. Ich hob meinen Arm, und sie nickte, als sich unsere Blicke trafen. Meinen Mohnbagel mit Frischkäse hatte ich nicht angerührt, denn als ich wusste, dass sie kam, war ich nervös geworden.

Sie legte ihre Handtasche ab und setzte sich mir gegenüber. Ich lächelte sie an, und sie erwiderte es für einen kurzen Augenblick. Alison sah aus wie vor ein paar Tagen, als ich sie vor der *Magnolia Bakery* getroffen hatte. Kaum zu glauben, wie viel in der Zwischenzeit passiert war, wie randvoll so wenige Tage sein konnten. Sie wirkte müder, matter in ihrer Ausstrahlung, doch nicht so, als hätte sie gerade ihren Mann verloren. Doch wie sah man aus nach einem Verlust? Man schrieb es sich schließlich nicht quer über die Stirn.

Sie fragte, ob sie sich ein Stück von meinem Bagel nehmen dürfe. Ich schob ihr den Teller hin.

»Ich hatte heute noch nichts zu essen«, sagte sie und biss hinein. Während sie kaute, verscheuchte sie eine Fruchtfliege mit der freien Hand.

»Alison, ich habe dir noch gar nicht mein Beileid ausgesprochen. Das ging alles so schnell, und ich hatte nicht das Gefühl, dass ich hätte bleiben sollen, also bin ich einfach gegangen und ...«

Sie hob eine Hand und schüttelte den Kopf. »Ich danke dir, dass du dich um mich sorgst. Und ich möchte mich entschuldigen.«

»Entschuldigen? Wofür?«

»Ich hätte dich hereinbitten müssen. Die Situation erklären. Meine Ehe und unsere –« Sie hielt inne. »... die darin enthaltenen Komplikationen haben sich sicherlich negativ auf die Nachbarschaft ausgewirkt. Du bist allerdings die Einzige, die jemals das Gespräch gesucht hat.«

Sie nahm sich ein weiteres Stück des Bagels. Die Fruchtfliege setzte sich auf einen Brotkrümel, und Alison beobachtete sie.

Ich wartete einen Moment, dann fragte ich sie aufrichtig, wie es ihr ging.

Sie neigte den Kopf erst nach rechts, dann nach links, als würde sie abwägen, welche Richtung sie einschlagen wollte. »Es ist okay. Ich habe Oliver seit Jahren nicht mehr geliebt.«

Die Wucht ihrer Sachlichkeit schien mir seltsam fehl am Platz. Dann ermahnte ich mich. In meiner eigenen Familie war jeder auf seine eigene, spezielle Weise mit Maries Tod umgegangen, und manche gingen ihm bis jetzt aus dem Weg. Im Gegensatz zu meiner Familie war Alison ruhig und gefasst, aber das schien mir angesichts dessen, dass ihr Mann sie regelmäßig geschlagen hatte, realistisch – wahrscheinlich hatte sie sich längst emotional von ihm distanziert.

»Was ist denn eigentlich passiert?«, traute ich mich, die brennendste Frage zu stellen.

Sie wischte meine Frage mit einer Handbewegung weg. »Er hatte seit seiner Geburt einen Herzfehler. Das liegt in der Familie. Der Infarkt hat niemanden überrascht.«

Ihre distanzierte Sprache sparte mir sämtliche Floskeln, auch wenn mir nichts Schlaues oder Gefühlvolles einfiel. »Wie geht es nun weiter für dich?«

Da sah sie mich an mit ihren rehbraunen Augen. »Ich habe niemanden.« Sie sagte es ohne Selbstmitleid. »Das ist mir erst jetzt aufgefallen. Er hat mich in den letzten Monaten vollkommen isoliert, und meine Freundinnen haben ihn sowieso nie gemocht.« Sie nahm sich das letzte Stück des Bagels. »Ich schätze, ich fange von vorn an.«

»Du bist frei«, antwortete ich und beobachtete die Fruchtfliege, die nun zwischen uns saß. Sie lief erst in die eine, dann in die andere Richtung. Alison erschlug sie mit der flachen Hand. Ihre Fingernägel waren dunkelrot lackiert. Sie griff nach der dünnen Papierserviette auf dem Teller und wischte sich die Hand ab.

»Ja, das bin ich wohl.« Sie steckte das Papier in ihre Handtasche. »Ich hätte mich wahrscheinlich nie scheiden lassen.«

»Warum nicht?« Ich fühlte mich zunehmend unwohl. Das Verhältnis zwischen Alison und mir war nie normal gewesen, unsere bisherigen Gespräche hatten sich weit entfernt von allen bewegt, die ich bisher mit mir fremden Menschen geführt hatte. Und doch konnte ich nicht anders, als nachzuhaken.

»Oliver und ich kommen aus recht konservativen Familien. Und unsere Väter arbeiten schon lange zusammen. Sagen wir mal so: Es wurde sehr begrüßt, als wir uns verlobten.«

Ihr Handy klingelte. Sie entschuldigte sich, stand auf und drückte sich an den wartenden Menschen an der Theke vorbei nach draußen. Ich klaubte die Krümel vom Teller und aß sie. Als Alison nach zehn Minuten zurückkam, stand ich auf, um zu gehen.

»Alison, es war schön, dich kennenzulernen. Wenn auch unter so traurigen Umständen. Ich wünsche dir nur das Beste. Ich hoffe, es wird dir bald richtig gut gehen.« Während ich das sagte, berührte ich sie leicht am Oberarm.

»Das wünsche ich dir auch«, entgegnete sie, und auch wenn sie nichts von meinem eigenen Verlust wusste, speicherte ich ihre Worte in mir ab, legte sie auf den Stapel aller guten Wünsche, in der Hoffnung, dass sie sich erfüllen würden, irgendwann.

Sie nickte kaum wahrnehmbar. »Ich habe viel gelernt in den letzten Monaten.«

»Ja? Das ist gut.«

Ihre Augen bohrten sich in meine. »Manchmal muss man die Dinge einfach selbst in die Hand nehmen. Dem eigenen Glück auf die Sprünge helfen. Dem Leben einen Schritt voraus sein.«

Ich schob die Augenbrauen zusammen. Eine Gänsehaut bildete sich an meinen Armen, und ich verschränkte sie vor meiner Brust.

»Diese schrecklichen Klimaanlagen«, sagte sie und berührte meinen Unterarm. »Draußen ist es so schön warm.«

Dann ging sie an mir vorbei, und ich blieb zurück.

Die Jalousie war heruntergelassen. Der Raum lag im Halbdunkel. Ich tigerte hin und her, erst war ich noch lange draußen gewesen, und nun lief ich durch den Mikrokosmos des leeren Apartments. In meiner Hand hielt ich eine Schüssel mit Instantnudeln, in der anderen zwei Holzstäbchen, die ich mitsamt eines Glückskeks (»Bevor Du Dich daranmachst, die Welt zu verändern, gehe dreimal durch Dein eigenes Haus«) in einer von Maries Jackentaschen gefunden hatte.

Ich schlürfte die Nudeln und begann ein Selbstgespräch. Doch ich hatte in den letzten Wochen so oft versucht, alles mit mir allein auszumachen. Deswegen holte ich meine Schwester dazu.

»Also, Marie«, begann ich, »was wir wissen ist, dass dein Nachbar ein richtig widerlicher Typ war. Für einen Menschen wie Alison bringt man viel Sympathie auf, wenn man weiß, was sie durchlitten hat, doch das sagt ja überhaupt nichts über ihren Charakter aus. Trotzdem kann ich sie nicht greifen. Je länger ich über sie nachdenke, desto schneller entgleitet sie mir.« Ich zog mit den Stäbchen eine große Portion Nudeln aus der Suppe und ermahnte mich, weniger abzuschweifen. »Es geht um Fakten, Karla, nicht um Eindrücke. So kommst du nicht weiter.« Aber ich hatte keine Fakten, um meine Vermutung zu untermauern.

Manchmal muss man die Dinge einfach selbst in die Hand nehmen. Dem eigenen Glück auf die Sprünge helfen. Dem Leben einen Schritt voraus sein.

Empfand sie den Tod ihres Ehemanns als solche Erleichterung, dass sie von Glück sprechen konnte? Irgendwie glaubte ich nicht, dass sie es einfach so dahingesagt hatte.

Manchmal muss man die Dinge einfach selbst in die Hand nehmen. Damit meinte sie wohl, dass sie nun den Mut aufbringen musste, neu zu beginnen. *Dem eigenen Glück auf die*

Sprünge helfen. Ein banaler Kalenderspruch. *Dem Leben einen Schritt voraus sein.* Da spürte ich wieder ihren Blick. Als wollte sie mich etwas sehen lassen, das sonst niemand zu sehen bekommen sollte.

»Hat Alison ihren Mann umgebracht, Marie?« Meine Worte prallten an den Wänden ab und hallten durch den Raum. »Wer stirbt mit Ende dreißig an einem Herzinfarkt? Gut, wenn er ein schwaches Herz hatte, wenn er nicht regelmäßig zum Arzt gegangen ist, aber gleichzeitig viel Stress hatte, und ich nehme an, dass das so war, dann ... könnte das ... schon ... stimmen.«

Ich setzte mich auf den Boden und stellte die Schüssel vor mich. Ich hatte mich bei *Tompkins* von Alison nicht nur persönlich, sondern auch gedanklich verabschieden wollen, doch ihre Worte hatten mich wieder hineingezogen in ihre Geschichte. Warum interessierte mich das alles überhaupt immer noch? Oliver war tot, das Problem, so hart das auch klingen mochte, hatte sich in Luft aufgelöst. Wenn pure Neugier mein Hauptantrieb war, ekelte ich mich vor mir selbst. War es meine Verantwortung, so einem Bauchgefühl, so einem Ziehen im Nacken nachzugehen?

»Karla, du bist Lokaljournalistin, keine Investigativreporterin.«

Ich war verrückt. Ich redete laut mit mir.

In der Brühe zwischen den dampfenden Nudeln lag eine Fruchtfliege. Mit einem der Stäbchen schob ich sie auf den Rand der Schüssel. Sie bewegte sich nicht.

Ich wollte wissen, was Alison meinte. Ich wollte wissen, ob sie so weit gegangen war, wie es sich für mich anfühlte. Vielleicht wollte ich auch einfach eine Geschichte zu Ende bringen, die Marie begonnen hatte.

ÜBER DIE MACKINNONS hatte ich mit niemandem gesprochen. Zumindest nicht so richtig. Sie fühlten sich an wie ein Geheimnis zwischen meiner Schwester und mir, und es fiel mir schwer, irgendjemanden einzuweihen. Zum einen, weil ich niemandem die Bilder auf Maries Laptop hätte erklären können, und zum anderen, weil sich durch das Mitwissen einer weiteren Person immer die Dynamik änderte. Ich hätte Lynn anrufen können, doch sie war impulsiv und hatte mich schon überrannt, als Adam hier aufgetaucht war. So etwas wollte ich kein zweites Mal riskieren.

Blieb nur noch Cole übrig. Er war aufgewacht, als ich an dem Morgen ins Nachbargebäude gestürmt war, um mich zu vergewissern, dass Alison noch lebte. Ich war aufgewühlt zurückgekommen und hatte lediglich erzählt, dass mein Nachbar verstorben war. Kurze Zeit später war Cole gegangen, und seitdem hatten wir nur ein paar kurze Textnachrichten ausgetauscht.

Es führte kein Weg drum herum. Wenn ich Alison entlocken wollte, ob sie etwas mit dem Tod ihres Mannes zu tun hatte, musste ich mich nicht nur erneut mit ihr verabreden, sondern es so geschickt anstellen, dass sie mir nicht misstraute. Wir hatten uns verabschiedet, es gab keinen Grund mehr, mich erneut bei ihr zu melden. Zumindest keinen offensichtlichen. Ich brauchte eine Idee, und zwar schnell, denn meinen Rückflug wollte ich nicht verschieben. Das hätte meine Eltern beunruhigt, und die Tatsache, dass die Wohnung seit zwei Tagen fast vollständig ausgeräumt war und ich auf einer Luftmatratze schlief, sagte mir jeden Tag aufs Neue, dass es Zeit war, zu gehen.

Ich entdeckte die Vase bei einem Spaziergang durch Soho. Als ich auf der Prince Street meinen Blick von einem Straßenverkäufer löste, der gedruckte Drehbücher für zwanzig Dollar verkaufte, sah ich sie im Schaufenster einer Boutique. Auf der Prince Street hatten sich viele hochpreisige Designer angesiedelt. Manche mieteten loftige Räume mit hohen Schaufenstern, andere kleine Läden, in denen man sowohl shoppen als auch Kaffee trinken konnte.

Die Vase war perfekt. Ein schlichter, skandinavischer Krug, weiß, durchzogen von feinen, goldenen Linien. Sie kostete einhundertzwanzig Dollar, und weil ich kaum fassen konnte, was ich da tat, legte ich meine Kreditkarte auf die Theke und sah weg. Ein Betrag, der nicht nur für meine Neugier stand, sondern auch für mein schlechtes Gewissen, für Maries schlechtes Gewissen (wovon ich ausging) und für ein Geschenk: *Auf einen Neuanfang, liebe Alison. Nur das Beste, Karla.* Während die Frau hinter dem Tresen die Vase verpackte, sagte ich so befremdliche Sachen wie, dass ich Keramik sehr mochte und mich dieses Stück an die japanische Reparaturmethode Kintsugi erinnerte. Dabei wurden, soweit ich es in einer Dokumentation verstanden hatte, Bruchstücke wieder zu einem Ganzen geklebt und die Linien mit Pulvergold verziert. Eine Anerkennung von Fehlerhaftigkeit. Die Frau sagte nichts. Sie reichte mir meine Kreditkarte und dann die verpackte Vase über die Theke. Wahrscheinlich kamen viele Leute in ihr Geschäft und vergossen ihr Halbwissen, weil sie irgendwo irgendwas gelesen hatten.

Ein drittes Mal unangekündigt vor Alisons Tür zu stehen, wollte ich nicht. Ich schrieb ihr eine Nachricht und fragte, ob sie am Abend zu Hause sein würde, und sie bejahte.

Um sieben Uhr klingelte ich. Ich trat ins Foyer und bemerkte zum ersten Mal, dass dort lediglich eine stilvolle Kommode aus Rattan stand und auf ihrer Ablagefläche eine Schale mit verschiedenen Schlüsseln. Sonst nichts.

»Bei meiner Wohnungsauflösung habe ich diese Vase gefunden. Ich mochte sie immer sehr, doch ich möchte sie ungern mit nach Deutschland nehmen. Und da dachte ich mir – vielleicht würde sie dir gefallen?«

Ich glaubte, erkennen zu können, dass Alison sich nicht nur aufrichtig über die Geste freute, sondern dass ihr die Vase auch gefiel. Sie nahm sie entgegen, drehte und begutachtete sie. Das war der Moment, in dem ich nur hoffen konnte, sie würde mich hereinbitten.

Alison deutete in die Küche und sagte: »Ich habe gerade eine Flasche Wein geöffnet. Möchtest du ein Glas, oder hast du es eilig?«

Wir saßen auf Barhockern an der Kücheninsel, als Alison mir erzählte, dass sie keinen Alkohol trank und es lange gedauert hatte, bis sie einen alkoholfreien Wein gefunden hatte, der ihr schmeckte. Ich nahm einen Schluck und sagte ihr, dass ich keinen Unterschied zu anderen Weißweinen feststellen konnte, was stimmte. Meine Hände waren feucht, und hinter meiner Brust flatterte die Luft durch meine Zellen.

Während Alison in den ersten Minuten sprach und ich sie reden ließ, hier und da nickte, lächelte und zustimmte, zoomte ich mich immer wieder aus der Situation heraus. Da saß eine junge Witwe, deren Innenleben ich nur erahnen konnte, ein paar Jahre älter als ich, in einer dunkelblauen Jeans und einer weißen Bluse, das braune Haar im Nacken zu einem Pferdeschwanz gebunden. Da saß ich, eine junge Frau, die sich innerlich zerbrochen anfühlte, in einer schwarzen Jeans, einem weißen Strickpullover, das blonde Haar offen, mehr und mehr zerzaust. Zwei Frauen, die das Leben zusammengebracht hatte, die sich vielleicht gar nicht sonderlich mochten, sich wahrscheinlich unter anderen Umständen nicht begegnet wären, und doch eine Anziehung spürten. War es der Schmerz? Waren es die Abgründe, die sich in unserer Gesellschaft nur selten zeigten, aber dann und wann aufblitzen durften – in den Blicken draußen auf den Straßen und hier, entlang den Rändern dieser Marmorplatte? Ich war bereit dafür, in Alisons Abgrund hinabzusteigen (und dabei meinem eigenen zu entfliehen).

»Das ist eine sehr schöne Wohnung. Hast du vor, hier weiterhin zu bleiben?«

»Ich weiß es noch nicht. Olivers Eltern haben sie gekauft, als sie in der *Times* gelesen haben, dass die Gentrifizierung in vollem Gange ist. Manchmal frage ich mich, wie es hier wohl vor ein paar Jahrzehnten gewesen sein muss. Als die ABC-Straßen noch düster und gefährlich waren, mal ganz abgesehen von den Schießereien der Mafia. Gleichzeitig die vielen Künstler ... man konnte in eine Show von Warhol stolpern. Jeff Koons auf der Straße grüßen, als ihn noch niemand kannte ...«

Ich hatte keine Ahnung, wer Jeff Koons war. »Ich habe mal eine Führung durch das East Village, Nolita und Little Italy gemacht«, sagte ich. »Wusstest du, dass Robert DeNiro und Martin Scorsese in der Elizabeth Street aufgewachsen sind, nur ein paar Häuser voneinander entfernt?«

Sie drehte den Stiel ihres Glases hin und her. »Ich wusste, dass beide hier in der Nähe gewohnt haben. Oliver war ein großer Fan von Scorsese.«

»Die Führung hat ein ehemaliger Detective gemacht. Er war als Kind mit Scorsese befreundet und hat erzählt, dass Marty – so nannte er ihn – unter starkem Asthma gelitten hat und deshalb jeden Sommer in klimatisierten Kinosälen war. Der einzige Ort, an dem er durchatmen konnte.«

Alison lächelte. »Das sind diese Momente. Da denke ich

mir, dass ich das unbedingt Oliver erzählen möchte und dann – na ja. Glücklicherweise sind es sehr wenige.«

»Tut mir leid.«

»Ach was.«

»Wann ist die Beerdigung?«

»Er wird verbrannt. Wir haben noch keinen Termin. Meinen Schwiegereltern passt das gar nicht, aber es war sein Wunsch. Ich finde es kurios, dass er sich all die Jahre nicht um sein Herz geschert hat, sein Testament aber lückenlos war.«

Sie trank einen Schluck, und ich strauchelte. »Hast du viel zu regeln? Hilft dir da jemand?«

Sie winkte ab. »Nein, wie gesagt, er hat alles geregelt. Anstrengend war nur meine Vernehmung. Möchtest du ein Glas Wasser?« Sie stand auf und nahm zwei Gläser aus dem Schrank.

»Vernehmung?«

Alison ging zum Kühlschrank und hielt die Gläser nacheinander unter den integrierten Wasserspender.

»So hat es sich zumindest angefühlt. Ich musste mindestens drei Mal erzählen, was genau passiert ist beziehungsweise wie ich die Nacht erlebt habe.«

»Und was genau ist passiert?«

Sie sah mich an. Ich bereute meine Frage und überlegte, ob ich etwas hinzufügen sollte, doch dann entschied ich mich, den Augenblick auszuhalten. Sollte es hier vorbei sein, dann war es eben vorbei.

»Eis?«, fragte Alison.

»Nein danke.«

Sie reichte mir ein Glas und lehnte sich an die Kante des Spülbeckens.

»Nichts ist passiert. Mein Wecker hat geklingelt, und es

wunderte mich, dass Oliver noch neben mir lag. Er stand normalerweise um halb sechs auf, um vor der Arbeit ins Fitnessstudio zu gehen. Ich habe versucht, ihn zu wecken, aber da war er schon tot. Das habe ich der Polizei so gesagt. Ich schätze, das sind normale Vorgänge. Die müssen ja irgendwelche Protokolle schreiben und abheften. Zum Glück bin ich davongekommen, was?«

Sie stieß einen belustigten Laut aus, und ich versuchte, ebenfalls belustigt zu wirken. Das Surreale an der Situation beängstigte mich allerdings.

Während ich einen großen Schluck Wein trank, spürte ich ihren Blick auf mir.

»Warum bist du hier, Karla?«

Und dann flog ich auf.

»Oh, also – ich wollte die Vase vorbeibringen und, na ja, einfach noch mal nachfragen, wie es dir geht.«

Das nahm sie mir nicht ab, das merkte ich an ihrem Blick. Es war die glatteste Lüge überhaupt.

»Ich sitze in einer leeren Wohnung und werde ständig daran erinnert, dass dieses Kapitel nun zu Ende ist. Ich glaube, ich wollte einfach etwas Gesellschaft.«

Sie schmunzelte und ließ mich in der Luft hängen. Dann sagte sie: »Ich meine – warum bist du hier in New York?«

Erst da spürte ich die Röte in meinem Gesicht. Auch wenn mein Besuch bei Alison auf einer Lüge aufgebaut war, fühlte ich mich in diesem Moment schuldig, ihr eine ehrliche Antwort zu geben. Wie sollte ich ihre Wahrheit erfahren, wenn ich meine versteckte? Sie war zu klug, um mich überhaupt nicht zu durchschauen.

»Meine Schwester hat New York geliebt. Sie hat ein paar Jahre hier gelebt, bis sie im Juli gestorben ist.« Ich zuckte die Achseln in dem Bewusstsein, mir Zeit und Sympathiepunkte zu erschleichen. Auszusprechen, dass Marie nicht mehr hier war, warf mich jedoch jedes Mal so weit aus der Bahn, dass ich mich orientierungslos fühlte. Ich hatte nicht damit gerechnet, in diesem Gespräch so viel jonglieren zu müssen und dass es an einem bestimmten Punkt um mich gehen würde. »Ich wollte ihr nahe sein. Deshalb war ich für eine längere Zeit hier. Und nun ist es Zeit, zu gehen.«

Alison sprach mir nicht ihr Beileid aus, und sie hakte auch nicht nach. Stattdessen begann sie, von ihrem ersten Jahr in New York zu erzählen. Ich hörte nur mit einem Ohr zu, weil ich zu sehr damit beschäftigt war, alles in mir zu sortieren. Trotzdem fühlte es sich an wie ein Moment, in dem man über den Tisch hinweg nach der Hand des anderen griff. Zumindest in Gedanken.

»...vor zwei Jahren lag ich im Bett in unserem alten Apartment in Tribeca und fragte mich: Ist das meine Stadt? Ist das mein Mann? Ist das mein Job? Bin das alles wirklich ich? Ich bekam plötzlich keine Luft! Ich bin aufgestanden und saß die ganze Nacht auf dem Sofa. Hab die Wand angestarrt und nichts gefühlt.«

»Und dann ...?«

»... passierte einfach nichts. Ich bin in New York geblieben. Bei Oliver und bei meinem Arbeitgeber. Die Panikattacke war vollkommen umsonst.« Sie lachte, und ich musste ebenfalls lachen.

»Geht es nicht den meisten New Yorkern so? Dass sie lieber unglücklich in New York sind als glücklich irgendwo anders?«

»Das ist Quatsch«, sagte sie, »aber es stimmt.«

Erst viel später, als ich unser Gespräch immer und immer wieder rekonstruierte, verstand ich, dass diese Feststellung auch eine Metapher für ihre Ehe war. An dieser Stelle begann

Alison, sich auseinanderzufalten, wie sie es schon zweimal zuvor mir gegenüber getan hatte.

»Ich konnte mich nie als Opfer häuslicher Gewalt sehen. Wenn er mich geschlagen hat, habe ich mir gesagt: Alison, du hast dir diesen Mann ausgesucht, und ihr gehört zusammen. Du bist kein Opfer. Und das gerade ist nicht euer Leben, sondern nur ein winziger Punkt, eine Momentaufnahme eurer Geschichte. Du stehst das mit ihm gemeinsam durch. Du – bist – kein – Opfer.«

Ihr Mundwinkel zuckte, und dann wirkte sie verlegen. »Ich hatte immer Angst zu gehen. Mehr als zu bleiben. Ich habe mich immer geschämt und ... war so *drin* in dieser Ehe, dass ich gar nicht mehr wusste, was normal war und was nicht. Oft habe ich mich so müde gefühlt, so leer, dass ich mir dachte: Lieber bleibe ich hier, schlafe, tue einfach gar nichts, und gebe mich diesem Leben hin, das ich mir so ausgesucht habe, als dass ich aufstehe und gehe.«

Sie wischte sich eine Träne aus dem Auge, auch wenn ich keine sehen konnte.

»Alison, ich kenne niemanden, der das erlebt hat, was du hast erleben müssen, aber ich glaube, du gehst da zu hart mit dir ins Gericht. Jeder kann zu einem Opfer gemacht werden. Das sagt nichts über dich als Person aus, über deine Stärke oder deinen Charakter. Es hat alles und nichts mit dir zu tun. Ergibt das Sinn?«

»Ich weiß. Ich wollte mich nur nie mit dieser Situation identifizieren.«

Sie wartete einen Augenblick, bevor sie sagte: »Gegenüber von meinem Büro ist ein Frauenhaus. Jeden Tag sehe ich Frauen, die reingehen oder rauskommen. Viele haben kleine Kinder dabei. Den meisten sehe ich die Gewalt an. Entweder an ihrem Gesichtsausdruck oder, na ja, an ihren offensichtlichen Verletzungen. Ich bin nie über die Straße gegangen. Ich wollte nie Hilfe brauchen. Das war nicht ich, das sollte nicht mein Leben sein, verstehst du? Gewalt, das war für mich immer ein Thema, das sich in anderen Kreisen abspielt. In weniger ... privilegierten Familien oder Ehen.« Sie flüsterte fast. Dann räusperte sie sich und setzte nach: »Es passte nicht zu mir. Zu uns.«

Sie schämte sich im Stillen. Gleichzeitig versuchte sie, die Illusion aufrechtzuerhalten, die sie selbst schützen sollte und abgrenzte von den Menschen, die sich nicht in denselben Kreisen bewegten wie sie. Die über keine Mittel und Wege verfügten, auf die sie sich stützen konnten. Das, was ihr widerfahren war, war nicht offensichtlich gewesen. Doch wann war es das schon?

Je länger wir sprachen, desto weiter entfernte ich mich von der Frage, ob sie etwas mit dem Tod ihres Mannes zu tun hatte. Alison schenkte nach, als ich mich Satz für Satz nach vorn tastete.

Ich hatte in den letzten Tagen viel gelesen über Gewalt, insbesondere häusliche Gewalt gegen Frauen. Eine Statistik besagte, dass jede dritte Frau in Deutschland partnerschaftlicher Gewalt ausgesetzt war, und ich dachte an meine bisher einzige Beziehung mit einem Mann, dessen Gemüt vor allem auf innerer Ruhe und Gelassenheit beruhte. Max trug selten seine Wut nach außen. Zum einen, weil viel passieren musste, damit er sie überhaupt empfand, zum anderen, weil er sie schnell kanalisierte in Arbeit oder Sport. Ich konnte mir gar nicht vorstellen, einen Partner zu haben, dem ich nicht vertrauen konnte. Der mir Angst machte. Ich hatte mein halbes Leben in einer so liebevollen Beziehung verbracht, dass an mir vorbeigezogen war, was so viele andere erlebten. Wobei – *vorbeigezogen*? Damit machte ich es mir wohl zu einfach. Hatte ich etwa nicht richtig hingesehen oder, noch schlimmer, hatte ich weggesehen? Die Vergewaltigung innerhalb der Ehe war in Deutschland erst seit 1997 strafbar, in den USA ein paar Jahre zuvor. Mir wurde schlecht bei dem Gedanken an die Dunkelziffer jener, die körperliche Gewalt erlebt hatten, darüber jedoch, vielleicht bis heute, schwiegen. Wenn der Zwang zum Sex nicht illegal war, wenn man institutionell nicht geschützt wurde – wie viele von ihnen hatten sich dann in den Gedanken geflüchtet, dass der Übergriff eigentlich ... gar ... keiner ... war? Und wie viele taten es noch immer?

Gewalt innerhalb einer Partnerschaft hatte mich nie betroffen. Sie hatte niemanden betroffen, den ich kannte. Dachte ich. Denn jetzt wusste ich, dass ich mir gar nicht mehr so sicher sein konnte. Hinter verschlossenen Türen passierte so viel, das verborgen blieb vor denjenigen, die auf der anderen Seite standen.

»Darf ich dich etwas sehr Persönliches fragen, Alison?«

»Du kannst alles fragen, ich muss es ja nicht beantworten.«

»Verspürst du eine Erleichterung darüber, dass Oliver gestorben ist?«

Die Zeit verging, und als wir schwiegen und ich versuchte, irgendetwas in ihrem Gesicht zu lesen, hörte ich eine Taube vor dem offenen Fenster gurren und die Gespräche auf der Straße, die ineinanderflossen.

»Am zweiundzwanzigsten Dezember 2008 bin ich in mein Zimmer im Studentenwohnheim der NYU an der Broome Street gegangen. An der Tür des Apartments stand ein kleiner Esstisch, und darüber hing ein Magnetboard. Meine Mitbewohnerin und ich haben da Notizzettel hinterlassen, Einkaufslisten, es hingen auch ein paar Postkarten und Fotos daran. Immer, wenn ich nach Hause kam, hab ich als Erstes das Board gecheckt. An dem Tag fiel es mir sofort ins Auge, weil alles abgehängt worden war. Bis auf ein paar bunte Magnetbuchstaben, die einen Satz bildeten: ›Willst du mich heiraten?‹ Ich weiß noch, dass ich laut quiekte, weil ich wusste, dass Oliver dahintersteckte. Als er mich schluchzen hörte, kam er aus seinem Versteck. Er hatte fast eine Stunde in meinem Kleiderschrank gesessen, wobei ihm beide Beine eingeschlafen waren. Beim Versuch zu gehen ist er gestolpert und hingefallen. Ich musste gleichzeitig lachen und weinen, dann habe ich mich neben ihn auf den Teppichboden gelegt. Wir haben uns umarmt und geküsst. Ich war so überwältigt, dass ich seine Frage gar nicht beantwortet habe. Irgendwann greift er in seine Hosentasche und holt diesen Ring raus.« Sie hielt ihre linke Hand hoch und deutete auf einen schmalen Diamantring in silberner Fassung.

»Zwei Jahre später haben wir geheiratet. Das ist es, woran ich mich immer wieder erinnert habe, wenn ich Angst hatte, dass ich diesen einen, nächsten Schlag nun nicht mehr überleben würde. Die Erinnerung an den Mann, der mich doch immer geliebt hatte.« Sie legte den Kopf schief, als würde sie etwas in weiter Ferne betrachten. »Seltsam, wie sich das ändert. Ja, ich glaube, ich bin erleichtert, dass er tot ist.«

Ich überlegte, ob und wenn ja, wie man einem Menschen wie Oliver verzeihen konnte. Als ich keine Antwort fand, sprach ich die Frage aus.

Alisons Mundwinkel zuckten wie so oft, wenn sie über ihn sprach. »Ich werde es versuchen. Für mich. Aber ich bin nur ein Mensch. Verzeihen ist ein Prozess.« Sie trank ihr Glas leer. »Und manche Menschen kriegen es nie hin.« Auch wenn der Wein alkoholfrei war, konnte ich den Eindruck nicht abschütteln, dass sie immer lockerer und unüberlegter sprach. »Vor kurzem habe ich ein sehr berührendes Porträt über eine Frau gelesen, die vor fünfzig Jahren ihren Mann umgebracht hat. Sie meinte im Interview, dass sie es wieder tun würde.«

Ich schluckte. »Scheint, als wäre sie noch immer eine Bedrohung für die Gesellschaft«, sagte ich so beiläufig wie möglich.

»Sie war nur eine Bedrohung für ihren Mann. Dass sie ihn umgebracht hat, macht sie nicht zu einem Monster oder einer Serienmörderin.«

»Warum hat sie ihn denn umgebracht?«

»Weil er versucht hat, sie umzubringen.«

»Also war es Notwehr?«

Sie schüttelte den Kopf. »Ich glaube, der Schlüssel liegt darin, zu sehen, dass Mord viel mehr ist, als jemandem im wahrsten Sinne des Wortes das Leben zu nehmen. Man kann auf so viele unterschiedliche Weisen eine Person um ihr Leben bringen.«

Ich überlegte. »Würdest du sagen, dass es pauschal betrachtet kein Richtig oder Falsch gibt?«

Sie machte eine belustigte Andeutung darüber, in welch tiefgreifende Gesprächsthemen wir abgerutscht waren. Ich stimmte ihr zu und hoffte gleichzeitig, dass sie durch ihre Feststellung nicht den Faden verlieren würde.

»Ich habe ein paar Semester lang Anthropologie studiert. Was ich daraus mitgenommen habe, übrigens auch das, was ich am meisten an der Anthropologie schätze, ist, dass sie nichts pauschal betrachtet oder bewertet. Sie setzt die Dinge in einen ganz bestimmten Kontext und beurteilt jedes Mal aufs Neue. Nichts darf losgelöst von den Umständen stehen und betrachtet werden.«

Wir schwiegen einen Moment. Dann entschuldigte sie sich kurz und verließ die Küche. Ich stand ebenfalls auf und ging zum geöffneten Fenster. Als ich vorhin auf die Straße getreten war, hatte es gerade begonnen zu dämmern. Jetzt lag eine hellblaue Nacht über den Häusern, und in den dunklen Fenstern zogen die Spiegelungen der Straße vorüber. Zum ersten Mal blickte ich aus dieser Richtung über den Hof. Meine Augen glitten über die Stockwerke nach oben – und da war sie. Die Feuerleiter, mit der alles begonnen hatte. Von hier aus wirkte das Eisengestell klapprig. Aber vielleicht täuschte das die Dunkelheit nur vor.

Alison kam zurück, und ich drehte mich um. Sie lehnte sich in den Türrahmen und sagte: »Danke für das offene Gespräch. Es tut gut, mit Fremden zu sprechen. Man kann viel ehrlicher sein und sich darauf einlassen.«

Ich empfand es genau andersherum. Welches Leben führte ein Mensch, der sich lieber mit Fremden austauschte als mit denjenigen, die ihm nahestanden?

Vielleicht lag es an der Nacht, die hereinzog, vielleicht auch an Alisons vorangegangener Ehrlichkeit, dass ich mich traute, das zu fragen, wofür ich hergekommen war. »Was meintest du eigentlich mit dem Satz ›Man muss das Glück oft selbst in die Hand nehmen und dem Leben einen Schritt voraus sein‹?«

Sie runzelte die Stirn. »Na, genau das. Ich werde mein Leben nicht mehr so unbedacht hergeben. Das wird mir nicht noch einmal passieren.«

Ich nickte und hatte doch so viele Fragen. Doch als Alison zur Kücheninsel ging und die leeren Gläser abräumte, spürte ich, dass sie unser Gespräch ans Ende manövrierte. Vielleicht hatte diese Frau immer alles unter Kontrolle gehabt, bis Oliver sie ihr entriss.

»Danke für den Wein«, sagte ich. Ich ging zur Tür und schlüpfte in meine Sandalen. Als ich aufsah, streckte Alison mir die Vase entgegen.

»Sie ist wirklich sehr schön. Aber sie passt hier einfach nicht rein.«

MARIE

»OKAY JOE«, SAGE ich und fange das Handtuch auf, das er mir zuwirft. »Heute wird ein guter Tag. Und deshalb lege ich auf meiner Joggingrunde einen Stopp bei *Tompkins* ein und hole uns zwei Bagels, denn, Joe ...«, ich hebe den Zeigefinger, »... heute wird ein guter Tag.«

»Den *Jersey* für mich, bitte«, sagt Joe nur trocken.

Ich reibe mit dem Handtuch mein Gesicht ab. »Weiß ich doch. Gibst du mir noch ein Glas Wasser?«

Ich trinke es in einem Zug.

»Du hast gut geschlafen. Oder gar nicht«, sagt Joe.

»Ich habe tatsächlich gut geschlafen. Und zu viel Energie, deswegen verlängere ich meine Runde. Was macht Gabe?«

Sein Mundwinkel zuckt.

»Oh, oh.«

»Gabe ist verstorben.«

»Du meinst, er ist freiwillig von uns gegangen?«

Er verschränkt die Arme. »Es ist sehr human abgelaufen.«

»Was bringt das einer Ratte?«

»Du tropfst hier alles voll. Raus mit dir!«

Joggen hat mir schon immer dabei geholfen, mich zu ordnen. In Boston hat mich das Laufen aufrecht gehalten. Meine rennenden Beine, meine gleichmäßige Atmung, meine Erschöpfung am Ende einer Runde, all das sagte mir, dass ich am Leben bin.

Ein paar Tage bevor ich Adam verließ, hörte ich mit dem Laufen auf. Es war der Morgen, nachdem Matthew die neue Businessidee von Adam bei einem gemeinsamen Abendessen zerschlagen und sein angekündigtes Investment zurückgezogen hatte. Adam kam daraufhin betrunken nach Hause und wütete im Wohnzimmer, während ich ins Gästezimmer schlüpfte und mich einschloss, bebend vor Angst, was passieren könnte, und weil ich wusste, dass ich in der Hektik mein Handy auf dem Küchentisch hatte liegen lassen. Adam schlief jedoch vor Erschöpfung in seinem Alkoholdunst auf dem Sofa ein. Dieses Mal war ich davongekommen. Am nächsten Morgen schnürte ich meine Laufschuhe, doch ich blieb auf der niedrigen Bank im Foyer sitzen. Ich konnte mich nicht bewegen. Da wusste ich, dass ich nicht mehr funktionierte. Dass ich mir nichts mehr vormachen konnte.

Ich weiß, dass ich jetzt langsam in einen Prozess der Klarheit eintrete, und auch wenn sich dieser ebenfalls wie ein emotionaler Ritt anfühlt, ist es einer der guten Sorte. Wie einen Stapel Spielkarten in die Luft zu werfen. Sie fliegen eine Weile und drehen sich, dann fallen sie zu Boden. Alle liegen vor mir ausgebreitet, alle Kapitel, alles Gesagte, Gefühlte, Erlebte und vor allem das Verdrängte. Ich werde die Karten langsam nacheinander vom Boden aufklauben, sie ansehen, neu sortieren.

Keine zerreißen.

Es ist kurz nach zehn, als ich in den Washington Square Park einbiege. Zwei ältere Touristinnen sitzen am Brunnen, ihre nackten Füße im Wasser, die Köpfe haben sie in eine faltbare Karte ihres Reiseführers vertieft. Zwei Mütter mit Kinderwagen unterhalten sich über das Rauschen des Wassers hinweg, und als mein Blick einen Moment zu lange an ihnen hängen bleibt, renne ich fast eine andere Frau um, die hektisch ins Handy spricht. Sie wirft mir einen bösen Blick zu, ich entschuldige mich und kann mein Lächeln nicht abschütteln, weil ich den Stress, den sie spürt, heute nicht kenne. Denn heute ist ein guter Tag.

Ich laufe zum Ausgang und beschließe, meine Runde zu beenden, denn der Sommer dreht nun so richtig auf. Da will ich lieber in Joes kühlem Souterrain den Vormittag verplempern. Außerdem habe ich Hunger. Ich laufe ein paar Blocks Richtung Norden und, sobald eine Ampel auf Rot schaltet, Richtung Osten, um so schnell wie möglich an der *Tompkins*-Filiale an der 2nd Avenue anzukommen.

Nach fünf Minuten stehe ich am *Village East Cinema* an einer roten Ampel, und mir läuft schon das Wasser im Mund zusammen: Schräg gegenüber tritt ein junger Mann aus dem Laden und beißt in seinen Bagel. Mein Magen knurrt. Schweiß tropft mir ins Auge, und ich kneife es zu. Dahinter ist alles hell erleuchtet, und mein Puls rauscht in den Ohren. Ich denke an meine erste Therapiestunde bei Dr. Ramirez: Gestern haben wir angefangen, die Geschichte neu aufzurollen. Meine Gedanken sind dabei immer wieder zu Alison gewandert.

Seit Tagen suche ich noch verzweifelter als zuvor nach dem Grund, warum ich so lange nichts unternommen habe. Gerade ich, wo ich mich doch so seltsam zu Hause in Alisons Geschichte fühle. Ich will kein schlechter Mensch sein. Und doch habe ich Angst, dass genau das der Grund ist. So oft predige ich *Verantwortung*, wenn ich gefragt werde, was mich die Fotografie lehrt. Doch im schlimmsten aller Fälle habe ich versagt. Zumindest bisher, zumindest zu lange. Ich habe einen Ausweg aus meiner gewaltvollen Ehe gefunden. Und ich will, dass Alison das ebenfalls schafft.

Mit dem Stoff meines Tops reibe ich mir das brennende Auge. In der Bewegung halte ich inne. Ich spüre die Scham, meine alte Freundin, die mich von hinten überfällt. Die mich all die Jahre beschützt hat und doch jetzt mit dem Finger auf mich zeigt. Sie flüstert mir zu, dass ich mich nicht hinter meinem Trauma verstecken soll, mich stattdessen schämen müsse, so untätig gewesen zu sein. *Gerade du, gerade du, gerade du.*

Dr. Ramirez und ich haben am Ende der Stunde überlegt, ob ich meine Wut auf mich selbst irgendwann auf Alison übertragen habe. Vielleicht ist das ein Grund, warum ich mich immer in einer Art Schockstarre gefangen fühle, sobald ich den Blick über den Hof nach drüben werfe. Ich nehme mir vor, meine Therapeutin zu fragen, was ich konkret tun kann, um Alison zu helfen, ohne selbst den Triggern ihrer Erlebnisse ausgesetzt zu sein.

Die Ampel hat noch immer nicht geschaltet. Ich balanciere auf dem linken Bein und dehne den rechten Oberschenkel. Auf der anderen Seite prangt an einer roten Hausfassade ein neues Mural – ein blauer Gorilla, wenn ich es richtig erkenne. Davor parkt ein weißer Minivan, irgendein Zustelldienst. Direkt mir gegenüber wartet ein alter Mann an der roten Ampel. Er stützt sich auf einen Gehstock, trägt eine weite Cordhose und trotz der Hitze eine braune Weste über seinem langärmeligen Hemd. Er geht einen Schritt nach vorn, blickt nach Süden. Ich wechsle das Standbein und dehne nun das andere. Für einen Augenblick schließe ich die Augen und spüre die Wärme der Sonnenstrahlen auf meinem Gesicht, die sich mit der Hitze meines Körpers multipliziert.

Eine friedliche Ruhe legt sich um mich. Bis hierhin habe ich es geschafft. Und ich bin stolz. Als ich meine Augen wieder öffne, sehe ich den alten Mann, der bereits losgegangen ist. Ich schaue nur auf ihn. Endlich. Endlich geht es los.

KARLA

BLOCK FÜR BLOCK schob ich mich durch eine hereinbrechende Nacht und klemmte mir dabei die Vase unter den Arm. Alles um mich herum nahm ich zeitverzögert wahr. Das Hupen der Taxis, die im Stau standen, das metallische Rattern der U-Bahn unter den Straßenschächten und die daraus emporsteigende, stickig warme Luft, den Obdachlosen, der Bibelstellen vor sich hin sprach und seinen vollbepackten Einkaufswagen über die Straße schob. Ich stolperte über meine eigenen Gedanken, lockte sie eigenmächtig in Sackgassen, und dort schienen sie wie verlorene Momente zu verwischen.

Ich hatte das Gefühl, mich mit Alison über Stunden hinweg unterhalten zu haben, dabei waren es nur rund vierzig Minuten gewesen. Ich glaubte, nun so viel mehr zu wissen, und wusste gleichzeitig gar nichts. Diese Frau hatte die Gabe – vielleicht war es auch nur eine Eigenschaft, deren sie sich gar nicht bewusst war –, Dinge von sich preiszugeben, im selben Moment jedoch so viele Fragen aufzuwerfen, dass ich als Zuhörerin mich weiter von ihr entfernte, als ich im Moment des Gesprächs gedacht hatte. Alison öffnete und schloss sich in einem mir unbegreiflichen Muster. Und ich spürte, dass auch dieses Kapitel vorbei war. New York sollte die Stadt all meiner Fragen bleiben.

Ich wusste nicht, ob ich die Kreuzung bewusst angesteuert hatte, aber plötzlich stand ich dort. Ich erschrak, und dann konnte ich wieder klar sehen. Die Umgebung nahm ihre Form an, das Leben drückte sich in meine Wahrnehmung zurück. Ich stand an der 2nd Avenue, und Marie wischte meine Irrungen einfach weg.

Ein schwarzer Pick-up donnerte an mir vorbei, ein paar Haarsträhnen flogen hinterher. Ein älterer Mann trug einen Ghettoblaster, aus dem Rapmusik donnerte, zu der er im Takt die Straße entlangwippte.

Mir kam es so vor, als ob das letzte Mal, das ich hier gestanden hatte, länger zurücklag als zwei Monate, und gleichzeitig fühlte es sich an wie gestern. Auf der gegenüberliegenden Straßenseite waren im Juli Blumen an der Hausecke abgelegt worden. Auf zwei dazwischengesteckten laminierten Fotos hatte meine Schwester gelächelt. Jetzt war alles weg, was hier je an Marie erinnert hatte. Es gab nur noch den trockenen, dreckigen Teer mit seinen Flecken abgekratzter Kaugummis. Als die Ampel auf Grün schaltete, ging ich über die Straße, das beleuchtete *Village East Cinema* im Rücken, wo wir oft gewesen waren. Welche Filme standen auf der Anzeigetafel an dem Tag, als sie überfahren wurde? Und was hatte Marie zuletzt wahrgenommen? Hatte sie Schmerzen gehabt, oder war ihr Bewusstsein das Erste, was ihr genommen worden war?

Man hatte mir gesagt, dass Marie bereits tot war, als der Krankenwagen eintraf. Doch davor lag eine ganze Welt letzter Momente.

Ich blieb nicht stehen, ich konnte nicht stehen bleiben, nicht warten, nicht verstehen und auch nicht atmen. Stattdessen lief ich ein paar Blocks Richtung Süden und steuerte auf Joes Comicladen zu. Es war kurz vor acht, mit ein bisschen Glück würde ich ihn noch erwischen.

Er saß auf der breiten Steintreppe, die neben seinem Geschäft im Souterrain in das Wohnhaus führte. Trotz der dunkelblauen Nacht, die sich über den St. Mark's Place legte, trug er eine schmale Sonnenbrille mit schwarzem Gestell und rauchte.

Wir standen lange auf dem Gehweg und sprachen über vieles. Ich hatte Joe gemeinsam mit Marie über ein Dutzend Male besucht. Oft war er anfangs mürrisch, aber je länger wir bei ihm waren, desto mehr öffnete er sich, erzählte von sich und wollte mehr über uns wissen. Er gab uns nie das Gefühl, nicht willkommen zu sein, auch nicht an seinen ganz schlechten Tagen, doch er versteckte seine Launen auch nie. Am Anfang hatte ich ihn sofort in eine Schublade gesteckt. Eine verlorene Seele. Einer von vielen, der in dieser Stadt hängen geblieben war, obwohl doch alle sagten, dass sie nicht der richtige Ort war, um alt zu werden. Joe war noch nicht alt, um die fünfzig, und doch wirkte er so fest verbunden mit seinem Laden und dieser Straße, dass ich mir kaum vorstellen konnte, dass er jemals seine Zelte abbrechen würde.

Joe nahm die Sonnenbrille nicht ab, und ich versuchte, dahinter zu blicken. Maries Tod ging ihm unglaublich nahe, das wusste ich genau so, wie ich wusste, dass auch meinen Schmerz zu sehen ihm weh tat. Denn der schwamm so nah an der Oberfläche und schwappte so oft über, dass ich in den letzten Wochen das Gefühl hatte, auch den Schmerz anderer viel stärker wahrzunehmen. Ich verstand, warum Lynn ihre Trauer in eine kreative Phase transformierte. Spürte Coles Angst, seine Freundin endgültig zu verlieren. Nahm Alisons innere Kämpfe auf jedem einzelnen Foto wahr. Konnte mir vorstellen, wie viel Schmerz in jedem Menschen steckte, doch seit dem neunten Juli *sah* ich ihn, wenn ich Menschen in die Augen blickte. Welche Anstrengungen es kostete, ihn wegschieben zu müssen, um zu funktionieren. Wir atmeten daran vorbei statt hindurch – die wenigstens trauten sich, sich überschwemmen zu lassen.

In nur wenigen Tagen würde ich ein zweites Mal in die Arme meiner Eltern fliegen. Ich war bereit für die Wellen, hatte alles geschafft, was sollte jetzt noch kommen, was sollte mich noch umwerfen? Ich hatte gelernt, zu schwimmen.

»Was machst du, wenn du zu Hause bist?«, fragte Joe. Seine Hände steckten in den Hosentaschen.

»Weinen.«

Er lachte. »Klingt nach einem guten Plan. Und wenn du damit fertig bist?«

»Falls ich jemals damit fertig sein sollte ... ich weiß es nicht.«

Er nickte, und sein Blick schweifte Richtung Norden. Ich folgte ihm. Irgendwo spielte jemand Trompete, die einsamen Klänge wehten zu uns herüber.

»Du weißt, dass du Superkräfte hast.« Es war keine Frage. Er sah mich nicht an, doch sein Mundwinkel zuckte.

»Du aber auch.«

»Eh.«

Der Trompetenspieler stimmte *Moon River* an, und nach ein paar Takten sagte Joe: »Dieser Kitsch bringt mich noch um.«

»Es gibt guten Kitsch, der durchaus seine Berechtigung hat.«

»Okay. Aber einigen wir uns darauf, dass er immer naiv ist.«

Da gab ich ihm recht. Joe fehlte die naive Offenheit für die Welt, und mir ging es da ähnlich. Marie hatte sie gut jonglieren können. Sie war naiv genug gewesen, um sich Träumen hinzugeben, und gleichzeitig so selbstbewusst und fokussiert, um sie umzusetzen. Eine kluge Mischung für ein erfülltes Leben. Wenn das Schicksal nicht dazwischenfunkte.

»Wie geht es bei dir weiter?«

Joe trat vom einen Bein aufs andere und streckte sich. »Ich hol mir einen Hund.«

»Im Ernst?«

»Deine Schwester hat mich überzeugt. Meinte, ein Haustier würde mir guttun. Hab das jetzt 'ne Weile sacken lassen, aber ich muss zugeben, dass ich die Idee nicht schlecht finde. Am Wochenende geh ich ins Tierheim und hole einen alten Terrier. Er heißt Earl.«

Ich lachte. »Klingt gut. Schickst du mal ein Foto, wenn du ihn auf die Jungs hetzt, die wieder nur zum Comiclesen kommen?«

Er nickte.

Dann kam die allerletzte Pause. Die, in der man sich ansah und, wenn einem nichts mehr einfiel, sich schließlich umarmte.

Als wir uns voneinander lösten, nahm Joe die Sonnenbrille ab. Er zwinkerte mir zu. Ich stemmte die Arme in die Hüften, da sah ich auf der anderen Straßenseite einen Jungen, der einen Trompetenkoffer in der einen und einen Schemel in der anderen Hand trug.

»Mach die Stadt nicht dafür verantwortlich«, sagte Joe. »Du bist noch so jung, du kannst noch lernen, zu verzeihen. Ich tue mich da schon schwerer. Mach's nicht wie ich, Karla. Ist auch nicht gut für die Optik, schau mich an.«

Dann ging er die Stufen zur Eingangstür hinab und verschwand dahinter. Ich sah dem Trompetenspieler hinterher, der die 2nd Avenue Richtung Süden entlangging und den Kopf hin und her bewegte, als hätte er einen Song im Ohr, der ihn begleitete.

ALS ICH NEW YORK das letzte Mal verlassen hatte, war Marie bei mir gewesen. Mit beiden Händen hatte ich die Urne umschlossen, und als das Flugzeug abhob, hatte ich den Daumen in die Holzmaserung gepresst. Jetzt hielt ich mich an einer weißen Keramikvase fest, die mich einzig daran erinnerte, dass eine unglaublich anstrengende Zeit hinter mir lag, die mehr Fragen aufgeworfen als beantwortet hatte. Was jetzt übrig blieb, war einzig meine eigene Wahrheit. Und etwas Hoffnung.

Meine Haut kribbelte. Ich hatte Angst, dass ich nicht fähig sein könnte, all das zu verarbeiten. Ich wollte durch eine Zauberkugel verschwinden und hoffen, dass auf der anderen Seite ein behütetes Land auf mich wartete. Das Streichen über Köpfe, warme Zehenspitzen, lange Tafeln mit Menschen, die sich liebten, die sich nach einem Streit wieder versöhnten, der Geschmack von warmen Zwetschgen. Die Verschrobenheit des Dorflebens, liebenswert und nervtötend zugleich, ein Mikrokosmos des großen Lebens, und manchmal so unendlich weit entfernt davon. Das Wissen, immer aufgefangen zu werden, meine Sehnsucht nach Ordnung, Stabilität, Sicherheit. Das war es, was mein Leben im Kern so viele Jahre hinweg ausgemacht hatte. In New York hatte ich mich manchmal dafür geschämt. Jetzt fühlte ich mich zumindest diesbezüglich frei.

Durch ein paar Wolken hindurch floss der East River zwischen Manhattan, Brooklyn und Queens. Der Central Park war bereits nicht mehr zu sehen. Das East Village würde gleich aus meinem Sichtfeld verschwinden.

›Gib nicht der Stadt die Schuld‹, hörte ich Joe sagen. Das tat ich nicht. Irgendwo zwischen dem Tag in Coney Island, Lynns scharfer Pasta und meinem Lachanfall in der *Starbucks*-Filiale an der Canal Street hatte ich angefangen, meinen Frieden mit ihr zu machen. Marie hatte einmal zu mir gesagt, dass die Stadt einem nicht dabei half, sich zu finden – sondern vielmehr unter die Arme griff, wenn man sich verlieren wollte. Und doch, dachte ich dann, ist sie die Heimat so vieler Geschichten, in denen sich zwei Menschen verstohlen anblicken. Und sich trauen, einander zu finden.

Mitten in der Nacht wachte ich auf und blickte in die Dunkelheit der stillen Flugzeugkabine hinein. Mein Essen war abgeräumt worden, während ich geschlafen hatte. Ich klappte den Tisch nach oben und rieb meine Augen.

Brauchte ich einen Plan, um nach Hause zu kommen? Für mich und für die Menschen, die auf mich warteten? Ich wusste nicht, ob ich meinen Eltern und meiner Familie Fragen zu den letzten Wochen beantworten konnte. Ob ich ein paar Nächte bei ihnen schlafen wollte oder lieber nach Hause fahren. Wann ich an meinen Schreibtisch in der Redaktion zurückkehren sollte. *Ob* ich an meinen Schreibtisch in der Redaktion zurückkehren wollte. Ob ich Max sehen wollte, weil er eben Max war oder weil ich mich einfach nach jemandem sehnte, dem ich vollkommen vertrauen konnte und der mich kannte. Mich, Karla.

Mir fehlten die Antworten, die Aufgaben, mein Antrieb. Und ich wusste auch, warum. Es gab nichts anderes mehr zu tun, als mit dem Rest meines Lebens zu beginnen. Und das machte mir Angst.

Der Rest meines Lebens wartete hinter dem Gepäckband in Frankfurt. Türen aus Milchglas, damit man sich darauf einlassen musste, ohne genau zu wissen, worauf. In wenigen Wochen würden vier große Kartons aus Maries Wohnung bei meinen Eltern ankommen. Dann würde alles wieder bei uns sein – der Rest ihres Lebens.

Die Schiebetür öffnete sich, und ich sah in viele fremde Gesichter. Manche hielten Blumensträuße in den Händen, die meisten jedoch Namensschilder.

»Entschuldigung, von welchem Flug kommen Sie?«, fragte mich ein Mann im Alter meines Vaters. »Ich warte auf meine Enkelin.«

»Aus New York«, antwortete ich. Er nickte, doch ich konnte nicht sagen, ob er auf diesen Flug gewartet hatte oder auf einen anderen.

Obwohl ich mit meinem Vater telefoniert und wir ausgemacht hatten, dass er mich am Bahnhof in Würzburg abholen würde, hoffte irgendeine Zelle meines Körpers auf ein Gesicht, das ich kannte. Doch da war niemand.

Also folgte ich der Beschilderung zum Fernbahnhof. Ich würde in den erstbesten Zug steigen, die Augen schließen und dann in die Arme meines Papas fallen. Da berührte mich jemand an der Schulter.

»Was machst du denn hier?«, fragte ich und spürte mein Lächeln.

»Sorry für die Verspätung«, sagte Max. »Elfi und Hans haben mich geschickt.«

Eine Weile fuhren wir schweigend. Max' Blick wanderte immer wieder zu mir.

»Und?«, fragte er irgendwann.

»Und was?«

»Du hast es geschafft«, sagte er und setzte den Blinker, um zu überholen. »Nie wieder New York.«

»Yep. Nie wieder New York.«

Ich dachte an Lynn, die am Flughafen unter Tränen gefragt

hatte, ob sie mich mal besuchen kommen könnte. Ich hatte sie umarmt und ihr versichert, dass sie immer willkommen wäre, auch wenn ich zu wissen glaubte, dass sie die Einladung nicht in Anspruch nehmen würde. Cole hatte mir das Versprechen abgenommen, mich ab und an bei ihm zu melden. Beide waren wenig später zusammen gegangen, und als sie sich noch mal umdrehten und mir winkten, hatte ich eine lang vermisste Dankbarkeit in mir gespürt.

»So schlimm war's gar nicht«, sagte ich zu Max. »Die Stadt, meine ich. Und die Menschen. Alles andere war natürlich ziemlich beschissen.«

Er sah mich an. »Du siehst gut aus.«

Ich stieß einen missbilligenden Ton aus, doch dann fiel mir ein, dass ich seit Monaten nicht mehr bewusst in den Spiegel sah, also hatte ich tatsächlich keine Ahnung. Zumindest hatte ich ein paar Stunden im Flugzeug geschlafen, vor der Landung mein Gesicht gewaschen und die Haare gekämmt. Ich konnte mich nicht erinnern, wie ich ausgesehen hatte, als Max bei mir zu Hause gewesen war und unser Gespräch solch eine üble Wendung genommen hatte. Daran zurückzudenken war, wie ein längst vergangenes Leben zu berühren.

»Es tut mir leid, wie unser Gespräch im Juli gelaufen ist.«

Max zuckte die Achseln.

»Ich weiß, dass du es immer nur gut meinst. Du bist jemand, dem man nie eigennützige oder gar böse Absichten unterstellen kann«, fuhr ich fort.

Er lachte laut, und ich konnte nicht umhin, zu denken, schön, dass er wieder lachen kann.

»Stell mich nicht hin wie einen treudoofen Idioten.«

Und da lag mir dann die nächste Entschuldigung auf der Zunge, doch ich ließ es bleiben.

»Wie geht's *dir* denn, Max?«

Ich studierte sein Gesicht. Die Augenringe, die er in den Wochen nach unserer Trennung und dann wieder nach Maries Tod gehabt hatte, waren weg. Er war braungebrannt, wahrscheinlich hatte er den Sommer über viel im Hof gearbeitet oder war nach einem Tag in der Werkstatt in den See gesprungen, wie er das fast immer tat vom ersten Frühlingstag bis in den späten Herbst hinein. Seine blonden Bartstoppeln und die längeren Haare, die unter seiner Mütze hervorquollen, verrieten trotzdem, dass irgendetwas nicht ganz im Lot war. Dass ihm sein Erscheinungsbild so egal war wie mir mein eigenes – er hatte schließlich seit Jahren denselben kurzen Haarschnitt, den er schon immer praktisch fand.

Oder es gab jemanden, dem es so besser gefiel?

»Besser. Danke«, brachte er hervor, und ich sah, wie er nach Gesprächsthemen suchte. Das war gut, ich hatte nämlich das Gefühl, wieder neu verortet werden zu müssen.

Es war Mitte September. Die Bäume entlang der Autobahn trugen gelbe und blassgrüne Kleider, die Temperaturanzeige von achtzehn Grad deutete den Wechsel der Jahreszeiten an. Den ersten von vielen.

»Deine Eltern freuen sich sehr auf dich.«

»Wie sieht Mama aus?«

Ganz leicht wiegte er den Kopf hin und her. »Noch kleiner als sonst. Aber sie hat ein bisschen mehr Farbe bekommen.« Dann sah er zu mir rüber. »Sie hat abgenommen. Das solltest du vielleicht wissen, bevor du sie siehst.«

Ich nickte.

Als wir eine halbe Stunde später von der Autobahn abfuhren und durch den Spessart kurvten, als ich hoffte, dass mir nicht übel werden würde, weil mein Magen noch immer über den

Wolken hing und Max zu schnell die windigen Straßen entlangfuhr, ich aber nichts sagen wollte, da wünschte ich mir nur, dass er rechts ranfahren würde. Um mich zu halten. Für eine sehr lange Zeit.

»Triffst du dich noch mit ihr? Mit der Frau?« Vielleicht ging mich das noch nichts an. Aber wir waren doch so etwas wie Freunde, dachte ich.

»Ab und an.« Er trommelte sanft mit seinem Daumen auf dem Lenkrad.

»Das freut mich.«

Max hielt am blauen Zaun. Das Haus stand unverändert da. Was sollte sich auch verändern? Warum dachte man immer, irgendetwas müsste anders sein, wenn man länger weggewesen war und wieder zurückkam?

Wir stiegen aus, und er stellte meinen Koffer auf dem Gehweg ab.

»Danke fürs Abholen. Komm mit rein, es gibt was zu essen.«

Er steckte die Hände in die Jeans. »Ich muss weiter.«

»Du weißt, wie Mama kocht. Ich kann das unmöglich alleine essen.«

Er gab mir einen Kuss auf die Wange.

»Schön, dass du wieder da bist«, sagte er noch, bevor er wegfuhr.

Ich berührte die Stelle und ging auf das Haus zu.

ICH KLINGELTE, ANSTATT selbst die Tür zu öffnen. Als meine Mutter vor mir stand, versuchte ich, mir meine Überraschung nicht anmerken zu lassen.

»Ich dachte gerade, ich hätt das Auto vom Max gehört«, sagte sie und schloss mich fest in ihre Arme.

Ich konnte mich nicht erinnern, wann sie mich das letzte Mal von sich aus umarmt hatte. Sie roch nach warmem Zucker und ein bisschen Schweiß. Meine Hände umfassten ihren Rücken, und jetzt sah ich nicht nur, sondern spürte auch, dass sie abgenommen hatte. Nicht beängstigend viel, da sie schon immer rund gewesen war, doch der Grund für den Gewichtsverlust war Kummer – nichts, wozu man jemanden beglückwünschte. Ich drückte sie ein bisschen fester. Sie schob mich sanft in die Küche und fragte, ob ich Hunger hätte. Auch das ging weiter nach einem Verlust, dachte ich dabei. Die Fürsorge von Mama.

Papa lag auf dem Sofa. Seitlich, die Arme vor der Brust gekreuzt. Seine Pantoffeln standen vor ihm, und der Fernseher lief leise im Hintergrund. Ich schaltete ihn aus, da öffnete er die Augen.

»Karli.«

Ich war wieder dort, wo man mich kannte. Im Flugzeug hatte ich einen beängstigenden Gedanken gehabt. Dass meine Eltern sich nicht freuen würden, mich zu sehen, weil ich sie immer daran erinnern würde, dass sie einmal zwei Töchter gehabt hatten. Dass diese Familie über drei Jahrzehnte eine ganz andere gewesen war. Eine glückliche und vor allem eine vollständige. Doch so fest wie gerade eben hatte mich meine Mutter selten umarmt. Und mein Vater wirkte freudig, als er sich aufrichtete, den Schlaf aus den Augen strich und die alten Füße in seine ausgeleierten Pantoffeln schob. Ich wurde noch immer geliebt. Und ich hatte nie etwas dafür tun müssen.

»Wir haben uns was überlegt«, sagte mein Vater nach dem Essen. Er lehnte sich auf der Eckbank zurück und öffnete den Hosenknopf. Die Kartoffelsuppe war so gut gewesen, dass wir uns übergessen hatten, obwohl Mama uns ermahnte, dass wir für den Apfelkuchen noch Platz lassen mussten. »Den hab ich extra für dich gebacken, Karli. Der schmeckt nur heute und morgen.«

Ein Hauch Normalität legte sich mit ihren Worten über uns, als wir da so saßen mit unseren vollen Bäuchen und rotbackigen Gesichtern.

Geregelte Abläufe halfen. Das hatte ich nach ein paar Tagen in New York für mich festgestellt, als ich fast jeden Vormittag einen frischen Bagel geholt und dann auf dem Boden oder dem Sofa gefrühstückt hatte. Marie war so lange vor einem routinierten Leben davongelaufen, und jetzt brauchten wir, die Übrigen, genau das, um über sie hinwegzukommen.

»Was habt ihr euch überlegt?«, fragte ich.

Da legte mein Vater seine Hand auf die meiner Mutter. »Darüber sprechen wir heute Abend, ja?«

Meine Gedanken schweiften durch den Garten. Der Rasen war nicht mehr so saftig grün wie vor meiner Abreise. Vielleicht lag das am heißen Sommer. Vielleicht hatte mein Vater aber auch einfach vergessen, ihn zu bewässern. Ich lehnte an der Küchenzeile und trank einen starken Filterkaffee mit Kondensmilch, die ich mir aus Gewohnheit genommen hatte, weil sie schon immer zum Kaffee und Kuchen auf dem Tisch stand. Auf dem Gras lagen vereinzelte Blätter, die Schaukel unter dem Apfelbaum bewegte sich nicht. Es war windstill, aber zu frisch, um sich nach draußen zu setzen.

Als meine Mutter vom Tisch aufstand und begann, das Geschirr abzuräumen, schlüpfte ich zurück in meinen Körper. Ich stellte meine Tasse ab. »Ich mach das schon, Mama.«

Sie antwortete nicht, ging aber durch den offenen Türbogen ins Wohnzimmer und setzte sich auf das Sofa. Sie schlüpfte aus ihren Hausschuhen und zog sich einen Hocker heran, um ihre Füße hochzulegen. Dann griff sie zur Fernsehzeitung, und ohne meine Mutter weiter zu beobachten, wusste ich, dass sie zu der Seite mit dem Kreuzworträtsel blätterte.

Diese Zeitschrift lag auf dem Couchtisch, seitdem ich mich erinnern konnte. Und genauso lange füllte Mama das Kreuzworträtsel aus. Kein einziges Mal hatte sie das Lösungswort eingeschickt, um etwas zu gewinnen.

»Wenn man's einmal abschickt, dann will man das jedes Mal machen und auch was gewinnen. Das macht schnell keinen Spaß mehr.«

Also hatten Marie und ich das übernommen.

»Am besten ist es, keine Erwartungen zu haben, dann werden die schlechten Zeiten nicht ganz so schlimm«, hatte Mama uns oft geraten.

Worte, die Marie ignoriert und ich unbewusst verinnerlicht hatte. Doch wir wollten ihr ein Geschenk machen oder es zumindest probieren. Irgendwann, ich wusste gar nicht mehr, wie lange es her war, dass wir mit dem Einsenden begonnen hatten, klingelte das Telefon, eine Woche vor Mamas Geburtstag. Sie hatte gewonnen. Eine viertätige Reise nach Meran in Südtirol für zwei Personen. Sie war noch nie in Italien gewesen.

Danach fuhren unsere Eltern jedes Jahr nach Südtirol – sie hatten sich in die Landschaft verliebt, in das Essen, in die Menschen und ihre Gastfreundschaft. Jedes Jahr, bis auf diesen Sommer.

»Karli! Des gibt's ja net!«, rief Mama vom Sofa aus, und ich drehte mich um. »›Stadt in Südtirol mit fünf Buchstaben‹. An erster Stelle ist ein ›M‹.«

Ich lächelte, und sie schüttelte ungläubig den Kopf. Ich beobachtete meine Mutter, wie sie plötzlich für einen Moment ganz hier war, vertieft in dieses Rätsel und aus ihrem Albtraum herausgefallen. Mir stiegen Tränen in die Augen, dann drehte ich den Wasserhahn am Spülbecken auf. Ich wünschte mir, dass wir alle wieder glücklich werden würden. Und gleichzeitig hielt ich der Angst kaum stand, dass das bedeutete, Marie Stück für Stück gehen zu lassen.

»Wir wollen dieses Jahr Weihnachten nicht zu Hause verbringen. Silvester auch nicht«, sagte Papa, als wir am Abend auf dem Sofa saßen. In seiner holprigen Stimme lag weniger ein Wunsch als vielmehr ein Beschluss.

Meine Mutter, die neben ihm auf dem Sofa saß, nickte, während er sprach. Sie massierte ihre Handflächen. Ich stellte einen offenen Bocksbeutel Spätburgunder und drei Weingläser auf den Tisch.

»Ja, das geht mir genauso«, sagte ich und setzte mich ihnen gegenüber. »Wo wollt ihr hin?«

Als mein Vater ansetzte, legte meine Mutter ihre Hand auf seine. »Wir haben uns überlegt, dass wir gemeinsam wegfahren. Wenn du willst«, sagte sie.

»Und wohin?«

»Wir wollen die Feiertage in Meran verbringen. Wir waren noch nie im Winter dort. Und weil wir dich gerne bei uns hätten, würden wir uns freuen, wenn du mitkommst.«

Ich lächelte, um den Moment zu überbrücken. Ihr Angebot glich einer Umarmung. Und doch nagte diese bittere Traurigkeit an mir, bei dem Gedanken, zu dritt ins Auto zu steigen. Außerdem würde es auch mein erstes Weihnachten ohne Max seit siebzehn Jahren sein. Single und halbiert und so unendlich verloren.

»Ich schlaf eine Nacht drüber«, sagte ich. Dann goss ich den Wein ein und fragte, welcher Wochentag eigentlich war und ob heute Abend etwas Gutes im Fernsehen lief.

MAMA FUHR MICH nach Hause. Sie hatte nur ein kleines Glas getrunken, weil ihr von Rotwein immer sehr warm wurde. Ich fühlte mich schläfrig, also rutschte ich tiefer in meinen Sitz und sah nach draußen. Es war kurz nach elf und die Welt auf dem Land stockdunkel. Als wir durch das kurze Waldstück fuhren, das sich an die Weizen- und Rapsfelder hinter der Neubausiedlung anschloss, blitzten zwei Augen im Scheinwerferlicht aus dem Gebüsch hervor. Daneben stand das Schild am Forstweg, der rechts von der Straße abging: Waldsee 0,3 km.

Ich konnte nicht zählen, wie oft ich hier schon mit dem Fahrrad eingebogen und wie oft ich nachts mit Freunden aus dem Wald gestolpert und nach Hause gelaufen war.

Ich versuchte, mich an den letzten Tag am See mit Marie zu erinnern. Als meine Mutter auf die Bundesstraße abbog, fiel er mir ein.

Im Spätsommer vorletzten Jahres war Marie zur Biennale nach Venedig geflogen, weil ein Freund von ihr an einer Ausstellung mitgewirkt hatte. Danach kam sie mit dem Nachtzug nach Würzburg, wo ich sie abholte, um sie nach Hause zu fahren. Hinter mir lag kein besonders schöner Sommer, es hatte viel geregnet, und ich hatte gähnend langweilige Tage in der Redaktion verbracht. Doch ein paar Tage vor Maries Ankunft hatte der Spätsommer heiße Tage und schwüle Nächte mit sich gebracht – für ein paar letzte Runden im trüben Seewasser, bevor der morgendliche Nebel bereits Mitte September über die Felder ziehen würde.

Marie hatte schlecht geschlafen im Zug, also schlug ich ihr vor, den Tag am See zu verbringen.

»Es gibt doch nichts Besseres, als in der Sonne zu dösen, Pommes zu essen und den Sonnenuntergang vom Wasser aus zu genießen«, sagte ich, und sie lachte.

»Du musst den Waldsee nicht schönreden für mich, Karli. Ich bin auch von hier.«

Im Kofferraum lagen bereits eine gepackte Kühltasche, meine Badesachen und Maries Bikini, den sie vor ein paar Jahren zu Hause gelassen hatte.

An dem Tag erzählte mir meine Schwester, dass sie darauf hinarbeiten wollte, bei der nächsten Biennale mit einer eigenen Ausstellung dabei zu sein.

»Ist das realistisch?«, fragte ich sie, ohne skeptisch klingen zu wollen. »Warum schon in zwei Jahren?«

Da richtete sie sich von ihrem Handtuch auf und sagte: »*A goal without a deadline is just a dream.* Hab ich irgendwo gelesen.«

Es war ein Mittwoch und bis zum Nachmittag wenig los am See. Wir taten genau das, was ich zuvor monatelang vermisst hatte. Wir dösten im Schatten und sprangen zwischendurch ins Wasser, wir aßen Oliven und Tomaten-Mozzarella-Salat aus der Kühltasche, später Pommes und Eis am Stiel vom Kiosk. Und wir lasen uns gegenseitig aus den Büchern vor, die wir mitgebracht hatten. Marie hatte sich vor ihrer Abreise nach Venedig einen ins Deutsche übersetzten Band einer venezianischen Schriftstellerin gekauft. Sie lag auf dem Rücken, stieß einen Seufzer aus und legte das aufgeschlagene Buch auf ihrem Gesicht ab.

»Ich halt's nicht aus, so schön ist das«, sagte sie, und als ich danach griff, hielt sie es fest.

»Mach die Augen zu«, sagte sie. Dann las sie vor.

Halte Ausschau nach mir, hattest du gesagt, und ich hörte nichts anderes.

Als ich empfangen wurde, kniff ich die Augen zusammen, so hell war es hier. Das Glück war auf meiner Seite, und verspielen wollte ich es nicht, als ich mich in der Calle dell'Arco auf das quietschende Lattenrost legte, als ich später die verlassenen Straßen am Lido entlangging, lächelnd. Wann war ich das letzte Mal so glücklich gewesen? So aufgeregt.

Ich hielt Ausschau nach dir, bis ich dich sah, ich blinzelte, und du warst verschwunden. Hatten wir uns wirklich hier getroffen? Ich traue meiner Erinnerung nicht.

Mit der Fähre fuhr ich am nächsten Abend auf die Giudecca. Ich war hoffnungsvoll, das konnte ich nicht leugnen, ich wollte ehrlich sein und mutig. Doch die Türen blieben verschlossen, und ich verstand.

Unser Moment, der war vorbei.

Ist das kitschig?, fragte ich mit Blick auf die Stadt. Turmspitzen glühten im Sonnenuntergang.

Es ist nur kitschig, wenn du es so empfindest, hörte ich dich sagen. Alles andere ist schön.

Rette mich, bat ich und schämte mich nicht.

Du hattest gelächelt. Alle wollen irgendjemanden retten, jedoch niemand sich selbst.

Das waren deine Worte, deine Worte in meinen Gedanken.

Ich saß allein am Wasser, das Jadegrün war von der Nacht verschluckt worden. Ich wartete auf die Fähre und wollte doch nie hier weg; ich stellte alle Fragen, die ich hatte.

Und suche noch immer deine Antworten in meinen Gedanken.

Wieder legte sie das Buch aufgeschlagen auf ihrem Gesicht ab. »Uff.«

»Hm.«

»Hm was?«

»Schon kitschig.«

Sie legte das Buch weg und drehte ihren Kopf zu mir. »Du empfindest etwas nur als kitschig, wenn du die Schönheit, die drin steckt, nicht sehen willst.«

Sie zog eine traurige Grimasse, und ich streckte den Arm nach ihr aus. Sie kroch auf mein Handtuch und legte den Kopf auf meinen Bauch. Der Himmel über uns war so hell, dass das matte Blau ins Weiß überging.

Meine Mutter hielt vor dem dreistöckigen Mehrfamilienhaus, in dem ich wohnte. Beim Aussteigen sah ich mein eigenes Auto, geparkt auf der gegenüberliegenden Straßenseite. Ich hatte vollkommen vergessen, dass es auf der scheiß Schönen Aussicht stehen geblieben war. Ich beugte mich zu meiner Mutter hinunter, die gerade den Wagen wieder anließ. »Wer hat sich denn um den Polo gekümmert?«

»Na, der Max.« Sie sagte es so selbstverständlich, als hätten wir uns nie getrennt.

Ich steckte den Schlüssel ins Schloss und hielt inne. Dann gab ich mir einen Ruck und drehte ihn um. Eine dunkle, stille Wohnung lag vor mir. Die Luft war stickig. Ich schaltete das

Licht an und ging in die Küche, um das Fenster zu öffnen. War das mein Zuhause? Plötzlich wurde mir klar, dass ich mit diesen Räumen kaum schöne Erinnerungen verband. Es war die Wohnung, die ich nach meiner Trennung bezogen hatte, und es war auch die Wohnung, in der ich erfahren hatte, dass Marie tot war. Am frühen Morgen, um kurz vor sechs.

Auf dem Tisch lagen ein handgeschriebener Zettel und mein Autoschlüssel.

Haben den Polo repariert, waren nur die Zündkerzen. Willkommen daheim! Meld dich, wenn du was brauchst (auch beim Achim, schreit er grad im Hintergrund). Max

Daneben ein Smiley.

Gegen zwei Uhr nachts schob ich das letzte Buch zurück ins Regal. Ich hatte erst sämtliche Ablageflächen und Gegenstände abgestaubt, dann den Boden gewischt, alles zurückgestellt und schließlich begonnen, meine Bücher nach Farben zu sortieren. Lange Zeit hatte ich geglaubt, dass ich wenig von meiner Mutter hatte, doch mittlerweile war ich mir nicht mehr so sicher.

Obwohl ich mich erschöpft fühlte, konnte ich nicht schlafen. Um fünf Uhr duschte ich erst heiß, dann kalt und zog mich an. Meine Kaffeemaschine dampfte, als ich in die Küche kam, Maries Bialetti, die ich mitgenommen hatte, stand nun anklagend daneben. Ich goss mir den Kaffee in einen Mehrwegbecher und nahm den ersten Schluck am Küchenfenster. Nebel umarmte die Laubbäume mit den gelben, roten und noch mattgrünen Blättern. Er schlang sich über die schlafenden Felder hinweg. Die Kirchturmspitze von Seekirch hatte er komplett verschlungen.

Dann griff ich nach meinem Schlüsselbund und ging in die Redaktion.

Es war ein zehnminütiger Fußweg von der Siedlung, in der ich wohnte, zum Marktplatz in der Altstadt, wo sich die Redaktion im zweiten Stock eines Altbaus über zwei Zimmer erstreckte. Auf dem Weg dorthin begegnete ich niemandem. Erst als ich quer über den gepflasterten Marktplatz ging und es um mich herum langsam zu dämmern begann, grüßte mich ein Angestellter des Amtsgerichts, dessen Namen ich jedoch nicht kannte. Gioele, der die Eisdiele *Italia* betrieb und den alle Schorsch nannten, kippte Putzwasser in die Kanalisation. Ich wusste gar nicht, dass er so früh schon auf den Beinen war. Von November bis Mitte Dezember verkaufte er Lebkuchen und Panettone, dann fuhr er in die Abruzzen, und wenn er Mitte Februar zurück war, gab es bei ihm das erste Eis im ganzen Landkreis zu kaufen.

»Ciao Karla, dich habe ich ewig nicht gesehen! So früh schon unterwegs?«

Ich nickte ihm zu und rief, dass ich in der Mittagspause auf einen Espresso vorbeischauen würde. Er warf mir einen Kuss zu, den wir als Kinder immer giggelnd mit einer Hand aufgefangen hatten.

Der Raum mit den vier Schreibtischen – einen besetzte Sekretärin Claudia, einer war der von Harry, und am dritten saß Klaus. Er kümmerte sich um die Anzeigen, die von lokalen Geschäften und die von lokalen Toten. Den großen Tisch am Fenster teilte ich mir mit Irmi, die immer in unterschiedlichen Redaktionen aushalf. Ich fuhr den Rechner hoch, trank den letzten Schluck Kaffee und überflog meine E-Mails.

Als Harry, ein kleiner Mann mit Halbglatze und randloser

Brille um kurz vor acht die Treppe hochkam, stand ich in der Tür mit einer Tasse schwarzem Kaffee aus dem Vollautomaten unserer Küche und reichte sie ihm.

In seinem Blick lag etwas Väterliches. »Lass mich raten – du hast die Maschine erst mal entkalkt, oder?«

Ich nickte, und mein Hals schmerzte. Auch das ging weiter. Dinge tun, die man schon immer getan hat.

Harry umarmte mich ungelenk und tätschelte mir die Schulter. »Freu mich, dass du wieder da bist.«

Er ging an mir vorbei zu seinem Schreibtisch. Im Gehen trank er einen Schluck und sagte: »Danke für den Kaffee!«

Mittags aß ich eine kleine Pasta und trank bei Gioele den Espresso. Der ging wie so oft aufs Haus, nur diesmal wehrte ich mich gar nicht erst dagegen, sondern nahm dankbar an. Den Rest des Tages verbrachte ich damit, meine E-Mails abzuarbeiten, ein langes Telefonat mit Irmi zu führen und mit halbem Ohr Claudias und Harrys Kabbeleien zu lauschen.

Um halb vier schickte Harry mich nach Hause, weil mir die Augen zufielen, nachdem ich ja keine Minute geschlafen hatte und seit halb sieben im Büro war.

Als ich auf den Marktplatz trat, fing es an zu nieseln. Ich lief nach Hause und stieg ins Auto, um über die Umgehungsstraße ins Gewerbegebiet zum Einkaufen zu fahren. Gegen halb sechs war ich wieder zu Hause und hatte alles verstaut.

Ich legte mich erst in die Badewanne und dann aufs Sofa, wo ich mit knurrendem Magen gegen halb neun wieder aufwachte. Ich aß zwei Brote im Stehen, eine große Gewürzgurke, und dann legte ich mich wieder auf die Couch. Irgendwann checkte ich mein Handy, doch niemand hatte mir geschrieben außer Irmi, die meine Essenseinladung als Dankeschön für ihre Unterstützung angenommen hatte.

Kurz vor Mitternacht lag ich wach, aber erschöpft in meinem Bett und starrte an die Decke. War es das jetzt? Würde das nun mein Leben sein? Würde es sich immer so inhaltsleer anfühlen? Oder war es schon immer so gewesen, war es der normale Gang des Alltags – aufstehen, arbeiten, heimgehen, dazwischen essen und irgendwann schlafen?

Ich dachte lange darüber nach und fand keine Antwort. Wenn ich versuchte, mein Leben vor Maries Tod an mich heranzuholen, fühlte es sich so an wie eine längst vergangene Zeit. Wie etwas, das von mir abgetrennt worden war, und damit auch alle Empfindungen. Vielleicht war ich ein anderer Mensch gewesen. Vielleicht war ich jetzt einfach nur traurig.

Ich griff zu meinem Handy und scrollte durch WhatsApp. Bei Cole blieb ich hängen und schrieb: »Wie geht's dir?« Wenige Sekunden später klingelte es. Ich zögerte. Cole passte nicht in dieses Schlafzimmer mit der Blümchenbettwäsche von Mama, in diese Wohnung am Rande einer Kleinstadt, in dieses neue alte Leben, das ich selbst noch abtastete. Doch Menschen, die anriefen, anstatt zurückzuschreiben, sollte man sich bewahren. Also richtete ich mich auf und nahm ab.

»Whasssuuuuup?«, rief er mir entgegen, und ich lachte.

»Was treibst du?«

»Ich bin in Queens und warte auf meine Großmutter. Wir haben Dinnerpläne.« Seine gute Laune färbte auf mich ab.

»Stehst du an der Jamaica Avenue?«

»Genau da.«

»Schade, dass ich es nie dorthin geschafft habe.«

»Niemand hat gesagt, dass du nie wieder herkommen kannst.«

Das stimmte.

»Sag mal, höre ich da Kojoten im Hintergrund?«

»Du bist bescheuert. In Deutschland gibt es gar keine.«

»Na, dann eben europäische Wölfe.«

»Ich lebe nicht in einer Hütte im Wald, Cole.«

»Ach so.«

»Wie geht's Delia?«, fragte ich und konnte mich über die plötzliche Stille in der Leitung nur amüsieren.

»Ihr, ähm, ihr geht's gut. Sie ist schon im Restaurant und genervt, weil wir uns verspäten.« Und dann: »Woher wusstest du …?«

»Was?«

»Dass wir wieder zusammen sind?«

»Ich hab's dir angehört.«

Ich stellte mir vor, wie er sich auf die Unterlippe biss und dass die Sonne über ihm schien, weshalb er blinzelte. Dann hörte ich Stimmengemurmel.

»Hey, Karla, ich melde mich später noch mal, ja?«

»Lieber morgen, ich geh jetzt schlafen. Hab einen schönen Abend!«

Ich legte mein Handy auf den Nachttisch und drehte mich auf die Seite. Dann schlief ich ein und träumte von langen Spaziergängen durch die Straßen von Manhattan, die sich immer wieder mit mir unbekannten Feldwegen kreuzten.

TAGE VERSCHMOLZEN.

Bei der Arbeit, an der Supermarktkasse, in Werbepausen und auf dem Klo, überall versuchte ich mich zu finden. Je länger die Momente waren, in denen ich es aufgab, Marie zu suchen – ihr Gesicht im Müsli, in den Postern an der einzigen Litfaßsäule in Seekirch, in meinem eigenen Spiegelbild –, nahm ich das, was an Kraft übrig war, und fokussierte mich auf Karla. Und damit meinte ich nicht mehr die Unvollständige, denn das war ich nicht, so konnte die Geschichte nicht ausgehen. Sondern ich meinte die Person, die aus alldem hervorgegangen war. Die, die das hier überleben wollte.

Wir alle hatten uns verändert. Mein Vater weinte öfter, auch wenn seine Tränen erst sichtbar waren, nachdem er sie längst weggewischt hatte. Meine Mutter, und das war eines der seltsamen Phänomene der Trauer, warf sich Stück für Stück ein bisschen zurück ins Leben. Sie wurde nicht lauter, nicht fröhlicher oder forscher. Doch sie wurde aktiver. Nachdem sie sich in den letzten Jahren aus dem Dorfleben zurückgezogen hatte, wollte sie nun für den Tag der offenen Tür des Kindergartens in Unteroberheim zwei Kuchen backen und auch zum Verkauf bleiben. Außerdem ließ sie sich von Gudrun wieder die Haare machen, was bedeutete, dass sie zu Fuß über die Hauptstraße in die gegenüberliegende Siedlung ging, um sich das Haar auf Mini-Lockenwickler eindrehen zu lassen, Kaffee zu trinken (»… oder darf's heut' ein Sekt sein?«) und sich auszutauschen. Alle im Dorf hatten eine Meinung zu den fünfzehn neuen Bauplätzen und damit der Erweiterung der Siedlungen, dem Skandal um ein Gemeinderatsmitglied, der seine Frau und drei Kinder für einen Mann verließ, und zu dem neuen, indischen Pfarrer, den alle gern mochten, niemand jedoch so gänzlich verstand.

An einem Samstagnachmittag Anfang Oktober fuhr ich spontan zu meinen Eltern. Es war ein wunderschöner Herbsttag mit königsblauem Himmel, einer milden Sonne in den allerletzten Zügen und nassem Laub auf den Straßen. Als ich die Holztür am blauen Zaun aufschob, hörte ich Stimmen im Garten. Ich ging um das Haus herum, vorbei an Papas Beeten, die teilweise mit milchigen Planen abgedeckt waren. Auf der Stufe vor der Verandatür saßen mein Vater und Max, daneben meine Mutter in einem Campingstuhl, eingewickelt in eine Wolldecke. Alle drei schirmten ihr Gesicht von der Sonne ab, um mich zu sehen. Mein Herz füllte sich, auch wenn mich der Anblick der drei irritierte.

»Grüß Gott«, sagte ich und wusste nicht, warum.

»Ich hab gar net gewusst, dass du kommst«, sagte meine Mutter.

»Muss ja nicht jedes Mal vorher anrufen, oder?«

»Quatsch«, sagte Papa und griff nach einer Tasse, die neben ihm auf der Stufe stand.

»Ich hab nur deinem Vater beim Holzmachen geholfen«, sagte Max, und das wirkte entschuldigend. Er nickte in Richtung der Gartenlaube, wo frisches Brennholz gestapelt war. Wie konnte ich das vergessen. Max war seit dem Beginn unserer Beziehung jedes Jahr im Herbst mit meinem Vater zum Holzfällen in unser Waldstück gefahren.

Ich lächelte ihn an, *es ist alles okay*. Dann ging ich zwischen beiden hindurch zur Tür, drückte sie auf und streifte meine Sandalen ab. In der Küche setzte ich heißes Wasser auf, und während ich die kleine Box mit den Teesorten durchsuchte, sprangen meine Gedanken hin und her. Ich konnte Max nicht einfach so aus dem Leben meiner Eltern streichen. Genauso wenig, wie ich es selbst erst versucht und mir dann eingestanden hatte, dass ich das gar nicht wollte, geschweige denn, dass es ging. Und wozu auch? Es mochte sein, dass all die Filme, Serien und Bücher über Rosenkriege oder dramatische Trennungen ihre Berechtigung hatten, doch das Leben sah manchmal ganz anders aus. Da trennte man sich auch mal leise, weil man sich bereits Jahre zuvor voneinander entfernt hatte und der Prozess lediglich ein Ende fand. Max war ein Teil dieser Familie. Nach Maries Tod vielleicht noch mehr als zuvor. Und vielleicht würde er das auch bleiben, wenn er irgendwann eine neue Frau heiraten würde … wenn er selbst Vater war?

Ich fand einen Earl Grey und goss das Wasser über den Beutel. Dann ging ich wieder nach draußen.

Max stand auf. »Setz dich, ich muss eh los.« Er streckte sich, und ich fühlte mich schlecht. Ich hatte meinen anfänglich verwirrten Gesichtsausdruck nicht unter Kontrolle gehabt, also räumte er sich nun lieber auf. Genauso wie an dem Nachmittag, als er mich vom Flughafen abgeholt und nach Hause gefahren hatte, zeigte er mir jetzt erneut, dass nicht nur ich die Grenzen zog.

»Geh nicht wegen mir«, sagte ich, weil es mir wichtiger war, dass er sich hier wohl fühlte. Vor allem, weil er meinem Vater geholfen hatte.

Max fuhr sich durch das Haar, das ihm noch immer über die Ohren reichte, dann zog er seine Wollmütze aus der Gesäßtasche und stülpte sie darüber.

»Meine Tante hat Geburtstag, und ich muss noch duschen und mich umziehen, bevor ich nach Würzburg fahre. Sie feiert groß, es gibt sogar einen Dresscode.«

Ich nickte und setzte mich. Ich konnte ihn nicht ansehen, weil ich sonst gebettelt hätte, ›bitte nimm mich mit, ich habe noch keine Kraft, um mich zu verabreden, um irgendwas zu unternehmen, aber ich kann mich in ein Auto setzen und ein Plus eins sein, das man vielleicht nicht einlädt, aber willkommen heißt, wenn es *dein* Plus eins ist‹. Doch ich sagte nichts.

Er hob zum Abschied seine Hand in die Luft, und meine Eltern sagten etwas, was ich nicht mitbekam, weil ich selbst irgendetwas murmelte. Max' große Silhouette vor uns, vom tiefstehenden Sonnenlicht umrahmt, drehte sich um, ging ums Haus und verschwand.

Wir schwiegen. Ich hörte, wie der Renault ansprang, wendete und dann den Mühlenweg entlangfuhr. Ich sah hinunter auf meine Zehen, die ich hin und her bewegte.

»Karli, wollen wir morgen früh Pilze sammeln gehen? Mama möchte mittags Pfifferlinge machen.«

Leise schnappte ich nach Luft, die ich mir vorher verwehrt hatte. Ich nickte.

DER WEICHE WALDBODEN schmatzte unter meinen Füßen. Papa ging voraus. Er trug alte Wanderschuhe, eine hellbraune Hose mit Taschen an den Seiten und einen dicken Wollpullover mit Zopfmuster, den Mama vor Jahren gestrickt hatte. Ich stapfte ihm in Gummistiefeln hinterher, die für diesen kleinen Ausflug übertrieben waren, für die ich aber sonst wenig Verwendung hatte, trug eine alte Jeans und einen gefütterten Parka.

Selten fühlte ich mich so in die Kinderrolle versetzt, wie wenn ich mit meinem Vater auf Pilzsuche ging. Ich beobachtete seine Bewegungen und ahmte sie nach – wie er sachte die Rinde abgestorbener Bäume abbrach und untersuchte, wie er stehen blieb und einem Vogel lauschte, wie er in die Hocke ging und einen Pilz am Stiel sauber abschnitt. Das hatte ich mit sieben genauso gemacht wie noch vor ein paar Jahren und jetzt auch wieder. Als Kinder hatten Marie und ich hinter seinem Rücken gegenseitig Grimassen geschnitten, und wenn Papa sich umdrehte, dann hatte diejenige verloren, die er dabei erwischte. Bei der Erinnerung machte ich ein Gesicht, als würde ich in eine Zitrone beißen. Mehr fiel mir nicht ein.

Es war neun Uhr morgens, und der Wald lag hinter einer stillen Dunkelheit verborgen. Wahrscheinlich würde es einer dieser Herbsttage werden, an denen die Sonne von undurchdringlichen Wolken abgeschirmt blieb. Über den Feldern kroch der Nebel, und diese Stimmung würde sich bis zum Mittag nicht ändern.

Obwohl es in Wäldern nur so wimmelte von Tieren, überkam mich die Empfindung, mein Vater und ich wären die einzigen Lebewesen hier. Ich musste daran denken, wie er früher zu uns gesagt hatte, dass die Bäume miteinander kommunizieren würden. Dass sie alles voneinander wüssten und sich gegenseitig aushelfen würden, mit Nährstoffen und Wasser. Diese Vorstellung machte mich bis heute ehrfürchtig. Oft hatte ich deshalb Marie gebeten, Bäume zu fotografieren. Oder Landstriche. Felder ohne mich, die davorstand und posierte.

»Das kann ich nicht«, hatte sie geantwortet. »Ich brauche Gesichter.«

»Alles hat doch Gesichter«, war meine Antwort darauf gewesen, doch sie war schwer zu überzeugen gewesen.

Nach einer halben Stunde stellten wir fest, dass es diesen Herbst wenige Pfifferlinge gab und Mama wahrscheinlich umdisponieren musste. Nur zwei lagen bisher in dem geflochtenen, mit Zeitungspapier ausgelegten Korb, den ich trug, während Papa mit seinem kleinen, scharfen Messer mehr Steinpilze als geplant abschnitt.

Wir gingen tiefer in das kleine Waldstück hinein und blieben dabei auf weichem Untergrund, der mit Nadeln und Laubblättern bedeckt war. Nichts raschelte oder knirschte, dafür waren die Bodenwelten zu nass.

»Ich komme mit nach Meran«, sagte ich irgendwann.

Mehr Spontaneität = mehr Leben war mein Neujahrsvorsatz vor zehn Monaten gewesen. Um ein Uhr nachts – da saß ich zwischen Umzugskartons und telefonierte mit Marie über Facetime, die ihr Handy erst mit ins Bad, dann zum Kleiderschrank und wieder zurück ins Bad genommen hatte, um sich gleichzeitig für eine Silvesterparty fertig zu machen.

Doch so war das nicht geplant gewesen. Dieses gottverdammte Jahr hatte mich zur Spontaneität gezwungen: die vielen Gespräche mit fremden Menschen über den Verlust der Person, die mir am nächsten gestanden hatte. Mein Wutausbruch ein paar Nächte zuvor. Einzig, dass ich aus einem Impuls heraus mit Cole geschlafen hatte, war etwas, wofür ich mich nicht mehr schämte, sondern ich sah viel deutlicher das zarte Freundschaftskapitel, das sich daraus entwickelt hatte. Gut möglich, dass ich ohne ihn noch immer im East Village sitzen, Bagels frühstücken und benommen aus dem Fenster über den Hof schauen würde.

Alison. Da war sie wieder. Und vielleicht würde sie mich nie ganz verlassen. Sie, Oliver, ihre Geschichte ... Alison war ein Opfer und hatte nichts mit dem Tod ihres Mannes zu tun. Oder? Und Marie hatte, genau wie ich, den Notruf gewählt. Oder? Sie *musste* ihn gewählt haben.

Doch manchmal, wenn ich meine Hypothesen durchgespielt hatte, sah Alison mich genau an und forderte mich mit einem direkten Blick heraus. Die *New York Times* und den *New Yorker* hatte ich nach meiner Rückkehr abonniert. Eigentlich, um mein Englisch nicht zu verlernen und auch, um mir anzusehen, wie guter Journalismus funktionierte, weil ich vielleicht nicht für immer für den *Seekirchener Boten* schreiben würde. Aber vielleicht konnte ich auch einfach das Gefühl nicht ganz abschütteln, irgendwann mal etwas über Alison zu lesen.

Als im Korb genügend Steinpilze, ein paar Pfifferlinge und eine seltene Rotkappe lagen, traten wir aus dem Wald heraus und setzten uns auf eine Holzbank. Von hier aus konnte man mehrere Felder überblicken, auf denen im Sommer Weizen und Raps wuchsen und die von weiteren Waldstücken umrahmt waren. Als ich mit fünfzehn plötzlich begonnen hatte, mit meinem Körper zu hadern, war die schmale, geteerte Straße zwischen den Feldern, die hinauf in den Wald und bis zum Sportplatz von Unteroberheim führte, meine tägliche Joggingstrecke nach der Schule gewesen.

Ich lehnte mich zurück und verschränkte die Arme vor der Brust, damit mir durch das Sitzen nicht allzu schnell kalt wurde. Papa brauchte diese kurze Verschnaufpause, er war siebenundsiebzig, und bei feuchtem Herbstwetter tat ihm die rechte Hüfte weh.

»Ich mach mir Sorgen um dich«, sagte er ohne Einleitung oder Erläuterung.

Ich antwortete: »Ich mache mir Sorgen um euch.«

»Das musst du nicht. Wir kommen schon klar. Du bist das Kind, wir sind die Eltern.«

»Ha. Leichter gesagt als getan.«

»Das ist es ja immer.«

Er drehte sich zu mir und schlug seine langen Beine übereinander. »Karli, du weißt ja, mein eigener Papa ist nie aus dem Krieg heimgekommen, und meine Mutter musste mich und meine vier Geschwister allein durchbringen. Sie ist eines Tages einfach umgefallen.«

»Ich weiß.«

»Und deine Halbgeschwister, die leben zwar und schicken mal 'ne Postkarte, aber ich hab den Zugang zu ihnen verloren. Die haben mir nie verziehen, dass ich noch mal Kinder bekommen und geheiratet hab ... obwohl ihre Mutter mich verlassen hatte, aber was soll's.«

Er machte eine kurze Pause. »Und jetzt? Unsre kleine Marie.«

Ich wagte es nicht, ihn anzusehen.

»Ich hab oft das Gefühl gehabt, sie auch zu verlieren. Sie net mehr ganz zu verstehen. Ich hab immer zu wenig nachgefragt und wenn, dann hat sie wenig Zeit gehabt, mir die Dinge, also das, was sie so gemacht hat und was sie beschäftigt hat, zu erklären.«

Wir haben immer die Zeit, dachte ich, wir nehmen sie uns nur nicht.

»Weißt du, ich war deiner Schwester nie bös. Ich bin für euch scho immer ein alter Papa, und Marie war sehr früh immer überall. Nie so richtig an einem Ort. Mama und ich, wir wollten sie nie zurückhalten. Aber ich wünscht, ich wär ein größerer Teil von ihrer Welt gewesen.«

Ich flüsterte: »Hätte ich irgendwas besser machen können?«

Er legte seine Hand auf meine Schulter und lachte. »Ach Karli. Denk doch net immer so schlecht von dir. Deine Mutter und ich, wir waren immer so froh, dass ihr unzertrennlich seid. Auch als Marie nach Amerika gezogen ist. Du warst des Bindeglied, des hat uns viele Sorgen erspart. Nix hättest du besser machen können.«

Er tätschelte meine Schulter, und ich legte meine Hand auf seine. Rau und kühl war sie.

»Was ich damit sagen will ist, dass ich viel verloren hab in meinem Leben. Und es bricht mir des Herz, dass du des jetzt auch so früh erleben musst. Deswegen ist's so wichtig, dass wir zusammenhalten. Und dass wir mehr voneinander wissen als dieses ganze alltägliche Zeug.«

Ich nickte.

»Wie war noch mal der Satz von der einen Autorin, den du mal zitiert hast? Irgendwas mit reden und erzählen? Der hat mir gut gefallen.«

»›Warum reden wir den ganzen Tag und erzählen uns doch so wenig?‹«

»Genau. So will ich des. Mehr erzählen.«

Ich löste meine Hand von seiner und stopfte sie zurück in die warme Jackentasche.

»Karli?«

Seine grauen Augen schimmerten. »Wir sind immer für dich da.«

»Du musst nicht stark sein für mich, Papa. Ich weiß, dass es dir nicht gut geht.«

»Trauern ist kein Wettbewerb. Aber es is harte Arbeit. Mit Hochs und Tiefs, mit Reden und Schweigen, aber vor allem mit dem hier.« Er deutete erst auf mich, danach auf sich, und dann richtete er den Blick nach vorn.

»Nebeneinander sitzen und in dieselbe Richtung schauen. Irgendwann geht's weiter.«

Als wir so dasaßen, lichtete sich langsam der Nebel. Wir konnten ihm beim Aufsteigen zusehen. Ein kühler Luftzug wirbelte um uns herum.

»Da is sie wieder«, sagte Papa und suchte meinen Blick. »Marie, meine ich. Schön, dass sie da is. Deswegen sitz ich so gern hier.«

Ich putzte die Pilze, während Mama zwei große Zwiebeln schnitt. Die Semmelknödel, die sie bereits vorbereitet hatte, ließ sie ins heiße Salzwasser gleiten. Dann briet sie die Pilze mit den Zwiebeln an. Die Sahne stand schon bereit.

»Haben wir noch einen offenen Weißwein?«

»Ja. Warum?«

»Ich dachte, wir könnten die Pilze mit dem Wein ablöschen.«

Sie deutete auf die Abstellkammer, die zu dieser Jahreszeit ziemlich herunterkühlte. Im Weinregal stand ein offener Silvaner.

Als die Sahnesoße und die Semmelknödel fertig waren, öffnete ich die Ofentür. »Der ist ja aus. Und es ist gar nichts drin? Wir haben das Fleisch vergessen!«

»Es gibt heute keins.«

Es hatte noch nie in meinem ganzen Leben an einem Sonntagmittag kein Fleisch gegeben.

»Wegen Marie?«

»Auch«, sagte sie, zuckte dann die Achseln und lächelte mich an.

Nach dem Essen machte ich den Abwasch, weil sich meine Eltern nie eine Spülmaschine angeschafft hatten. Mein Vater trug einige Holzscheite vom Garten ins Wohnzimmer, und meine Mutter legte sich ins Bett. Normalerweise machte sie ihren Mittagsschlaf auf dem Sofa, aber manchmal zog sie sich ins Schlafzimmer zurück, und wenn ich dann ging, schob ich die angelehnte Tür einen Spaltbreit auf, um mich zu vergewissern, dass sie schlief.

Als ich meine Jacke von der Garderobe nahm, hörte ich ihre Stimme. Ich fragte, ob alles in Ordnung war, und sie bat mich, zu ihr zu kommen. Ich ging ins Schlafzimmer und legte meine Jacke auf den Stuhl neben der Tür, wo früher immer irgendeine Krawatte gehangen hatte, die Papa nach der Arbeit abgenommen hatte. Meine Mutter richtete sich auf und lehnte sich an das gepolsterte Kopfteil. Ich setzte mich zu ihr. Auf dem Nachttisch lag ein Buch von Anselm Grün, daneben stand ein kleiner, goldener Bilderrahmen mit einem kitschigen Foto von Maria, die auf ein leuchtendes Herz in der Mitte ihrer Brust deutete und mir einen auffordernden und gleichzeitig unterwürfigen Blick zuwarf. Meine Mutter wirkte aufgewühlt, als wäre sie eben aus einem seltsamen Traum erwacht. Sie war beim Kochen bereits angespannt gewesen, und jetzt saß ich plötzlich an ihrem Bett, was ich seit Jahren nicht mehr getan hatte.

»Hast du gar nicht geschlafen?«

Sie sagte nichts.

Ich flüchtete mich in ein Lachen: »Was ist denn los?«

Da griff sie nach meiner Hand. Auf der weißen Bettwäsche hielt ihre warme, faltige Hand meine. Ein verschlungener Klumpen, der nun ganz leicht zitterte. Hatten sich meine Eltern abgesprochen und wollten separat voneinander ein Gespräch mit mir führen?

»Ich glaub, ich bin keine gute Mutter gewesen.«

»Oh, Mama –«

»Ich war net genug da.«

»Du warst doch immer da.«

»Du bist klug, Karla, du weißt, was ich meine.«

Ich wusste, was sie meinte.

»Ich hatte mir immer ein Mädchen gewünscht. Und dann zwei bekommen. Ich weiß, heut macht man des nicht mehr so, aber ich hab euch immer pinke Kleider genäht und Jäckchen gestrickt, weil jeder wissen sollte, dass ihr Mädchen seid.«

»Sahen wir etwa so burschikos aus?«, fragte ich und hoffte, das Gespräch etwas auflockern zu können.

»Nein, aber ich wollt auf Nummer sicher gehen.«

Sie verlor sich in ihren eigenen Gedanken. Ich seufzte laut zum Zeichen, dass auch ich müde war und nach Hause gehen wollte. Doch da tauchte sie wieder auf und drückte erneut meine Hand.

»Nach der Kur hab ich mir nur noch Sorgen gemacht. Ich weiß, ich war oft zu streng und zu ernst, aber ich konnt's einfach net anders.«

Ihre Sprunghaftigkeit machte mich nervös. »Wie kommst du denn jetzt darauf, Mama?«

Sie erzählte mir von ihrer Kur, als Marie acht und ich fast zehn gewesen waren und sie sich dort von einem Bandscheibenvorfall erholt hatte. Ich erinnerte mich daran, dass sie darauf bestanden hatte, ihren Aufenthalt nicht allzu weit entfernt zu verbringen, so dass wir sie am Wochenende besuchen konnten, und manchmal fuhr Papa auch am Abend für ein paar Stunden zu ihr. Sie hatte ein Einzelzimmer gehabt und es genossen, durchschlafen zu können, denn sie wachte beim kleinsten Geräusch auf. Mutterinstinkt, wie sie immer sagte.

»Ich wünscht, ich wär net allein im Zimmer gewesen. Lieber wär ich jede Nacht wach gelegen, weil irgendjemand laut schnarchen musste.«

Sie fing an zu weinen.

»Er kam einfach rein, und ich dacht erst, das ist einer von den netten Pflegern. Aber dann hat er meine Hand ganz komisch gestreichelt, und das hatte vorher keiner vom Personal gemacht. Ich hab sie weggezogen und hab ihm gesagt, dass ich schlafen will und dass er sich wohl verlaufen hat, doch dann hat er sich einfach zu mir ins Bett gelegt und da wollt ich den Schwesternknopf drücken, aber er hat mich festgehalten.« Sie ließ meine Hand los und umschloss ihr eigenes Handgelenk, um es mir zu zeigen. Ich spürte die Tränen auf meinen Wangen, bevor ich wusste, dass auch ich weinte.

»Ich dachte nur, was will der von mir? Was soll des denn! So was passiert hier doch net, und schon gar net mir, ich bin fünfzig und Mama und hier auf Kur. Ich hab ihn von mir weggeschubst, und dann hat er sich mit seinem ganzen Gewicht auf mich gelegt und mir den Mund zugehalten. Plötzlich war meine einzige Sorge: Der bringt mich um. Ich krieg keine Luft mehr. Der bringt mich um und merkt es gar net. Ich hab mich gewehrt, hab immer mit den Fäusten auf seinen Kopf und den Rücken geschlagen, und irgendwann is er so ein bisschen weggerutscht. Lag nur noch mit dem Oberkörper neben mir auf dem Bett. Da konnt ich ihm in die Hand beißen. So fest es ging. Er hat so laut geschrien, dass er wohl selber erschrocken ist. Und dann is er zur Tür gerannt.«

Sie erzählte in einem Rausch, ihr Atem ging schnell. Ich musste sie beruhigen, doch ich konnte nichts tun. Ich saß einfach da, festgegossen, mit eisigen Fingern.

»Ich weiß noch, ich hab überlegt, ob ich nach Hilfe rufen soll, aber ich hab immer noch sein Gewicht auf mir gespürt und kaum Luft bekommen, so wie jetzt.«

Sie machte eine Pause. Dann Worte zwischen zwei Luftstößen. »Vielleicht hab ich's mir auch nur eingebildet, aber schreien konnt ich net. Es kam nichts raus. Und ich hatte solche Schmerzen in der Bandscheibe. Also lag ich einfach so da, stundenlang, Karli. Hab mich net gerührt. Hab nur gehofft, dass er net zurückkommt und dass irgendwann Tag ist.«

Wir saßen lange in Stille. Manche Tränen waren so schwer, dass ich hören konnte, wie sie auf der Bettdecke zerbarsten.

Irgendwann begann ich, Fragen zu stellen. Ob Papa das wusste? Ja. Ob sie zur Polizei gegangen waren? Ja. Ob ihr geholfen wurde? Nein. Warum nicht? Weil ich nicht wusste, wer es war, es war stockdunkel gewesen, weil es keine Verletzungen gab, weil er's ja nicht geschafft hat. Weil niemand etwas mitbekommen hatte. Weil sie irgendwann gelacht haben und meinten, ›... bei aller Liebe, aber wer versucht denn, eine fünfzigjährige Hausfrau mit Bandscheibenvorfall in einem Kurhotel zu vergewaltigen? Da hat wohl jemand schlecht geträumt ...‹

In Sekundenschnelle sprangen meine Erinnerungen an damals hin und her. Wie Marie und ich es komisch gefunden hatten, dass Mama von der Kur früher nach Hause gekommen war als geplant. Dass sie sich irgendwie überhaupt nicht gefreut hatte, uns zu sehen. Ich wusste, dass dieses Gefühl von Veränderung Marie mehr beschäftigt hatte als mich, doch die Jahre vergingen, und in das Bild unserer alten Mutter hatte sich ein anderes gesetzt. Etwas, das oft mit unseren Erinnerungen spielte, uns aufs Glatteis führte und vieles in Frage stellte. Erinnerungen waren immer subjektiv – und je weniger man sie teilte, desto isolierter schimmerten sie vor sich hin wie Sterne, die verblassten.

Zwischen unseren verknoteten Händen staute sich kalter Schweiß. Als ich dachte, dass sie eingeschlafen war, sagte sie: »Von da an war es für mich ein Albtraum, zwei Mädchen zu haben. Ich wollt euch immer nur beschützen. Aber ich hatte so viel Angst vor der Welt, und ihr wart so mutig.«

Ich blieb sitzen, bis sie eingeschlafen war. Ich sah aus dem Fenster nach draußen auf den Mühlenweg, über den blauen Zaun hinweg. Ein kleiner Berg aus Laubblättern am Rand des Gehwegs.

Noch so ein Tag aus der Hölle.

Als ich die Schlafzimmertür leise hinter mir zuzog, stand mein Vater im Türrahmen zur Küche. Ich wusste, dass er uns gehört hatte.

»Warum jetzt?«, fragte ich.

Er atmete ein und dann lange aus, als würde er sich aus dem Albtraum mühsam herausarbeiten müssen. »Ich glaub, dass sie ganz viel verarbeitet seit Marie. Es kommt viel hoch und vermischt sich. Sie macht sich so viele Vorwürfe und sucht nach ihrer Schuld. Überall da, wo gar keine ist.«

Wenn das stimmt, dachte ich, dann liegt ein langer Weg vor uns.

»Papa, ich muss gehen. Ich muss – ich weiß nicht …«

»Geh ruhig. Fahr vorsichtig.«

ICH FUHR LOS, und erst nach einer Weile stellte ich fest, dass ich gar nicht auf dem Weg nach Hause war. Ich fuhr wie ohne Ziel, doch ein paar Minuten später parkte ich an der scheiß Schönen Aussicht.

Marie.

MarieMarieMarieMarieMarie. Warum hatten wir nicht genauer hingesehen?

Wir waren Kinder gewesen. Aber auch später hatten wir uns Mama nie zurückgeholt. Sie war eben so gewesen, schon immer so gewesen, doch wir wussten, dass das nicht stimmte. Wenn wir mehr gefragt hätten, vielleicht nur ein einziges Mal mehr, *Mama, wie geht's dir? Nein, wie geht's dir wirklich?* Vielleicht wären wir irgendwann zum Kern vorgedrungen. Doch konnte man überhaupt nach etwas suchen, von dessen Existenz man gar nichts wusste? Und was dann, was nun? Konnte sich immer alles ändern, wenn man nur die Wahrheit kannte? Vielleicht machte Wahrheit frei.

Mama.

Mama hatte mit sechzehn eine Ausbildung zur Sekretärin gemacht und fünf Jahre in Folge den Stenographiewettbewerb in Seekirch gewonnen. Sie hatte dunkelblondes Haar, das ich lediglich von Fotos kannte. Sie kochte immer fränkische Mahlzeiten, weil sie es so gelernt hatte, doch ihr Herz schlug für die Knödelgerichte Südtirols, die sie mal bei einer

Hochzeit probiert hatte. Mama hatte Papa den Heiratsantrag gemacht. Die Geschichte geht so: Am Valentinstag stand Papa den ganzen Tag in der Küche, um für Mama Spinat-, Speck- und Käseknödel zu machen, doch die wurden nichts. Daraufhin schlug mein Vater vor, einfach nach Südtirol zu fahren, schließlich war Freitag, und sie hatten keine Pläne. Mama sagte daraufhin, dass sie für so etwas nicht spontan genug sei, dass sie aber vorschlagen würde, in naher Zukunft einen Termin beim Standesamt zu machen, weil er der Richtige sein musste. So kam es, dass sie an dem Tag zu Hause blieben und mit knurrenden Mägen auf ihre Verlobung anstießen, mit einem Rotwein aus der Toskana, immerhin.

Mama mochte keinen Streit, sie fing schnell an zu weinen, wenn es Ärger in der Familie gab.

Ihre Lieblingsfarbe war Tannengrün, überhaupt liebte sie Nadelbäume, und die Zweige, die Papa ihr manchmal aus dem Wald mitbrachte, dienten als Potpourri auf sämtlichen Kommoden. Sie besaß eine Schürze für die Küche und eine für den Garten. Erst, wenn eine kaputt war, also richtig kaputt, kaufte sie eine neue. Sie las selten Bücher und bevorzugte die Zeitung, aus der sie meine größeren Artikel (drei Spalten aufwärts) ausschnitt und in Klarsichtfolien steckte. Sie liebte Fasching und hatte lange Zeit für das Vierteltrinken die Kostüme geschneidert, wofür sie immer großes Lob bekommen hatte. Sie mochte keinen Spinat, womit wir sie als Kinder aufgezogen hatten, weil Marie und ich nicht genug davon bekommen konnten. Sie schwärmte für Gerhard Polt. Doris-Day-Filme brachten sie zum Lachen wie sonst kaum etwas auf der Welt. Sie hatte ein ansteckendes Lachen gehabt, bis es dem Schmunzeln gewichen war.

Ein Fremder hatte unserer Mutter das Lachen genommen. Und noch so viel mehr.

Ein Übergriff, an den er sich vielleicht gar nicht mehr erinnerte, sie jedoch trug daran, jeden einzelnen Tag, an der Scham und an der Angst. Angst vorm Leben, Angst vor den Möglichkeiten, die es noch bereithielt, auch vor den positiven. Meine Fassungslosigkeit über das, was ich seit ein paar Minuten wusste, wurde von Wellen irrsinniger Wut überrollt. Ich presste meine Hände um das Lenkrad und beobachtete, wie meine Knöchel weiß wurden. Als meine Gelenke schmerzten, ließ ich locker. Unterhalb meiner Augen erfühlte ich kleine Inseln von Salzkrusten. Und dann spürte ich eine Liebe zu meinen Eltern aufsteigen, wie ich sie noch nicht kannte. Eine flanellweiche Wärme kleidete plötzlich die Innenseiten meiner Zellen und Organe aus. Ich lehnte mich zurück und schloss die Augen.

Als ich sie öffnete, dämmerte es um mich herum. Ich war eingeschlafen und nun von der Kälte im Wagen aufgewacht. Müde rieb ich mein Gesicht und startete den Wagen, um die Heizung anzuwerfen. Der Beschlag der Scheiben zog sich langsam zurück, während ich meine Gedanken sortierte. Dann wusste ich, wohin ich fahren wollte.

Eine Viertelstunde später parkte ich und warf einen Blick in den Rückspiegel. Der kurze Schlaf schien mir gutgetan zu haben, zumindest sah ich weniger verheult aus als vorher. Ich stieg aus und fuhr mir mit den Fingern durchs Haar. Noch immer trug ich die Gummistiefel von heute morgen, aber daran konnte ich jetzt nichts ändern.

Ich ging über den Hof. Die Wohnung im oberen Stockwerk lag im Dunkeln, doch unter der schweren Holztür der Schreinerei fand das Licht nach draußen. Ich klopfte laut an.

Das Geräusch seiner Schritte kannte ich besser als das meiner eigenen. Max schob die Tür auf. Ein heller Scheinwerfer direkt hinter ihm warf sein grelles Licht auf mein Gesicht.

»Hi«, sagte ich.

»Hi«, sagte er.

»Arbeitest du?«

»Ich räume nur ein paar Sachen zusammen.«

»Kann ich reinkommen?«

Und dann vergingen Tage. Tage, an denen nichts passierte, außer dass irgendjemand irgendwo die Luft anhielt, bis Max einen Schritt auf mich zumachte und wir uns umarmten.

»Bist du wieder da?«, fragte er.

Ich zog ihn an mich. Hielt mich fest, weil das hier, Max und ich und dieser Hof, meine Eltern und das Haus mit dem blauen Zaun, weil das alles hier Zuhause war. Wenn man sich nie wieder aus dem Moment herausschälen will, dachte ich dann und ließ ihn nicht los. Weil nicht alles gut war, aber zumindest das hier. Dieser Augenblick, der ein Stückchen Heilung versprach.

EPILOG

MARIE

ALS DAS AUTO mich in die Luft hebt, verliere ich den alten Mann an der Ampel aus den Augen. Der blaue Gorilla an der roten Hausfassade dreht sich.

Das ist also, was passiert. Ich sehe Adam, er sitzt auf den Stufen zu meiner Haustür, und ich wundere mich nicht darüber. Er kann sich verabschieden. Denn ich bin mehr als dieses Kapitel, ich bin mehr als das, was mir passiert ist, ich bin. Und dann, als ich ihm zunicke, steht er auf und geht.

Ich sehe Lynn. Sie wirft ihre Arme in die Luft, winkt, mit bunten Farbresten an den Händen. Noch einmal nachts *Heroes* singen, noch einmal gemeinsam frei sein. Sie lächelt.

Ich sehe meine Eltern. Mama schläft in einem Liegestuhl im Garten. Ich bin du. Ihr Gesicht ist vom Schatten der Blätter des Apfelbaums verdeckt. Und du bist ich. Sie bewegen sich im Wind. Dann wacht sie auf und schaut mich an, sie blickt bis auf meinen Grund. Sie streckt ihre Hand nach mir aus, und ich bin wieder ihr Mädchen, gehe auf sie zu, lege mich neben sie auf den Stuhl, schlinge meine Arme um ihren Oberkörper. Und lasse mich fallen, denn hier darf ich sein, für immer, zurück in deinem Schoß, ein behütetes Land.

Da ist auch mein Papa. Er steht am Rand des Beets und pflückt sich ein paar Himbeeren. Er grinst, als ich ihn dabei ertappe, und wirft mir eine zu. *Danke, Papa,* forme ich mit meinen Lippen und fühle nichts als Wärme, die mich auskleidet, die mich umarmt, zu der ich werde.

Am Ende kommt Karla in den Garten. Im gelben Sommerkleid, so viele Jahre alt, zeitlos schön. Sie reckt mir ihr Kinn entgegen. Wir müssen beide lachen. Sie schnappt sich eine Himbeere und legt für einen Moment die Hand auf Papas Schulter. Dann stellt sie sich in die Mitte, zwischen uns. Karla, die alle zusammenhält.

Was bleibt übrig von mir, Karli, was bleibt übrig, wenn ich gehe? Ich will dir so viel erzählen.

All meine Wünsche. All meine Wahrheiten.

Karla legt eine Hand auf ihr Herz. Das Kleid flattert im Wind.

DANK

Ich danke meiner Agentur AVA International und ganz besonders meinem Agenten Markus Michalek: für dein Gespür, dein offenes Ohr und dein »fang noch mal von vorn an«.

Bedanken möchte ich mich außerdem bei meiner Lektorin Carla Grosch. Du hast dich von Anfang an für diese Geschichte eingesetzt und uns beiden so viel Zeit für wertvollen Austausch gegeben. Danke für deinen Enthusiasmus, deine wertvollen Vorschläge und deine Sprachnachrichten! An dieser Stelle möchte ich mich auch bei meinem Redakteur Volker Jarck bedanken. Deine Genauigkeit sowie deine tollen Ideen haben diesen Roman besser gemacht.

Im Manuskriptstadium wurde diese Geschichte von unglaublich schlauen und talentierten Menschen gelesen: Danke Isabell, für deine kritischen Fragen und dafür, dass du immer so wunderbare Worte findest. Danke Nina, für dein immer offenes Ohr, dein Feedback und diese tolle Idee, die auf einer Zugfahrt nach Rom entstanden ist. Danke Caroline, für unsere Sprachnachrichten zwischen London und München, die so vieles im Schreibprozess zurechtgerückt haben. Du hast keine Ahnung, wie viele Selbstzweifel du mit ein paar wenigen Sätzen weggewischt hast. Deine wertvollen Einfälle und

Anmerkungen sind Teil dieser Geschichte. Danke Anja, für dein Einfühlungsvermögen und deine Freundschaft. Danke dir, Deniz, für deine Neugier und deine grenzenlose Unterstützung – dafür, dass du meine Launen erträgst und immer da bist, wenn ich mich umdrehe. Und danke Mama, für alles.

Außerdem bedanken möchte ich mich bei Meike-Lesley, die als Halbamerikanerin an kritischen Stellen weiterhelfen konnte. Und auch Arpana Aischa Berndt (@a_aischa), die mich zu einzelnen Textstellen beraten hat, möchte ich meinen Dank aussprechen: für deinen wertvollen Input zur Darstellung von BIPOC (Black, Indigenous & People of Colour) sowie deine Aufklärungsarbeit ganz generell.

In New York – und auch in den Monaten danach – haben mir vor allem zwei Menschen sehr geholfen: Birgit, danke für unser schönes Abendessen, dein Feedback und deine Liebe zu dieser Stadt.

Giullian, thank you for meeting me at *Mud Spot* and, above all, thank you for your music as *Tarune* (which he records at his place in the East Village – it doesn't get better than this!).

Kristina Pfister

Ein unendlich kurzer Sommer

Roman

In den Zug steigen, weil nichts mehr geht und erst an der Endstation aussteigen. So strandet Lale auf Gustavs heruntergekommenen Campingplatz. Sie weiß, das ist kein Ort an dem sie ihr Leben verbringen sollte, mit Mitte 30. Und doch ist es genau richtig in diesem Moment. Jeden Tag die gleiche Latzhose und Birkenstocks tragen. Dem alten, grantigen Mann beim Renovieren helfen. Bloß nicht nachdenken. Über das, was war und das, was sein könnte. Und dann bringt Christophe diese Routine auf bittersüße Weise durcheinander. Angereist vom anderen Ende der Welt und eigentlich auf der Suche nach seinem Vater. Gemeinsam erleben sie den einen Sommer, der bleibt.

368 Seiten, Klappenbroschur